高等职业教育财经商贸类专业“互联网+”创新教材

项 目 管 理

第2版

张平亮　严志华　编

机 械 工 业 出 版 社

本书以国际PMP项目管理的内容和知识体系为主线，共分为十一章，分别介绍了项目与项目管理、项目组织与项目经理、项目整体管理、项目范围管理、项目时间管理、项目成本管理、项目质量管理、项目采购管理、项目人力资源管理、项目沟通管理和项目风险管理。每章后附有“经典案例分析与实践”“实用工具与模板”和“自测题”，以帮助读者理解书中的原理和方法。

本书各章内容以介绍项目管理的核心方法和工具为主，辅以必要的理论铺垫和说明，并特别强调和突出核心方法的实践、技能的可掌握性和可考核性，围绕项目管理常用技能设计内容，确保读者能够扎实掌握基本理念和实用技能。

本书可作为高等职业教育财经商贸类专业的教材。为方便教学，本书配有电子课件、习题答案、试卷等教学资源。凡选用本书作为教材的教师均可登录机械工业出版社教育服务网 www.cmpedu.com 下载。咨询电话：010-88379375；服务QQ：945379158。

图书在版编目（CIP）数据

项目管理 / 张平亮，严志华编. —2版. —北京：机械工业出版社，2023.3（2025.8重印）
高等职业教育财经商贸类专业“互联网+”创新教材
ISBN 978-7-111-72355-4

Ⅰ. ①项… Ⅱ. ①张… ②严… Ⅲ. ①项目管理—高等职业教育—教材
Ⅳ. ① F224.5

中国国家版本馆CIP数据核字（2023）第031570号

机械工业出版社（北京市百万庄大街22号 邮政编码100037）
策划编辑：乔 晨 责任编辑：乔 晨 单元花
责任校对：肖 琳 李 婷 封面设计：鞠 杨
责任印制：李 昂
涿州市般润文化传播有限公司印刷
2025年8月第2版第6次印刷
184mm×260mm · 14.75印张 · 347千字
标准书号：ISBN 978-7-111-72355-4
定价：49.00元

电话服务 网络服务
客服电话：010-88361066 机 工 官 网：www.cmpbook.com
010-88379833 机 工 官 博：weibo.com/cmp1952
010-68326294 金 书 网：www.golden-book.com
封底无防伪标均为盗版 机工教育服务网：www.cmpedu.com

前　言

当今，随着知识经济的发展和信息社会的进步，项目已经成了社会创造精神财富、物质财富和社会福利的主要方式，我国每年的社会投资达数万亿元，按照国际惯例，这些投资都将实施项目管理。项目管理也逐步成了现代社会中主要的管理模式，已被越来越广泛地应用在现代企业中。

项目管理不但已发展成为一门独立的管理学科，而且已经成为一种职业——项目管理师。项目管理师（PMP/CPMP）是国家人力资源和社会保障部对项目管理资格准入的权威认证，该证书的含金量和认可度越来越受到工程界、IT 界、管理界、金融界等领域的高度重视。为此，本书最后附有两套模拟试卷。

全书各章节内容以《项目管理知识体系》（PMBOK）为指引，以介绍项目管理的核心方法和工具为主，辅以必要的理论铺垫和说明，并特别强调和突出核心方法的实践与应用。在编写第 2 版时，立足于培养学生掌握项目管理的实用技能，突出的特点如下：

1．系统介绍项目管理知识体系和方法，注重应用实例

系统全面、深入浅出地介绍了项目管理知识体系、不同管理环节的依据、各种技术方法和最终交付成果，同时立足项目管理实例，如增设神华包头煤化工项目管理成功经验、计算机软件开发项目人力资源计划、A 企业新工厂建设项目冲突原因识别等，以便读者能够触类旁通、快速运用，利用项目管理方法解决实际问题。

2．图文并茂，通俗易懂，习题多样

本书充分运用数字、图示和表格，生动、直观地介绍了项目管理的实施办法、操作技巧和操作步骤。每章末附有大量的习题，包括单选题、多选题、判断题、简答题、案例分析题等以供练习。书末附项目管理师模拟考试试卷，用于检验和实践所学内容，便于学生和其他读者在轻松练习中得到启发和提高。

3．突出项目管理实际操作，强化实际应用能力的培养

除继续保持“知识学习目标”“技能训练目标”“经典案例分析和实践”“实用工具与模板”外，还增设质量管理体系，360 度绩效考核的主要流程及步骤等，注重实践过程中的实际操作要领，因而可操作性很强。

参加本书编写工作的有无锡科技职业学院张平亮（第一、二、三、四、八章）、江苏联合职业技术学院无锡旅游商贸分院严志华（第五、六、七、九、十、十一章）。

在本书的编写过程中，参阅了大量的相关著作、教材、案例资料及国内外研究成果，谨在此向作者、译者表示由衷的感谢。由于编者水平有限，书中难免有不完善和不妥之处，敬请采用本书作为教材的老师、学生和读者指正，编者将不胜感激。同时，对于机械工业出版社的领导和编辑的鼎力支持和精心指导在此一并表示衷心的感谢！

编　者

目　录

Chapter One

第一章

项目与项目管理

知识学习目标：

- 理解项目、项目管理的概念及特性
- 熟悉项目常用的分类
- 了解项目管理知识体系
- 掌握项目生命周期的概念与阶段
- 熟悉项目管理的五个过程组

技能训练目标：

- 能够在日常生活中根据特征正确识别项目，并区分项目管理与一般企业管理
- 能够编制项目需求建议书

第一节　项目的概念及基本特性

一、项目的概念

项目是一个组织为实现自己既定的目标，在规定的时间、一定的人员和费用及其他资源的约束条件下，以创造特定产品或服务为目的的一种具有一定独特性的一次性工作。项目是人类社会特有的一类经济、社会活动形式，是由个人或组织实施的具有规定的开始和结束时间、相互协调的独特的活动集合，其目的就是满足客户、管理层和供应商在时间、费用和性能（质量）上的不同要求。

二、项目的基本特性

不同的项目也许千差万别，但是它们至少都具备以下共同的特性：

1．整体性

整体性也称系统性。一个项目是一个整体，是为实现特定目标而展开的多项任务的集合，是一系列活动与目标的有机统一，是时间与内容的有机结合，从而最终达到整个系统的最优化。

2．目的性

目的性是指任何一个项目最终都要为实现特定的组织目标服务，即项目均有特定的目标或结果，或称独特的产品或服务项目。项目的目标一旦确定，一般不能轻易修改和改变。例如，对一栋建筑物的建设项目而言，项目目标包括建筑物的功能、使用寿命、使用安全性、项目工期、造价、质量和安全等方面的目标。这些目标确定后，一般不会改变。

3．一次性

一次性是指每一个项目都是一项一次性的任务，即每一个项目都有自己明确的开始与结束时间。当一个项目的目标已经实现，或者已经明确该项目的目标不再需要或不可能实现时，该项目即到达了其终点。一次性并不意味着项目的目标在短时间内就能实现，事实上许多项目要经历若干年才能完成。例如，各种计算机操作系统的开发时间相对比较长，但是它们还是都有自己的起点和终点。

4. 独特性

独特性也称唯一性，是指项目的可交付产品或服务具有非重复性的特点。任何一个项目之所以能构成项目，是由于它有别于其他项目的特殊要求，或某些方面是以前所没有做过的、是独特的，因此没有哪两个项目会是完全相同的。例如，尽管城市建造了成千上万座高楼大厦，但每一座都是唯一的，都有不同的拥有者、不同的设计、不同的地点等。

5．制约性

每个项目的实施及其目标的实现都在一定程度上受客观条件的制约。客观条件的制约主要是来自人力、财力、物力、时间、技术、成本、质量、信息等各方面资源和条件的制约。

由于一个项目的人员、技术、信息、设备条件、工艺水平等都是有限制的，因而项目的完成也会受到项目条件和项目所处环境的制约。项目的制约性也是决定一个项目成败的关键特性之一。

6. 生命周期性

项目是在一定时间内完成的，有开始时间和结束时间，因此项目具有生命周期，即呈现出启动阶段（论证与筹划）、实施阶段和结束阶段三个阶段。不同项目的生命周期阶段划分不尽相同，如基本建设项目分为可行性研究、设计、施工、交工四个阶段，研发系统项目分为方案探索、论证确认、全面研制、生产使用四个阶段。

除了上述特性之外，项目的特性还包括：项目的不确定性、项目的风险性、项目的多目标性、项目过程的渐进性、项目成果的不可挽回等。

第二节　项目管理概述

一、项目管理的定义

项目管理是指通过项目经理和项目组织的努力，为实现或超越项目有关各方对项目的要求与期望，运用各种系统理论、知识、技能、方法、工具及资源，为达到目标而对项目进行高效率的计划、组织、协调、控制等各种管理过程。

这里需注意的是，一般项目的有关各方需要满足的要求与期望主要涉及对项目本身、项目有关各方、项目已识别的和尚未识别的要求与期望；同时项目管理的目的就是要提供符合客户要求的产品或服务，由项目管理的主体，即项目经理，在时间有限、资金受约束的情况下，通过计划、调配、协调和控制等科学方法和强有力的管理手段，使组织成员成为一个责任心强、工作配合默契的高效群体，努力去实现项目的目标。

二、项目管理的特征及其应用

项目管理既是以数学、系统科学、管理学、统计学，以及其他学科为依据的一门学科，又是受政治因素、人际关系和组织因素所制约，需要相互沟通、相互协商及谈判解决矛盾和冲突的一门管理艺术。因此，项目管理既区别于一般管理，又必须采用一般管理中的一些基本理念、技术、方法与手段。项目管理区别于一般企业管理的特征见表 1-1。

表 1-1　项目管理区别于一般企业管理的特征

特　征	一般企业管理	项 目 管 理
对象与目标	对象是生产运作 目标是使每个一般作业都能高效率地展开，以达到一定的经济效益	对象是项目 目标是确保项目能够成功
内容	内容也许更丰富，涉及面更广，但它的风险相对比较小	内容包括项目的范围管理、项目的组织管理、项目的质量管理、项目的费用管理和项目的时间管理等

（续）

特　征	一般企业管理	项 目 管 理
创新性	创新性可有可无	每个项目的项目管理都有自己特定的管理程序和管理步骤，每实施一个项目都要具有创新性
复杂性	工作为单一组织、学科、行业，已有经验	工作跨越多个组织、多个学科、多个行业，可供参考的经验很少甚至没有，不确定因素很多
过程性	不需要过程性。强调的是创造一个稳定的环境，使各项作业能以最高的效率进行，侧重于运作效率	非常强调过程性，也就是项目都有一个生命周期，即项目的发起、实施、控制、结束、停止等。项目整个过程需要采用动态控制的手段
专门的组织、团队和项目经理	不需要专门的组织、团队和经理	需要建立一个不受现存组织约束的项目组织，以项目经理为中心的管理，并组建一个由不同部门专业人员组成的项目团队

现代项目管理主要包括：

（1）科学技术研究与新产品的开发项目。例如，纳米技术与材料的研究与开发项目，新型数控机床、空调器的研制开发项目等。

（2）技术改造与技术革新项目。例如，现有设备或生产线、生产场地的更新改造项目和生产工艺技术的革新项目等。

（3）组织结构、人员配备或组织管理模式的变革项目。例如，一个企业的组织再造项目，或一个政府机构的职能转变与人员精简项目等。

（4）建筑物、设施或民宅的建设项目。例如，政府的办公大楼、学校的教学和行政管理大楼、商业写字楼、民用住宅、工业厂房、物流中心等的建设项目。

（5）信息系统的集成或应用软件开发项目。例如，国家金税工程等经济信息系统的集成与开发项目，企业的管理信息系统、决策支持系统的集成与开发项目等。

（6）新服务和新经营活动的开发项目。例如，新型旅游服务开发项目、大型广告宣传活动、新型售后服务推广活动等。

（7）政府、政治或社会团体组织和推行的新行动。例如，希望工程项目、申办奥运会项目等。

（8）大型体育比赛项目或文艺演出项目。例如，世界杯比赛项目、春节晚会演出项目、救灾义演项目、系列大奖赛项目等。

三、项目管理的发展阶段

项目管理经历了从低级阶段到高级阶段的发展过程，从其产生到形成较完整的学科，主要经历了五个阶段：项目管理的产生阶段、项目管理的初始形成阶段、传统的项目管理阶段、现代项目管理阶段，以及项目管理的最新阶段。

1. 项目管理的产生阶段

这一阶段从远古到20世纪30年代以前。数千年以前，人类就开始了项目管理的实践，如古埃及的金字塔、古代中国的都江堰和万里长城。但直到20世纪初，项目管理还没有明确的操作规程和技术标准以及行之有效的计划方法，更谈不上采用科学的管理手段。因此，对项目的管理还只是凭个别人的经验、智慧和才能，根本谈不上科学管理。

2．项目管理的初始形成阶段

这一阶段从20世纪30年代初期到20世纪50年代初期。该阶段的特征是用横道图进行项目的规划和控制。

由亨利·劳伦斯·甘特（Henry Laurence Gantt）发明的横道图，应用在计划和控制军事工程与建设项目上，直观而有效，便于监督和控制项目的进展状况。时至今日仍是管理项目尤其是建筑项目的常用方法。不过与此同时，在规模较大的工程项目和军事项目中广泛采用了里程碑系统。里程碑系统的应用虽未从根本上解决复杂项目的计划和控制问题，但为网络概念的产生充当了重要的媒介。

3. 传统的项目管理阶段

传统的项目管理阶段是从20世纪50年代到20世纪80年代。此阶段项目管理主要是应用于发达国家的国防工程建设和工业/民用工程建设方面。此时采用的传统项目管理方法主要是致力于项目的预算、规划和为达到项目目标而借用的一些一般运营管理的方法，在相对较小的范围内所开展的一种管理活动。

第二次世界大战期间，美国启动了研制原子弹的“曼哈顿计划”。美国军方使用新的方法来对此项目进行进度、预算和质量的管理。在此期间，德国、日本也将项目管理的理念用到武器开发中去。第二次世界大战以后，1957年美国杜邦公司和兰德公司共同研发了一套系统的计划管理方法——关键路径法（Critical Path Method，CPM），次年应用于杜邦公司的一个投资千万美元的化工项目，结果大大缩短了建设周期，节约了10%左右的投资，取得了显著的经济效益。1958年美国海军特种计划局在研制“北极星”导弹核潜艇的过程中发明并使用了项目管理技术——项目计划评审技术（Program Evaluation and Review Technique，PERT），顺利解决了组织、协调参加这项工程的遍及美国48个州的200多个主要承包商的11000多个企业的复杂问题，节约了投资，缩短了约2年工期，缩短工期近25%。随即美国国防部创造了工作分解结构（Work Breakdown Structure，WBS）和挣值管理（Earned Value Management，EVM）的项目管理思想和方法。1966年，在耗资400亿美元，涉及两万多企业的“阿波罗登月计划”中，美国在PERT的基础上开发了随机型的网络技术图形评审技术（Graphical Evaluation and Review Technique，GERT），用于计算阿波罗系统最终的发射时间，从而大大扩展了项目管理的应用范围。以上这些经验表明，应用网络计划技术，可节约投资10%～15%，缩短工期约15%～20%，而编制网络计划所需要的费用仅为总费用的0.1%。

与此同时，随着项目管理方法在“曼哈顿计划”和“阿波罗计划”等著名工程中取得了巨大成功，引起了全世界许多学者的重视，从20世纪60年代起，国际上许多人对于项目管理产生了浓厚的兴趣。随后建立了两大国际性项目管理协会：欧洲国家于1965年在瑞士注册建立的侧重实践的国际项目管理协会（International Project Management Association，IPMA）；美国1969年成立的注重知识性的项目管理协会（Project Management Institute，PMI）。其他国家相继成立的项目管理协会，为推动项目管理的发展发挥了积极的作用，做出了卓越的贡献。

（1）IPMA负责协调国际上具有共性的项目管理需求、推动理论研究和理论发展、提供项目管理国际标准和认证、组织培训和教育、举办各类研讨会等。IPMA提供自己的专业人才资格认证，即IPMA国际认证，分为A（工程主任）、B（项目经理）、C（项目管理工程师）、D（项目管理技术员）四个级别。

（2）PMI 致力于向全球推行项目管理，是全球最大的由研究人员、学者、顾问和经理组成的项目管理专业组织。通过 PMI 认证的专业项目管理人才称为 PMP（Project Management Professional）。

但是在这一传统项目管理阶段中，发达国家的国防部门对于项目管理的研究与开发占了主导地位，他们创造的许多项目管理方法和工具一直沿用至今。例如，由美国空军最早开发的项目计划评审技术、由美国国防部提出并推广的项目工期与造价管理规范（Cost/Schedule Control Systems Criteria，C/SCSC）等一大批项目管理的方法和工具现在仍然在广泛地使用。

4．现代项目管理阶段

20 世纪 80 年代以后，由于项目管理本身强大的跨行业使用特性，以及两大国际性项目管理研究体系的努力推广，项目管理被广泛地运用到软件业、制造业、金融业、保险业、计算机业、电信业、政府机关和国际组织等。

随着全球性竞争的日益加剧、项目活动的日益扩大和更为复杂、项目数量的急剧增加、项目团队规模的不断扩大、项目相关利益者的冲突不断增加、降低项目成本的压力不断上升等一系列情况的出现，作为项目业主 / 客户的一些政府部门与企业，以及作为项目实施者的政府机构和企业，先后投入了大量的人力和物力去研究和认识项目管理的基本原理，以及开发和使用项目管理的具体方法。这一时期也是现代项目管理理论的多产时期。1983 年，PMI 在其《项目管理季刊》中首次将项目管理知识体系规范为一项标准，即“项目管理知识体系”（Project Management Body of Knowledge，PMBOK）。1996 年版的 PMBOK 的内容编排以项目管理的过程为导向，即以 5 个项目管理过程和 9 个知识领域为导向。

5．项目管理的最新阶段

进入 20 世纪 90 年代以后，随着信息系统工程、网络工程、软件工程、大型建设工程，以及高科技项目的研究与开发等项目管理新领域的出现，项目管理在理论和方法等方面不断地发展和现代化。同时，项目管理的应用领域在这一时期也迅速扩展到了社会生产与生活的各个领域和各行各业。例如，欧洲的 ABB 公司作为一家处于领先地位的全球性工程公司，其绝大部分工作都要求开展项目管理；IBM 公司是世界上最大的计算机制造商之一，它公开承认项目管理是对其未来发展起关键作用的因素；摩托罗拉公司是世界上最成功的通信设备和服务供应商之一，它在 20 世纪 90 年代中期启动了一个旨在改善其项目管理能力的计划，这一计划使公司获得了很大的发展。与此同时，金融、制药、信息产业等不同类型的项目应用大大丰富了项目管理的内容。在知识经济时代，知识在项目中发挥着更为重要的作用，知识型项目的特点与传统的建筑业等项目的特点不同。在信息经济环境里，事物的独特性取代了重复性，信息本身也是动态的、不断变化的。项目管理学者进行多项目的管理研究，即项目组合管理（Project Portfolio Management）和项目集管理（Programme Management），不仅能够较好地实现灵活性，而且可以最大限度地利用内外资源。

今天，项目已经成为创造精神财富、物质财富和社会福利的主要生产方式。当今项目管理在这一阶段的高速发展主要表现在两个方面。其一是项目管理的职业化发展，这一阶段的项目管理逐步分工细化，形成了一系列项目管理的专门职业，如专业项目经理、造价工程师等。同时，在这一阶段还诞生了一系列的项目管理职业资格认证体系，如美国项目管理协会（PMI）和国际项目管理协会（IPMA）主办的项目管理专业人员职业资格认证，美国造价工程师协会（Association of American Cost Engineers，AACE）主办的造价工程师资格认证，英国皇家特许测量师协会（Royal Institute of Chartered Surveyor，RICS）主持的工料测量师、营造师资格认证等。其二是项目管理的学术性发展。将计划和控制技术与系统理论、组织理论、经济学、管理学、计算机技术，以及项目管理的实际结合起来，并吸收了控制论、信息论及其他学科的研究成果，使项目管理发展成为一门比较完整的独立学科。1999 年，美国国家标准协会（ANSI）将 1996 年版 PMBOK 认证为美国的国家标准（ANSI/PMI99-001—2000），并于 2001 年再次通过认证。2004 年 10 月，第 3 版 PMBOK 正式出版。第 3 版 PMBOK 新增了 7 个项目管理过程，对先前版的 13 个项目管理过程进行了重新命名。2021 年 9 月，第 7 版 PMBOK 做出了重大调整，首次提出了项目管理的 12 项原则和 8 个项目绩效域，并基于此重新构建了项目管理的知识体系。

四、我国项目管理成果举例

我国的项目管理起步比较晚，但发展迅猛。从 1960 年起，我国著名数学家华罗庚教授最早从国外引进网络计划技术，开始在工农业生产中推广统筹法和优选法，亲率“双法”推广小队，足迹遍及 27 个省、自治区、直辖市，创造了巨大的物质财富和经济效益。特别是应用网络计划技术在上海宝钢、辽宁鞍钢、安徽马钢、湖北葛洲坝工程、引滦入津工程等建设项目中取得不少经验和成果。近年来，我国项目管理在基建、工业、科技等项目方面的成功应用，硕果累累。

（1）在基建项目方面：2006 年建成全长约 2000 千米青藏铁路，全线通车运营；2008 年建成总投资为 160 亿元的杭州湾跨海大桥；2012 年，总装机容量达 2250 万千瓦的全世界最大的水力发电站——三峡水电站全面建成投产。

（2）在工业项目方面：联想集团消费电脑事业部，应用项目管理相关理论与方法，于 2000 年年底在“天麒”“天麟”系列产品的开发中，实施基于 Project+Project Central 的软件方案，使该项目在 8 个月内完成，达到了当时全球 PC 技术的最高水准；2014 年，中核建中核燃料元件生产线 400 吨扩建技改工程全线正式投产，实现了年产金属铀从 400 吨到 800 吨的跨越，产能跻身世界前列；2022 年，中国石油建成广东石化炼化一体化项目，生产规模为 2000 万吨 / 年炼油、260 万吨 / 年芳烃、120 万吨 / 年乙烯，项目投产后预计销售收入可达 820 亿元 / 年。

（3）在科技项目方面：2000 年，建成北斗导航试验系统，使我国成为继美、俄之后的世界上第三个拥有自主卫星导航系统的国家；2016 年 9 月 25 日，被誉为“中国天眼”的世界最大单口径射电望远镜 FAST 项目落成启用；2022 年 10 月 9 日，中国综合性太阳探测卫星“夸父一号”发射成功，卫星以“一磁两暴”为科学目标开展观测。

第三节 项目生命周期

一、项目生命周期的概念与阶段

美国项目管理协会（PMI）对项目生命周期的定义为：“项目是分阶段完成的一项独特性任务，一个组织在完成一个项目时会将项目划分成一系列的项目阶段，以便更好地管理和控制项目，更好地将组织运作与项目管理结合在一起。”项目的生命周期可以分为 1 ～ 4 个阶段，也可以分成 5 个、10 个甚至更多的项目阶段。典型的项目生命周期是四阶段项目生命周期，如图 1-1 所示。

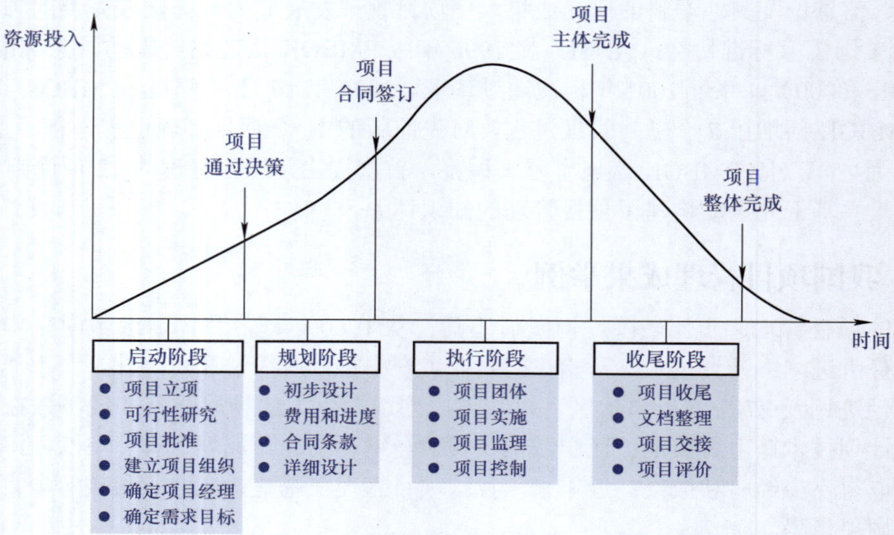

图 1-1　典型的项目生命周期

第一个阶段是项目启动阶段。项目启动阶段是指批准一个项目的阶段。这个阶段主要的工作任务是：项目识别机遇、需求和目标；调查研究、收集数据，进行可行性研究；任命项目经理，识别项目利益相关者，组建项目团队并根据客户需求提出需求建议书、项目立项。这个阶段形成的文字资料主要是项目建议书或可行性研究报告。

第二个阶段是项目规划阶段。项目规划阶段主要是指界定并改进项目目标，从各种备选方案中选择满足需求的最好方案，以实现项目预定的目标。这个阶段主要的工作任务是：项目组织在第一阶段可行性研究的基础上，针对客户或市场的需求，首先要确定项目目标，制订项目计划书，界定项目工作范围等；其次进行项目工作分解并排序，估算各个活动所需的时间和费用，做好进度安排和人员分工；最后，建立质量保证体系，识别风险等。

第三个阶段是项目执行阶段。项目执行阶段是协调人员和其他资源来执行在第二阶段制定的解决问题的方案，并促使项目按时在预算内高质量地完成。这个阶段主要的工作任务是：具体实施解决方案，执行项目工作计划；采购项目所需资源，进行合同管理；跟踪控制进度、费用、质量、安全和范围变更，实施计划；进行信息沟通，以平衡项目冲突，解决项目出现的异常问题；进行阶段性评审等。

第四个阶段是项目收尾阶段。当项目目标已经实现，或者项目目标不可能实现时，项目就进入了收尾阶段。这个阶段的主要工作是：范围确认，质量验收，费用决算和审计，项目资料整理、归档与验收，项目交接与清算，项目审计，项目评估，项目评价和总结、吸取经验教训，为完善以后的项目管理积累经验。

二、项目生命周期的特征

在项目实现的过程中，项目生命周期各个阶段的资源投入情况、项目风险程度、项目利益关系者对项目的可控性均有所不同。一般而言，典型的项目生命周期具有如下特征：

（1）项目资源的投入具有波动性。在项目启动阶段，主要投入的资源是智力劳动，而投入的资源和人员方面的需求比较低，花费的时间也比较少。进入项目的执行阶段后，项目的各种活动数量迅速增加，无论是人力、物力、财力和时间都急剧增加，达到最高峰。随后到达项目收尾阶段，所需项目资源投入水平亦随之下降，直到项目终止。

（2）项目风险程度逐渐变小。项目启动时，由于存在很多不确定因素，因此具有较高的风险，这时项目成功的概率最低。随着项目的进展，不确定因素逐渐减少，项目成功的概率通常会逐步增加。

（3）项目利益关系人对项目的控制力逐渐变弱。在项目启动阶段，利益关系人对项目的成本费用和项目最终产出物特征的影响是最大的，但随着项目的进展，项目变更和改正错误所需要花费的成本也随之不断增加，从而使利益关系人对项目的控制力逐渐减弱；到收尾阶段，其对项目的控制力减到最弱。

第四节　项目管理的五个过程

项目是由多个过程成的，过程是“产生结果的一系列活动”。项目的过程是由人类来完成的。在 PMBOK 中提出了项目管理的五个过程，如图 1-2 所示。这里的每一个过程都包含一个或多个管理过程。

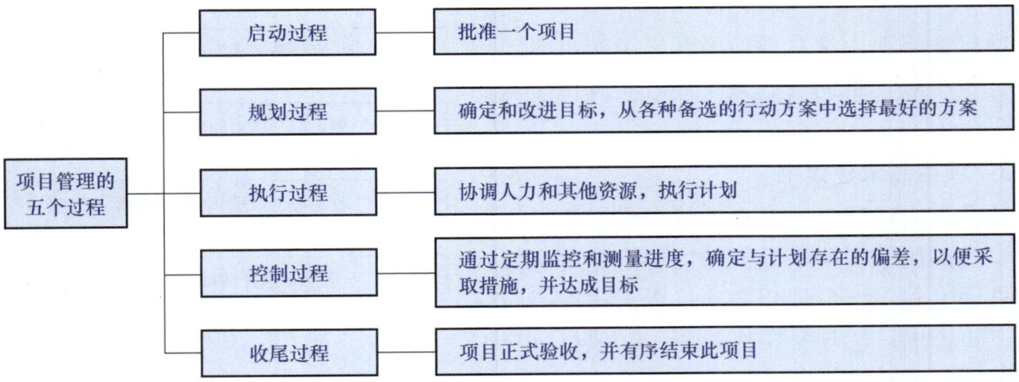

图 1-2　项目管理的五个过程

一、项目启动过程

项目的启动工作是正式识别或决策一个新项目的开始，也是确定是否应进入下一个工作阶段的过程。

一般，当客户的管理或投资机构通过市场调查研究发现某一需求时，会进一步识别这些需求并将识别的这些需求告知客户，并在尽可能短的时间内进行该项目构思、项目选择，然后向客户提供需求建议书，之后成立项目团队，项目团队组织力量研究需求建议书，将解决方案反馈给客户。最后，客户在解决方案的基础上自行或委托其他机构进行可行性研究。

1. 项目需求分析方法

项目需求分析的目的是通过收集和分析数据，找出项目发展可能出现的制约因素、问题和现有潜力，提出具体的补救措施，并对进一步详细研究提出意见。项目需求分析方法见表 1-2。

表 1-2　项目需求分析方法

项目需求分析方法	概念及方法	特　点
抽样调查法	抽样调查法是指从调查对象的全部单位中抽取一部分单位进行考察和分析，并用这部分单位的数量特征去推断总体的数量特征的一种调查方法。抽样调查可分为随机抽样和非随机抽样两大类。随机抽样是指按照随机原则抽取样本，完全排除了人为的主观因素，提高了调查结果的可靠性。非随机抽样是指按照调查人员的主观经验或其他条件来抽样，以获取所需要的资料	①可以减少调查的工作量，调查内容可以求多、求全或求专，可以保证调查对象的完整性。②可以从数量上以部分推算总体，起到全面调查认识总体的作用，可以保证调查的精度。③可以大大减少调查费用，提高调查效率。④收集、整理数据、综合样本的速度快，保证调查的时效性
访问法	访问法是指通过调查人员与调查对象接触，收集有关资料的社会调查方法。按访问的人数分类：分为个别访问和集中访问。按访问内容分类：①事实访问；②意见访问；③解释访问。按访问的具体方式分类：①面谈访问；②邮寄访问；③电话访问；④留置访问；⑤个别深度访问；⑥小组讨论等	搜集资料的完成率较高，提问方式较灵活，可以对一些问题做深度调查；但实施费用较高，时间和人力花费也较大，无法使被访者完全匿名，因而对其答题结果会有所影响
实验法	实验法是指先进行小规模实验，然后分析这种实操性的方法是否值得大规模推广的一种方法，主要包括：①实验前后对比实验；②实验单位与非实验单位对比实验；③实验单位与非实验单位前后对比实验	以影响调查的诸多因素中抽出一两个因素，观察分析它们与调查活动的差异

2. 项目选择的步骤

项目选择即由客户评估各种需求和机会，然后决定是否以项目的形式来实施。其具体步骤如图 1-3 所示。

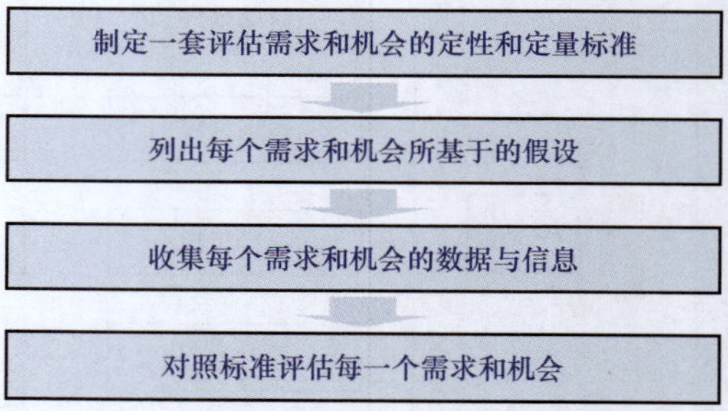

图 1-3　项目选择的步骤

3. 项目需求建议书

项目需求建议书是客户的管理或投资机构向客户发出的用来说明满足需求所要进行的全部工作的书面文件。一份理想的项目需求建议书应该包括以下方面：①项目工作说明；②项目可交付成果的规格、技术性能和特征；③客户应该向项目团队提供的资源数量、类型等；④合同类型；⑤客户的付款方式；⑥项目的时间要求；⑦项目申请书的内容、格式和提交的最后期限等；⑧项目申请书的评价标准等。

4. 项目可行性研究

项目可行性研究又称为可行性分析，是对拟建项目进行的全面的综合技术经济论证。它是一种包括机会研究、初步可行性研究和详细可行性研究三个阶段的系统的投资决策分析研究方法。项目可行性研究三个阶段的内容和结果见表 1-3，通过对与项目有关的自然、社会、经济、技术资料进行研究，分析、比较可能的投资建设方案，对项目的市场需求、潜力进行调查、技术论证及对未来发展前景进行预测，可以避免和减少项目投资决策的失误给企业带来的损失，为项目投资决策、筹集资金、设计、实施工作和项目后评价提供依据，进而提高项目的综合效益。

表 1-3　项目可行性研究三个阶段的内容和结果

三个阶段	内　容	结　果
机会研究阶段	1）地区研究，通过分析项目的地理位置及其相关因素，如该地区的人文习俗、地区经济结构、经济发展状况等，选择投资或发展的方向 2）行业研究，通过分析行业的特征选择项目发展方向 3）资源研究，通过分析资源的分布状况，以及投资者的资源占有情况选择项目	对投资项目或投资方向提出建议，并对各种设想的项目和投资机会做出鉴定，从而激发投资者的兴趣，寻找最佳的投资机会
初步可行性研究阶段	1）机会研究得出的结论是否可信、是否有发展前景 2）对项目的投入和产出做出初步的评估，判断项目在经济上是否合理 3）判断项目能否及时、足额地筹措到所需资金 4）项目所需要的生产设备和原材料是否能够充足地供应 5）项目的进度如何安排，项目需要多长时间完成 6）项目需要多少人、财、物资源 7）投资成本与收益估算等	得到四种结果： 1）对于比较小的项目可以直接做 2）转入详细可行性研究，进行更深入、更详细的分析研究 3）展开专题研究 4）项目应该取消
详细可行性研究阶段	1）市场研究和需求分析 2）新产品方案与规模要求 3）生产条件和原材料需求 4）工艺技术方案设计与安全分析 5）经济合理性分析 6）项目的实施风险分析 7）项目可操作性分析 8）项目需求的资源状况分析 9）项目的经济效益分析 10）项目的社会效益分析	为项目立项决策提供确切的依据，是一项费时、费力且需一定资金支持的工作

5. 项目的正式启动

在项目通过了可行性研究之后，客户的需求即由一个概念变成一个具体可行的项目方案，这时就可以正式启动项目。项目启动的步骤如图 1-4 所示。

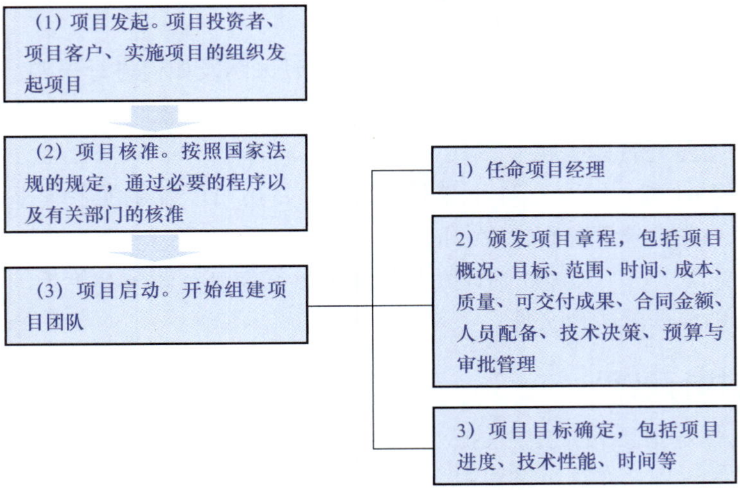

图 1-4　项目启动的步骤

二、项目规划过程

项目规划过程是明确项目的目标和范围，详细说明来自项目章程的信息，制订一系列综合计划，使项目团队能够实现项目目标的具体做法。在项目规划过程组中主要工作有制订项目管理计划、确定预算、收集需求、规划质量、定义范围、制订人力资源计划、创建工作分解结构、规划沟通、定义活动、规划风险管理、排列活动顺序、识别风险、评估活动资源、进行定性分析、评估活动持续时间、进行定量分析、制订进度计划、规划风险响应、评估成本和规划采购。

在项目规划过程中，根据项目相关的计划、历史资料、组织政策、制约因素和假设条件等形成的项目管理计划文件主要包括以下 10 个方面的内容。

（1）范围管理计划。项目管理计划确定项目所有必要的工作和活动的范围，进一步明确项目目标和主要可交付成果。

（2）人力资源计划。人力资源计划由项目经理与项目团队成员商讨并确定团队成员应该承担的各项工作任务，以及各项工作之间的关系，同时制定项目成员工作绩效的考核指标、考核方法及人员激励机制。

（3）资源需求计划。资源需求计划明确项目实施所需要的各种机器设备及设备的进货来源、所需能源燃料、原材料的供应及投入时间、质量技术标准和数量、采购安排、验收时间等。

（4）进度报告计划。进度报告计划主要包括进度计划和状态报告计划。进度计划需要明确项目工作的开展顺序、开始及完成时间以及相互关系，并安排项目执行日程，确定项目执行进度的衡量标准和调整措施。状态报告计划规定了描述项目当前进展情况的状态报告的内容、形式及报告时间等。

（5）成本计划。成本计划确定了完成项目所需要的成本数，并结合进度安排，获得描述成本与时间关系的项目成本标准，以最低的成本去监控项目执行过程中的成本支出，从而达到项目目标。

（6）质量计划。质量计划是为了达到客户的期望而确定的项目质量目标、质量标准和质量方针，以及实现该目标的实施和管理过程。

（7）采购计划。采购计划是确定采购何物、何时采购及如何进行采购。

（8）变更控制计划。变更控制计划规定了当项目发生偏差时，处理项目变更的标准、步骤，确定了实施变更的具体准则。

（9）风险应对计划。风险应对计划主要是对项目中可能发生的各种不确定因素进行充分的估计，并为某些意外情况制定应急的行动方案。

（10）文件控制计划。文件控制计划是指对项目文件进行管理和维护的计划，以保证项目成员及时、准确地获取所需文件。

三、项目执行过程

项目执行过程是指正式开始为达成项目目标而执行项目管理计划中所确定的工作，并实施已批准变更的过程。在这个过程中，项目经理必须协调和管理项目中存在的各种技术和组织等方面的问题。在项目执行过程中，必须首先以项目计划、组织政策、预防和纠正措施作为依据，对活动进行安排，估算活动所需成本费用，解决交付的问题，把计划的工作按照要求完成。

项目执行工作的主要内容包括以下几项：

（1）按项目计划付诸实施，并开展计划中的各项工作。

（2）根据项目执行中所发生的情况，进一步明确项目计划所规定的任务范围。

（3）按既定的方法和标准，评价整个项目的实际工作，并采取各种项目质量保证和监控措施，确保项目能够符合预定的质量标准。

（4）进行项目团队建设，包括人员配置、技能培训、绩效考核及激励等。

（5）建立信息传递渠道，让项目利益关系人及时获得必要的项目信息。

（6）进行招标工作，其包括取得报价、标价或建议书等相关方面的内容。

（7）根据衡量标准确定供应商，签订合同。

（8）实施项目合同管理，处理好与供应商的各种合同关系，以及合同履行情况。

四、项目控制过程

项目控制过程是指以事先制订的计划和标准为依据，不断地将执行过程中的工作和计划对比，定期或不定期地对项目实施的所有环节进行调查、分析、建议和咨询，看项目执行是否有偏差，一旦出现偏差就需要采取措施进行纠正，以实现项目管理计划中确定的绩效目标的过程。项目控制过程包括成本控制、进度控制、质量控制、风险控制等。具体的控制措施包括会议、里程碑报告、过程审计、风险跟踪、偏差分析报告等。

要实现项目的有效控制，必须建立一套规范的项目控制程序：①建立项目基准计划；②收集有关项目进展情况的信息；③将收集到的有关项目实际结果与计划结果（有关项目范围、进度计划和预算方面的信息）相比较，以便找出偏差；④管理者根据实际情况与基准计划的比较来判断未来偏差程度走向进行趋势分析，以便找出偏差原因，采取必要的纠正偏差措施；⑤采取管理行动来纠正偏差；⑥通知相关部门，进一步了解项目计划的变更，以便更好地执行计划。

在项目实施过程中，存在着各种各样的不确定因素，导致项目实施会发生或多或少的变化。因此，必须建立一套正规的程序对项目的变更进行有效控制，即项目变更控制。

项目变更控制程序主要包括：明确项目变更的目标；对所有提出的变更要求进行审查；分析项目变更对项目绩效所造成的影响及其各替代方案的变化；接受或否定变更要求；对项目变更的原因、变更方案进行说明和解释。

五、项目收尾过程

项目收尾工作通常处于项目管理过程的最后阶段，是终结项目、阶段或合同等所有活动的过程。项目只有顺利结束或因为意外终止的时候才算结束。项目收尾工作主要包括项目收尾和合同收尾两部分，项目收尾又包括项目验收、项目审计和项目后评价。

项目验收是对项目计划、规划范围内的各项活动和可交付成果进行核查，并将核查结果记录在验收文件中的一系列活动。项目收尾时，项目团队要从项目范围、项目时间、项目成本、项目质量和其他方面中汇集已经完成的外部交付产品（如设备、图样、设计文件、数据、程序等）移交给客户方，并把内部交付产品（包括会议纪要、检查表、各类记录等）移交项目团队的上级部门。项目团队要不断地收集各种项目文件，如项目计划、项目成果说明、设计图纸、测试材料等。当准备项目验收时，要将这些项目文件进行汇总、整理并归档，形成一套完整的验收材料，通过项目团队自检并提交验收申请。验收工作组按照项目验收的标准和依据（工作成果、技术成果说明书、技术文件、图纸等），根据项目需求，采用一定的检验方法，检查和确认验收材料，并经对项目的完成情况进行初审、正式验收后，签订验收鉴定书。最后进行项目移交。

项目审计是对项目管理工作的全面检查，包括项目的文件记录、管理的方法和程序、财产情况、预算和费用支付情况，以及项目工作的完成情况。项目审计既可以对拟建、在建或竣工的项目进行审计，又可以对项目的整体进行审计，还可以对项目的部分进行审计。例如，项目前期的项目可行性研究审计，实施过程中的建设项目收入审计、施工管理审计，项目结束竣工、验收审计、项目建设经济效益审计等都是项目审计的范围。

项目后评价是在项目完成并运营一段时间后，对项目的准备、立项决策、设计施工、生产运营、经济效益和社会效益等进行全面、系统的分析和评价，从而判断项目预期目标的实现程度。其目的就在于对项目需求、范围、进度、成本、质量、人力资源、构图、风险管理、采购管理、过程改进、特殊产品的信息等方面进行绩效分析，总结项目风险和问题、质量缺陷、卖方管理和其他方面的经验教训，并提出改进建议，从而不断提高投资项目决策水平和投资效果。

第五节　项目管理的知识领域

按照美国项目管理协会（PMI）提出的现代项目管理知识体系的划分方法，项目管理可划分为以下 9 个知识领域，分别从不同的管理职能和领域描述了现代项目管理者需要掌握的知识、方法、工具和技能，以及相应的管理实践，如图 1-5 所示。

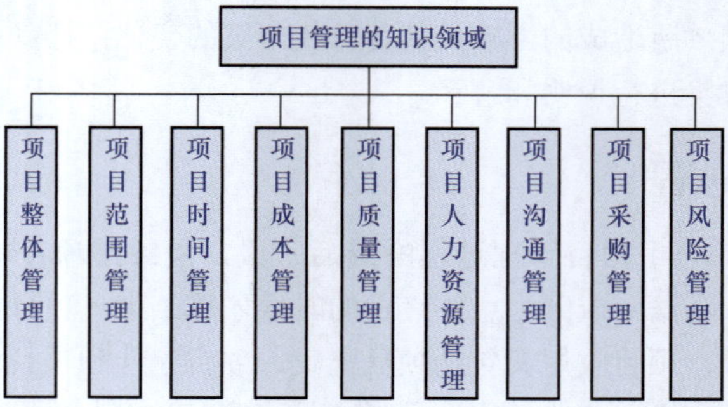

图 1-5　项目管理特有知识系图

（1）项目整体管理。项目整体管理是指对隶属于项目管理过程组的各种过程和项目管理活动进行识别、定义、组合、统一和协调的各个过程的集成，是一个综合性过程。其目的是保证项目各要素间的相互协调。

（2）项目范围管理。项目范围管理是指对项目管理过程中所开展的计划和界定一个项目或项目阶段所需和必须完成的工作，以及不断维护和更新项目范围的管理工作。其目的是通过成功地界定和控制项目的工作范围与内容，确保项目的成功。

（3）项目时间管理。项目时间管理是指在项目管理过程中为确保项目按既定时间成功完成而开展的项目管理工作。其目的是通过做好项目的工期计划和项目工期的控制等管理工作，确保项目的成功。

（4）项目成本管理。项目成本管理是指为使项目在批准的预算内完成而对成本进行规划、估算、预算、融资、筹资、管理和控制的各个过程，从而确保项目在批准的预算内完工。其目的是降低项目成本和实施全面预算管理。

（5）项目质量管理。项目质量管理是指在项目管理过程中为确保项目的可交付成果能够满足客户的需求，围绕项目的质量进行的计划、协调、控制等活动。其目的是对项目的工作和项目的产出物进行严格的控制和有效的管理，以确保项目的成功。

（6）项目人力资源管理。项目人力资源管理是指在项目管理过程中为确保更有效地利用项目所涉及的人力资源而开展的项目管理工作。其目的是对项目组织和项目所需人力资源进行科学的确定和有效的管理，以确保项目的成功。

（7）项目沟通管理。项目沟通管理是指根据项目的目标及时与恰当地生成、搜集、传播、存储、检索和最终处置项目信息的过程，以确保项目内外的有效沟通。

（8）项目采购管理。项目采购管理是指在项目管理过程中为确保能够从项目组织外部寻求和获得项目所需各种物质资源与劳务的项目管理工作。其目的是要对项目所需的物质资源和劳务的获得与使用进行有效的管理，以确保项目的成功。

（9）项目风险管理。项目风险管理是指在项目管理过程中为确保成功地识别项目风险、分析项目风险和应对项目风险所开展的项目管理工作。其目的是通过有效识别、控制和管理，减轻潜在的风险。

经典案例分析与实践

在 DL 经济技术开发区新建一座年产 6000 吨高压工业管件的高水平外向型企业，是一个较复杂、系统性较强的大型生产性工业工程项目。

本项目及项目管理的特点如下：

（1）规模较大：占地 25000 平方米，员工 350 余人，年产 6000 吨工业管件，产值 3000 余万元，年出口创汇 300 万美元以上。

（2）范围较广：涉及土建工程、新产品试制、生产线建设、国外设备引进、补偿贸易、产品创优出口以及因异地建厂所需的建设者的生产生活保障系统建设等。

（3）投资额较大：投资 3600 万元人民币。

（4）有新知识、新工艺要求：技术复杂、新颖，设备先进——该产品热挤压成型弯头是当期新工艺，应用的是先进的可控硅中频感应加热设备，热挤压用高耐热合金芯模为国内新材料。冷胀成型三通为国内先进工艺（获省科技成果二等奖），切削加工用液压组合机床及引进的国外设备均为国内和世界先进水平。

（5）项目构成涉及专业较多：涉及土木建筑、机械、液压、自动控制、计算机、冷加工、热加工、金属材料、模具设计制造、设备设计制造、安装调试、国际贸易、项目管理、企业管理等。

（6）活动内容复杂：除了通常的建厂内容外，本项目还同时有项目前期论证、新产品试制、自制设备、引进国外设备、国外现场监造、安装调试、验收、试生产、实施补偿贸易、生产生活的后勤保障工作及延伸的企业管理工作等。

（7）项目生命期较长：除了包括前期概念阶段、准备规划阶段和建设实施阶段、试车结尾阶段外，还延伸至批量生产、产品创优、实现出口、完成补偿贸易合同及创建出口产品基地等阶段，类似于国际工程承包新形式的经营和维护形式 O&M（Operate and Maintain），使 DL 八方管件工业公司成为“项目启动型企业”。

此项目前期论证与评估历经 6 个月，规划阶段历经 7 个月，从开工建设至完成全面试生产历经 2 年 11 个月（预计目标为 3 年），实现后期（交钥匙后）延伸目标历经 1 年 6 个月（预计 2 年），总计 5 年 6 个月。

（8）项目的利益相关者较多，关系复杂，协调、协作难度较大，如图 1-6 所示。

（9）项目为了达到少投入资金、早见效及完成补偿贸易合同等目标，采用了先生产、后生活、边建设、边试制、边生产、边出口的模式，是与经验相关的更复杂的一种总承包项目管理方式。这虽然有一定的优点，但使项目及项目管理内容复杂化、不规范，综合协调难度大、力度也大，项目团队因生产生活条件较差、不配套，付出也较大。

（10）项目在整个项目生命周期中变化大，要求项目管理应变能力强，对变化的管理工作量大，风险大，管理者付出也大。例如：

1）在前期论证中，可行性研究就改变了三次（初始与日本方合资，后拟与美国尼克公司和德国欧亚公司及中国八方公司合资，最后又定为先内资以补偿贸易方式建企业，以后再合资）。

2）为适应补偿贸易和出口需要，新产品试制受对外贸易合同制约，以此为导向，产品试制及生产线建设顺序变动调整较大。

3）因补偿贸易设备延迟交货，工期及项目进程也需调整。

4）因进口设备出现质量问题，为使其运转增加了工作内容与工程量。

5）考虑市场需求和国内已有企业的能力，为减少重复建设和有效利用社会资源，项目团队也主动调整了项目的规模指标、产品规格及生产设备。

（11）项目在实施中面对的新问题、新情况较多，项目团队在体制上、技术上和管理方面有一些创新。注重创新管理是该项目的一个特点。

（12）因该项目较复杂，有些条件不具备，时间紧，任务重，对团队建设要求较高，强调“以人为本”“发挥军工企业能打硬仗”的企业精神，厉行艰苦创业，领导者以身作则，加强沟通，干群一心，艰苦奋斗，组织“会战”等起到了重要的作用。

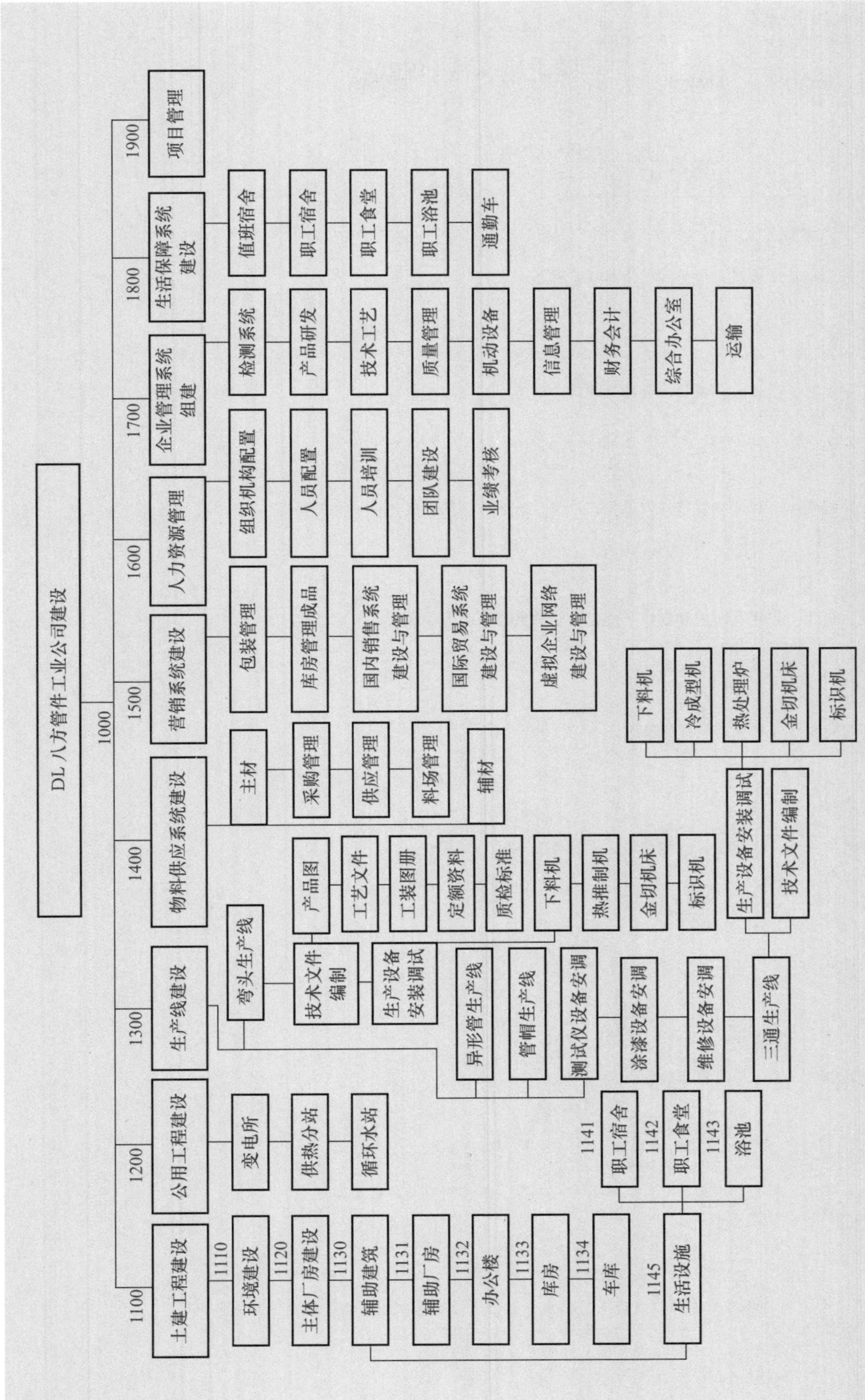

图 1-6　新建 DL 八方管件工业公司项目按专业系统分解图（PBC）

注：本图只示意性地标示出部分活动编码

（资料来源：马旭晨．项目管理成功案例精选 [M]．北京：机械工业出版社，2010 年）

实用工具与模板

项目需求建议书（RFP）

项目名称	____________	客户名称	____________
项目经理	____________	文件编制人	____________
项目发起人	____________	日　　期	____________

1．项目目标（描述完成项目的时间、质量要求等）

2．项目工作说明（描述执行项目的具体工作）

3．项目可交付成果（描述执行项目的阶段，可交付成果的规格、技术性能和特征等）

4．客户提供资源（描述应向项目组织所提供的资源数量、类型等）

5．合同类型（描述使用哪种性质的合同）

6．项目的时间要求（描述阶段性和最终完成时间）

7．客户的付款方式（描述付款时间、金额、币种、方式等）

8．项目建议书的内容（描述具体内容）

9．项目申请书的要求（描述有关承包商申请书的内容、格式和提交的最后期限等）

10．项目申请书的评价标准（描述包括价格、技术方案、项目管理方法、经验与资质等）

自　测　题

一、单选题

1．项目是（　　）。

A．一个实施相应工作范围的计划

B．以协作方式管理、获得一个期望结果的主意

C．创立独特的产品或服务所承担的临时任务

D．必须在规定的时间、费用和资源等约束条件下完成的一次性任务

2．以下各项都是项目的特点，除了（　　）。

A．有始有终　　B．临时性　　C．重复性　　D．独特性

3．项目区别于其他任务的最基本特征是（　　）。

A．目标明确性　　B．一次性　　C．整体性　　D．依赖性

4．项目构思过程中的酝酿阶段包括（　　）子过程。

A．明确范围、调查研究、资料初步整理、挖掘有用信息

B．潜伏、创意出现、构思诞生

C．意识、初步构思、构思完善

D．创意、完善、评估

5．下列（　　）不是项目生命周期的一个过程。

A．识别　　B．结束

C．执行　　D．项目可行性研究

6．下列表述正确的是（　　）。

A．项目的生命周期是指项目的开始时间和项目的结束时间这一段时间的累计

B．不管项目阶段如何划分，一般均可归纳为启动阶段、执行阶段、收尾阶段

C．失败的项目也存在收尾阶段

D．项目生命周期是循环往复的一段时间

7．项目的可行性分析是发生在项目管理过程的（　　）。

A．项目计划阶段　　B．项目启动阶段

C．项目实施阶段　　D．项目收尾阶段

8．为响应一项政府要求，某公司启动了一个项目，项目经理将根据项目发起人提供的信息编制项目章程。下列（　　）属于项目章程中的高层次选择。

A．沟通计划　　B．预算汇总　　C．采购计划　　D．事业环境因素

9．（　　）包含在项目生命周期的实施阶段中。

A．建立和计划　　B．执行和控制　　C．计划和执行　　D．概念和计划

10．项目团队遵循过程改进计划中的步骤来识别必需的改进，被识别的改进任务应在（　　）过程组中执行。

A．计划　　B．执行　　C．监控　　D．收尾

11．项目经理应该在（　　）审查项目的控制措施。

A．编制计划时　　B．启动和执行过程

C．贯穿项目的全过程中持续进行　　D．收尾过程

12．（　　）是项目监控过程组的产出。

A．建议的纠正措施　　B．项目管理计划

C．合同收尾程序　　D．以上都不是

13．项目收尾表明项目的正式结束，收尾过程的第一个活动是（　　）。

A．向客户交付所有约定的可交付成果　　B．经验教训更新

C．解散资源　　D．完成项目收尾报告

二、多选题

1．项目从开始到结束的若干阶段，构成了项目的生命周期。以下（　　）属于项目生命周期的阶段。

A．实施阶段　　B．终止阶段　　C．概念阶段　　D．计划阶段

2．项目的共同点有（　　）。

A．明确的起止时间　　B．预定目标

C．受到资源的限制　　D．消耗资源

3．项目管理的特点包括（　　）。

A．复杂性　　B．创造性　　C．自发性　　D．一次性

4．项目生命周期可以由（　　）阶段组成。

A．计划　　B．启动　　C．执行　　D．控制

5．项目可行性分析的内容包括（　　）。

A．技术可行性　　B．财务可行性

C．政治和经济环境　　D．文化和意识环境

6．项目章程的起草者是（　　）。

A．高层经理　　B．业主　　C．项目经理　　D．职能经理

7．需求分析的过程包括（　　）阶段。

A．编制项目计划　　B．需求的识别

C．需求的表达　　D．编写需求建议书

8．项目管理的识别阶段包括（　　）内容。

A．机会研究　　B．范围定义　　C．方案策划　　D．目标确定

9．项目成果是（　　）。

A．为完成项目所做活动的产出　　B．项目成功的标志

C．客户出具的接收项目的正式证明　　D．合同完成的证明

三、判断题

1．项目管理的目标就是按时完成任务。（　　）

2．企业的所有活动都可以看作是“项目”。（　　）

3．项目的生命周期可归纳为四个阶段，这种划分通常是固定不变的。（　　）

4．项目启动就是开始执行项目。（　　）

5．项目计划是项目经理制订的。（　　）

6. 初步可行性研究是介于机会研究和详细可行性研究之间的一个中间阶段。 ( )
7. 项目收尾就是将项目的交付结果移交给客户。 ( )

四、简答题

1. 什么是项目？请举出你学习和生活中有关项目的例子。
2. 项目的特点有哪些？
3. 什么是项目管理？它与一般的管理有何不同？
4. 举例描述项目生命周期的各个阶段，以及每个阶段的任务和要求。
5. 项目管理包括哪九个方面的内容？
6. 项目生命周期的规律有哪些？
7. 项目管理过程可分为哪五个阶段？

五、案例分析题

一个民营企业家投资的五星级酒店装饰项目，建筑面积约八万平方米，投资近一亿元，装饰工期已有四年，目前仅完成装饰基础工作。该项目很特别：第一，发承包方式特别——全部工程内容采用包工不包料的方式运作；第二，项目管理特别—— 每个管理者既是甲方又是监理还是乙方；第三，管理的模式特别—— 董事长既是决策者又是项目经理，甚至还是采购员；第四，建设资金奇缺，施工现场问题多，施工周期特长，管理责任好像人人都有，又好像人人都没有。关键的是组织、成本、进度、质量似乎无人提起。

1. 从项目管理的角度出发，分析一下这个项目目前存在的问题。
2. 如果你接手这一项目，准备从哪些方面入手去管理与实施好这一项目？

Chapter Two

第二章

项目组织与项目经理

知识学习目标：

- 理解项目组织及其组织结构形式
- 掌握项目经理应具备的素质、能力与权力
- 理解项目团队的特征和项目团队的建设

技能训练目标：

- 掌握三种组织结构形式的比较及其应用
- 理解项目经理与职能主管角色的区别，能够进行项目人员登记事宜

第一节 项目组织

一、项目组织概述

为了达到项目预期目标，在项目管理的过程中，作为完成一个项目主要工作的相关利益主体，即项目组织，所起的作用是非常重要的。项目组织是由一组个体成员为完成一个具体项目目标而建立起来的协同工作的队伍。项目组织是为一次独特性任务设立的、一种临时性的组织，随着项目结束而终结。项目组织的主要目的在于充分发挥项目管理的作用，提高项目管理的整体效率，最终达到项目确定的目标。

项目活动要有效地开展，最终实现项目目标，在很大程度上取决于该组织的组织结构支持项目管理的组织方式。例如，可以在工程部下设新产品引进部，新产品引进工程师就是专职参与项目管理的项目经理，负责在新产品引进过程中与各个部门之间的沟通和协调，负责跟踪解决项目引进过程中出现的任何问题，这样可以大大减轻各部门经理的负担，同时项目组成员通过长期配合，更加专业和默契，有助于提高生产力。

二、项目组织的结构

一个组织中的工作部门、工作部门的等级，以及管理层次和管理人员数量设计确定之后，就构成了组织结构的不同模式。项目组织结构的基本形式主要有职能型组织结构、项目型组织结构、矩阵型组织结构。

1. 职能型组织结构

职能型组织结构就是按一定的职能专业分工，把组织划分为各个职能部门，员工根据各自的职能技能划分到各职能部门中从事各方面的管理工作，以获得规模经济优势，以及便于职能专家之间的交流。它是一种传统的组织形式，如图 2-1 所示。一个项目可以作为公司中某个职能部门的一部分。这个部门应该是对项目的实施最有帮助的或是最有可能使项目成功的部门。在进行项目工作时，依靠项目的职能型组织结构开展新产品开发，更容易成功。

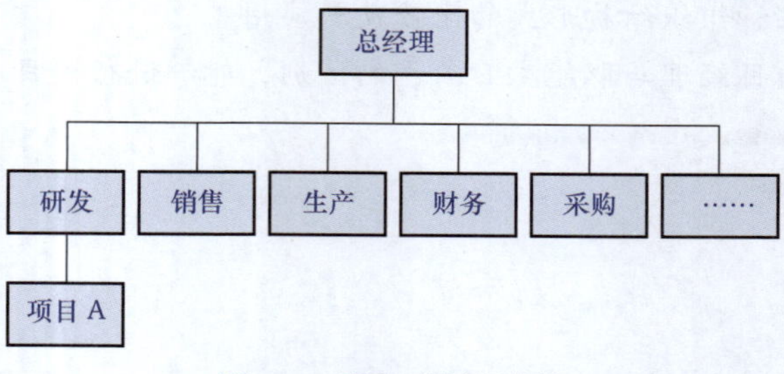

图 2-1 职能型组织结构

职能型组织结构的优点：

（1）各级管理机构和人员实行高度的专业化分工，管理层次比较分明，分布细密、任务明确。

（2）结构稳定，职能部门界限明显，沟通方式简单、渠道清晰，有利于同行从业者相互交流行业经验。

（3）企业生产经营的决策权集中于最高领导层，主要是集中在经理身上，易于提高组织的团体效率。

职能型组织结构的缺点：

（1）目标难以统一，结构分散，权责落不到实处，造成没有人对项目负责。

（2）各部门职能导向割裂，各部门之间协调性差，能做到局部最优化而非整体最优化。

（3）信息传达与统一较为繁杂，对问题的解决反应迟钝。不适宜多品种、生产规模很大的企业和创新性的工作。

2. 项目型组织结构

项目型组织结构的部门是按照项目来设置的，每个部门相当于一个小型职能型组织，每个项目都拥有自己的项目经理和所必需的职能部门，自行进行项目开发，独立进行核算，其运作机理与一个总公司的分公司相同，如图 2-2 所示。项目型组织结构常用于一些规模大、项目多的公司。

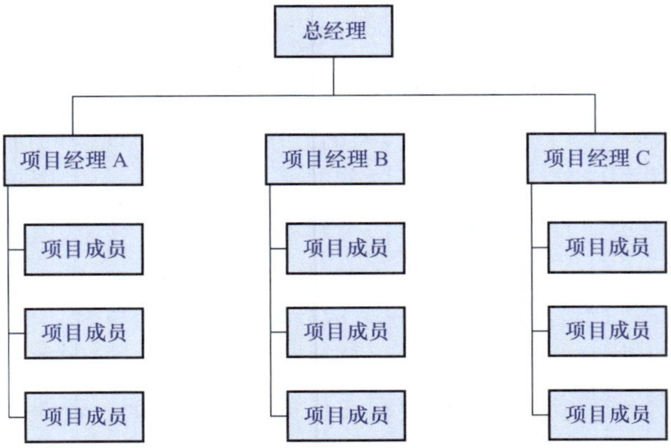

图 2-2　项目型组织结构

项目型组织结构的优点：

（1）项目组织较稳定，责权分明，利于统一指挥。

（2）每个项目成员都能够理解并致力于项目目标，并明确自己的责任。

（3）项目经理对特定项目服务的经营负责，沟通简洁、方便。

（4）享有最大限度的决策管理自主权，决策快。

项目型组织结构的缺点：

（1）结构重叠，管理成本过高，如项目的工作量不足则资源配置效率低。

（2）项目环境比较封闭，不利于沟通、技术知识等共享。

（3）各项目部往往只重视眼前利益，本位主义严重，员工缺乏事业上的连续性和保障等。

3. 矩阵型组织结构

矩阵型组织结构是为了适应在一个组织内同时有几个项目需要完成，每一个项目又需要具有不同专长的人在一起工作才能完成这一特殊需求而形成的。矩阵型组织结构既有按管理职能设置的纵向组织系统，又有按产品、项目、任务等划分的横向组织系统。横向组织系统所需的人员从各职能部门抽调，他们既接受本职能部门的领导，又接受项目组的领导，一旦项目完成，该项目组即行撤销，人员回原部门工作。矩阵型组织结构图如图 2-3 所示。

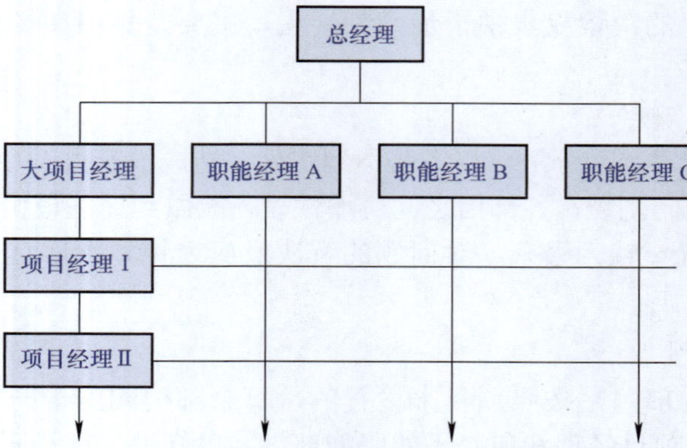

图 2-3　矩阵型组织结构图

当组织面临较高的环境不确定性，组织目标需要同时反映技术和产品双重要求时，矩阵型组织结构应该是一种理想的组织结构。它适用于创新任务较多、生产经营复杂多变的组织，如军工、航天工业，高科技产业。

优点：一方面取得专业分工的好处，另一方面可以跨越各职能部门获取他们所需要的各种支持活动。资源可以在不同产品之间灵活分配；通过加强不同部门之间的配合和信息交流，可以有效地克服职能部门之间相互脱节的弱点，同时易于发挥项目单位灵活的特点，增强职能人员直接参与项目管理的积极性，增强矩阵主管和项目人员共同组织项目实施的责任观和工作热情。

缺点：项目经理与职能经理之间存在争取有限资源或因权利不平衡而发生的矛盾，需要增加协调成本和牵扯管理者更多精力；成员接受双重领导，他们要具备较好的人际沟通能力和平衡协调矛盾的技能；成员间可能会存在任务分配不明确、责任不统一的问题，从而影响组织效率的发挥。

4. 三种项目组织结构的比较

上述三种主要组织结构各有其特点，有其适用的场合。现将三种项目组织结构的优缺点及其适用范围进行汇总，见表 2-1。在进行项目组织结构设计时，项目管理组织者要采取具体问题具体分析的方法，根据需要选择适合项目实际情况的组织结构。

表 2-1　三种项目组织结构形式比较

项　目	优 缺 点	适 用 范 围
职能型	没有重复活动职能、充分发挥职能作用；但不全面、反应缓慢、不注重客户	构成比较单一，综合实力比较弱的公司或总体水平虽不是很高，但其中的部门实力较强的公司；小型简单项目、公司内部项目，偏重于技术的项目
项目型	决策及时、准确，能够控制资源，成本较低，向客户负责，但项目之间缺乏知识信息交流	项目的规模较大、技术复杂，期限长、资金雄厚并有多个相似项目的公司；组织部门完善，综合力量较强的公司的大型复杂项目；价值高，总体水平较高，职能部门拥有丰富的专业技术人员及项目经理素质较高、能力较强的公司
矩阵型	能控制资源，减少了项目组成员的忧虑，反应快捷灵活，促进学习、互通有无，沟通良好，注重客户，可以平衡资源以保证多个项目的完成，但属于双层汇报关系，需要平衡权力	人、财、物效率要求较高，管理水平较高，沟通渠道畅通、灵活，管理经验丰富；经营多元化、实力很强的公司；多工种、多部门、多技术的大型综合施工企业配合的大型项目；公司资源共享、广泛沟通、技术和管理人员素质较高，有较为完善的企业文化的大型项目

第二节　项 目 经 理

项目经理通常也被称为项目主管，在现代项目管理中起着关键的作用，是决定项目成败的主要因素。为了确保项目成功，项目组织必须培养和选拔素质高、能正确行使职责的合格项目经理。这就要求我们充分认识和理解项目经理这一角色的作用和地位、职责范围及其须具备的素质和能力。

一、项目经理的作用和地位

由于项目管理及项目环境的特殊性，项目经理定位在项目组织中层管理岗位，处在所有项目活动的中心，是项目进程、速度、质量及成本的管理者，是项目资金和其他资源的管理者，是项目所有事情与外部项目相关者和组织之间的沟通者和交流者，是项目成员的领导者和激励者，在项目管理中起到至关重要的作用。

这里所说的项目经理所行使的“中层管理”与职能部门主管所行使的“中层管理”在管理职能上有所不同，一般来说项目经理更偏重于决策职能，而淡化其控制职能；同时因项目组织具有临时性特点，项目经理通常扮演着“责大权小”的角色。项目经理所扮演的角色及其在组织中的作用和地位，与职能部门主管这一角色的比较，见表 2-2。

表 2-2　项目经理与职能部门主管角色的比较

比 较 项 目	项 目 经 理	职能部门主管
扮演角色	找到合适的成员去完成工作	直接指导下属完成工作
知识结构	具有丰富的人际协调经验、广博知识的通才	某一个技术专业领域的专才
能力方面	能力过人的多面手	单一能力
管理方式	目标管理	过程管理
工作方法	系统、综合的方法	分析的方法
工作手段	个人责任大，行使权力小	个人所拥有的权力与责任对等
主要任务	组织项目团队，规定、监督并控制项目工作、日程安排和整个过程的费用，与供应商和客户进行接洽和协商	规定下属完成的任务、技术工作，与横向职能部门进行协调、完成任务

二、项目经理的主要职责

项目的主要管理责任是由项目经理承担的。项目经理是项目管理的关键角色，是实现项目目标的责任人。为了使利益相关者满意，项目经理受有关方面委托，对项目实行全面领导和统一指挥，通过严密组织、详细计划、按部就班地实施，确保全部工作在既定的资源和预算范围内，并对项目资金、进度、质量和其他方面及时、准确地控制，保证按时、保质、保量地完成项目。项目经理在项目进行过程中的主要职责就是计划、组织、指导和控制。

1．计划

（1）制定项目目标，并取得管理层与客户的一致意见。

（2）对项目的实施和控制制订基本计划，并取得管理层的批准。

（3）确定项目所需要的资源，指导项目程序与预算。

（4）制定项目管理所用的技术方法、程序、规范与规章。

（5）指导项目实施 / 控制计划和进度安排。

（6）指导现场进行建筑活动的组织。

（7）建立项目管理的信息管理系统。

2. 组织

（1）开发项目所需人力资源，组建项目小组。

（2）建立适当的项目管理组织结构。

（3）对项目中的各职位、职责进行描述，规定项目主要监管人员的职责。

（4）组织小组成员制订项目计划。

（5）定期对项目进行评价，必要时变动项目组织结构及人员。

（6）促进项目团队内外部的有效沟通。

3. 指导

（1）指导项目合同中规定的的所有工作。

（2）在项目中建立决策系统，以便在适当的层次做出决策。

（3）设立主要监管人员目标，并为其建立绩效标准。

（4）促进项目小组团队建设。

（5）协调解决潜在或存在于项目中的职能部门或小组之间的分歧、冲突或问题。

（6）对关键问题确立书面的战略指导原则，提供阶段性的项目进展报告及相关信息。

（7）随时了解项目的总体进展，及时解决发生的问题和矛盾，避免或减少潜在问题的发生。

（8）负责与项目内外部的联系、汇报、沟通与检查，确保纠正措施及时实施。

4. 控制

（1）监督项目活动，使项目进展与项目目标、合同、计划、程序及客户要求相一致。

（2）确定项目活动的优先级，保证项目能按合同要求完成。

（3）密切监督项目的有关活动，按照项目变更控制程序的要求，对项目的范围及其他变更进行必要评价和沟通。

（4）对成本、进度及质量进展情况进行监控和跟踪，及时发现问题并采取整改措施。

（5）对人员进行控制，保证其遵守合同条款。

（6）与客户及有关组织保持充分有效的沟通，确保合同条款得到有效履行。

三、项目经理的素质、能力与权力

由于项目具有唯一性、复杂性，因此项目经理在项目实施过程中会面临各种各样的冲突及问题。这对项目经理是一个大的考验。项目经理首先要做到诚实、正直、热情，善于沟通；遇事沉着冷静、果断；思维敏捷、反应迅速；自信；精力充沛且持之以恒。其次，必须具有与项目相关的主要领域的工作经验和能力；具有良好的交际能力和分辨能力；具有指导和传授技术工作的能力等；最后，履行项目经理的职责，对整个项目负责，带领项目团队成员，实现项目目标。项目经理的素质、能力和权力的具体内容见表 2-3。

表 2-3　项目经理的素质、能力和权力的具体内容

项目经理的素质、能力和权力	具 体 内 容
项目经理的素质	1．知识素质 （1）拥有一定深度的专业技术知识。项目经理必须掌握与项目有关的主要专业知识，能对大量复杂的专业性任务进行计划、组织和控制，能鉴定项目使用的工具设备、技术方案的优劣，能与项目团队成员进行专业知识和术语的沟通 （2）具有广博的综合知识。项目经理除精通本专业的技术外，还应对其他技术感兴趣，特别是以计算机为代表的信息技术；能同其他专业工程师密切交往，善于同各专业人员合作，以适应现代项目管理的需要 （3）具有较好的管理知识水平。项目经理的职能侧重于管理而不是做技术支持，因此一个合格的项目经理不仅要掌握项目管理理论、项目决策技术，还要了解组织行为学、管理心理学等相关的管理知识，进行复杂、动态和系统的管理 2．品格素质 （1）道德品质。项目经理应具备正直、诚实、诚信等良好的社会道德品质，认真负责、遵纪守法、锐意进取、造福社会的责任感，不断进取、知难而上、勇于挑战的精神；不仅追求项目自身的经济效益，同时也考虑项目所带来的社会效益；按照规章制度控制着项目的财物，从而确保整个项目的成功 （2）性格品质。项目经理待人处世的态度和与人沟通的技巧直接影响其决策。因此，项目经理必须善于与人交往，待人真诚、热情；遇事沉着冷静，不盲目、冲动；思维敏捷，反应迅速；做事锲而不舍，敢于面对挫折和失败；自信心强，勇于创新；灵活而又不失原则 （3）办事公道民主风格。项目经理在起到表率作用的同时既要坚持原则，也要坚持民主管理；通过多种形式、多种渠道，广泛听取成员的意见；充分调动员工的积极性，做到办事公道、奖罚分明，涉及职工切身利益问题的处理，也要做到公平 （4）言行一致的素养。项目经理应言行一致，以身作则，遵章守纪；对待工作善始善终，用自己的人格魅力去感染每一个人；一旦员工工作成绩突出，有责任有义务为他们请功；一旦员工出现差错，不应在公众场合去责备和埋怨他们，应帮助他们认真分析问题 （5）善结人缘的素质。项目经理要具备大度和宽容的素质，在与团队成员一起工作时，建立起良好的相互协调和合作关系；与员工进行深度交谈，成为成员的良师益友；及时发现员工的心理、体力变化问题，采取措施加以解决；培养出团队的凝聚力和战斗力 （6）良好的身体和心态素质。作为项目经理要经常面对复杂的人际环境和紧张的工作环境，要调整员工的情绪和心态，要承载家庭的重担，因此必须具有强健的身体、充沛的精力和良好的身心素质，以适应当今快节奏、高效率工作的需要
项目经理的能力	（1）专业与工作能力。项目经理要精通项目所属专业领域的知识和技能，具备应用项目管理工具和技巧的知识，有相关的专业技术、计算机应用能力，具有处理项目所属专业领域技术问题的能力。项目经理还要具备丰富的实际工作经验。例如，一个工程建设项目的项目经理必须了解土建工程和安装工程的基本原理和过程，并具有一定的实际工作经验 （2）领导和人员管理能力。项目经理要具有一定的组织能力和解决问题的能力，以及一些其他的处理矛盾和冲突的能力。项目经理要勇于决策和承担责任、敢于承担风险，并且在此基础上善于分析和判断问题的所在，迅速做出正确的决策。项目经理要具备聚集各方人才，组建一个高效的项目团队的能力；营造一种学习氛围，为团队成员创造提高自身价值的良好机会，不断提高他们的专业技能。项目经理要调动成员的积极性，使其更好地为项目服务 （3）维护客户关系的能力。项目经理应具备聆听和理解客户需要的能力，应识别客户的需求，然后制定和实施满足这些需求的方案 （4）人际交往与沟通能力。项目经理具备高度的倾听、交流、交际及说服对方的能力；要善于争取领导、客户、职能部门的经理、项目小组成员、供应商、承包商等的理解和支持，同时还要尽量支持他人，融洽气氛、提高士气。项目经理要建立项目内外良好的信赖关系，要善于激励员工，增强工作成功的信心，促进成员之间的交流和沟通，使他们能够相互信任、协作，提高整个团队的工作绩效 （5）获取充分的资源的能力。项目经理依靠其谈判技巧向上级部门积极争取完成项目所需要的资源，以应对项目实施过程中的不确定性，以及由于项目发起人的过分乐观导致的项目支出超出预算的问题

（续）

项目经理的素质、能力和权力	具 体 内 容
项目经理的能力	（6）处理压力和解决问题的能力。项目经理要能及时发现项目执行过程中存在或潜在的问题，制定出合理的解决方案，并能及时解决。当项目陷入困境、计划延迟、成本超支时，项目经理要具有处理压力的能力，带领项目团队来共同解决问题，以实现项目目标 （7）指导和传授能力。项目经理要对员工展开业务指导，传授必要的知识及方法，指出其不足之处，以此来提高他们的工作能力、劲头；在工作中也要让员工自由发挥自己的长处，使他们的成就感与工作能力能够得到提高 （8）总结与学习能力。项目经理要锻炼自己的文笔和口才，准确做到上情下达和下情上传，在大会小会上可以将复杂的事情简明扼要地归纳总结出来，让员工便于有条理地去执行设计，策划成员学习的内容和形式，倡导成员向实践学习、向问题学习、向同事学习，主动向成员提供有关知识、技能的培训和辅导，创造持续学习的动力源泉
项目经理的权力	（1）职位权力。项目经理经过正式授权，对项目成员具有管理权。项目经理有权直接雇用、解雇、奖惩和提拔项目成员，但会受到来自高层经理和职能部门的影响，包括正面的和负面的影响 （2）运作指挥权力。项目经理有权按项目合同的规定，根据项目运作过程中随时出现的设备、设施、材料、人员、信息等资源进行调度，进行结构和网络计划优化和调整，具有对项目实施中临时出现的人事权 （3）决策权力。项目经理应具有对项目有关活动的决策权，能对项目利益相关者的需求做出直接的、负责的答复。项目经理有权审查和批准重大技术措施和技术方案等重大决策，以防止决策失误造成重大损失，以免由于决策拖延导致项目目标受到影响 （4）财务支配权力。项目经理必须拥有足够的责任范围内的财务支配权；在财务制度允许的范围内，有权进行项目费用的开支、项目组织内部的工资计酬分配方案；同时对奖励团队成员的费用、赶工费用等都有使用支配权 （5）成员绩效考核权力。项目经理通过评价项目成员的工作绩效，充分了解员工的工作状况，以便更好地对员工进行管理，提升工作质量和效率

第三节 项 目 团 队

一、项目团队的概念和特征

项目团队是指为了实现某一个共同目标而由共同遵循同一规范的、相互协作的若干个体组成的正式组织。团队工作在于团队成员为实现某一共同目标，集合多领域的专家，实现信息与知识共享，大大激发成员的创造力和凝聚力，从而建设一个团结和谐、工作高效的项目团队，这对于最终达成项目目标具有十分重要的意义。

由于项目具有一次性、特殊性的特征，项目团队也是临时性组织。在项目团队中，作为最高决策者和管理者的项目经理，要明确共同的目标，强调项目团队的合作精神，对项目团队成员进行技能培训、绩效考核，以及人员激励等，推进项目最终成功。

二、项目团队成员的职责

在项目团队中除项目经理外，主要还有团队队员、项目专家、团队顾问等。

1．团队队员的职责

团队队员要树立团队共同目标，并尽心尽力实现团队目标；努力促进团队达成共识，并接受团队的一致决定；力争保质、保量、按时或超标完成团队分给自己的任务；积极参加团队会议并参与讨论，对团队和工作所发生的问题，主动提出相应的解决办法；与其他队员密切协作，维护项目团队的团结和荣誉；随时向其他项目成员提供帮助；接受项目经理的领导、指导、考核；努力提高团队的工作绩效，以保证团队目标的实现。

2. 项目专家的职责

在项目工作过程中，项目专家应对团队碰到的有关专业性问题提出自己的建议，在解决团队碰到的问题时，充分运用自己的专业技能，提出相应的有效方案；平时要不断学习，加强与其他类型的专家的交流，充分利用第一手信息资料，发挥自己的专业知识与技能，以提高团队集体绩效，实现团队发展的目标。

3. 团队顾问的职责

为组织制定团队建设战略，向项目组织高层领导提供建设团队的咨询事宜；对有关团队进行考核和评价；在团队建设的过程中提供指导与帮助，并对团队的经理与成员进行团队建设培训。

三、项目团队的建设

1. 项目团队建设概述

项目团队建设是指为培养团队成员相互协作的精神，进而提高项目绩效而专门进行的有效的管理。项目团队建设的目的在于提高项目团队成员的技能，提高团队成员之间的信任感和凝聚力，营造出一种开放的氛围，使成员有归属感，以便提高其完成项目的效率，最终实现项目目标。

为建成高效的项目团队，应尽早建立并让项目团队成员遵守规则，通过成员之间的沟通，增强团队成员的归属感；采用各种培训方式，实施管理课程、技术技能和培养团队精神等培训；开展各种团队建设活动，建立信任和良好的工作关系，形成强大的团队凝聚力。

2. 项目团队文化

项目团队不是项目成员的简单累加，而是具有共同目标、团结精神的有机组合，通过团队文化塑造出项目团队成员共有的价值观和信念体系，为了团队的整体利益和目标而相互协作。

3. 优秀的项目团队的特征

优秀的项目团队的特征如图 2-4 所示。

目标清晰	优秀的团队对要达到的目标有清楚的理解，并设法使每个人认同这个共同目标，进而共同工作并实现目标
有效领导和全员参与	领导者对团队提供指导和支持，每一个员工都积极参与、勇于承担
成员互相尊重和信任	项目经理应努力引导成员真心地相互尊重、相互支持和依赖，认真倾听其他成员表达意见，从而形成项目经理与成员之间的彼此信任
对项目团体有强烈的归属感	高效的团队成员对团队表现出高度的忠诚，对团体有强烈的归属感，并具有适应外部变化和处理内部冲突的能力
拥有项目内外部的支持	公司给项目团队提供完成工作所必需的各种资源，项目团队应拥有一个用以培训、易于理解的并可以评估员工总体绩效的体系，借此强化成员的高绩效水平

图 2-4　优秀的项目团队的特征

经典案例分析与实践

S公司云平台项目全球组织结构案例

在项目实施中，组织过程最重要的部分之一是确立项目的组织结构，包括设立参与部门并配置合理的项目组成员。在项目计划阶段通过系统透明化、商业案例解析等一系列流程，对项目的角色、任务和责任做出明确的规定。项目的组织结构图和人员配备管理应该按照计划标准细化至资源所属的部门、所需要的技能方向和等级，甚至可以考虑不同国家的成本，尝试确定项目在哪个国家进行。这个阶段需要落实具体工作的具体负责人，并为具体的项目组成员授权。

在全球资源整合后，图2-5所示为S公司云平台落地中国项目组织架构缩略图（完善前）。项目团队组建常常存在人力资源信息不对称、人力资源配备不全面而导致组队不全、遍布全球的资源在项目需要的时候不能迅速确定资源是否可用，或者可用的时间范围不确定等问题。这些问题需要在项目组织结构中标清楚角色，通过计划中确定的相关部门来落实责任人，达到责权清晰，迅速反应的目标。另外，团队的项目经理权限有限导致组建的项目团队没有真正的责任人。以项目经理在本案例中的角色为例，本项目是S公司云平台落地中国。本项目之所以立项是因为依据区域相关法律，只有在国内成立合资公司落地本项目才可以实现S公司云平台业务在中国开展。本项目的交付地在中国，中国区的项目经理财权、用人权都很弱，因而不能承担相应的责任。

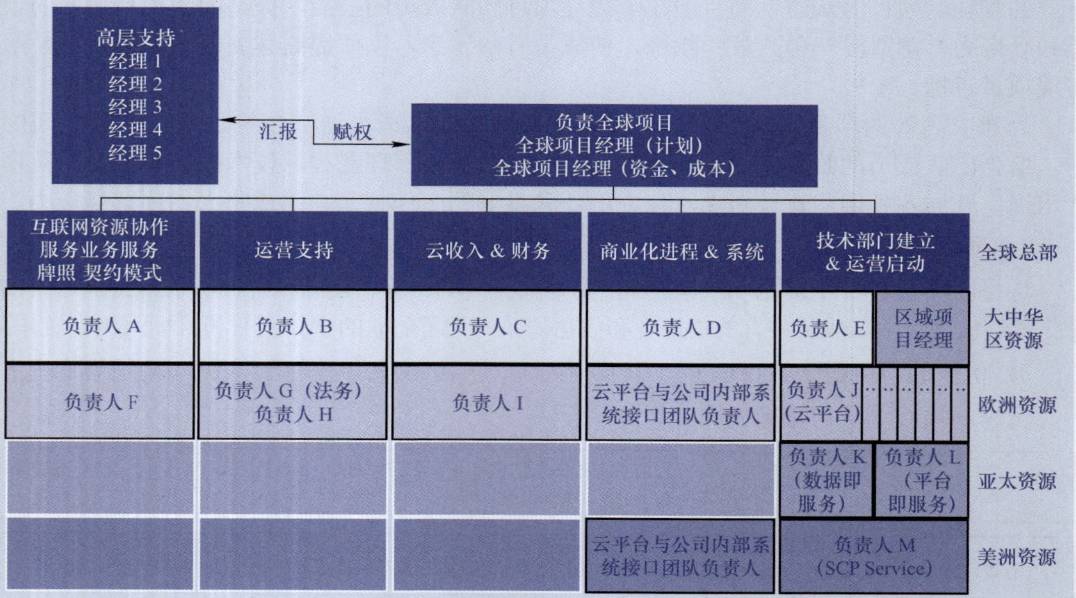

图2-5 S公司云平台落地中国项目组织架构缩略图（完善前）

根据以上存在的问题，综合考虑解决方案的建议，提出了完善后的组织架构缩略图，如图2-6所示。从图2-6中，我们可以清晰地看到，区域项目经理的位置应该在原来的全球项目经理的位置，是专门负责区域项目的全球项目经理。区域项目的交付物是为了特定区域，本案例中为中国。全球项目经理的授权是因为项目调用全球资源的属性。因此区域项目在全球资源整合的背景下，应考虑本土响应，给予项目经理相当于全球项目经理的权限。其拥有相应的预算权限，拥有调配全球资源的权限，拥有与各业务线全球负责人平等对话的权限，拥有对项目组成员甚至参与项目部门的绩效评价权限。这正是在组织中的位置而带来的权力转移的变化。

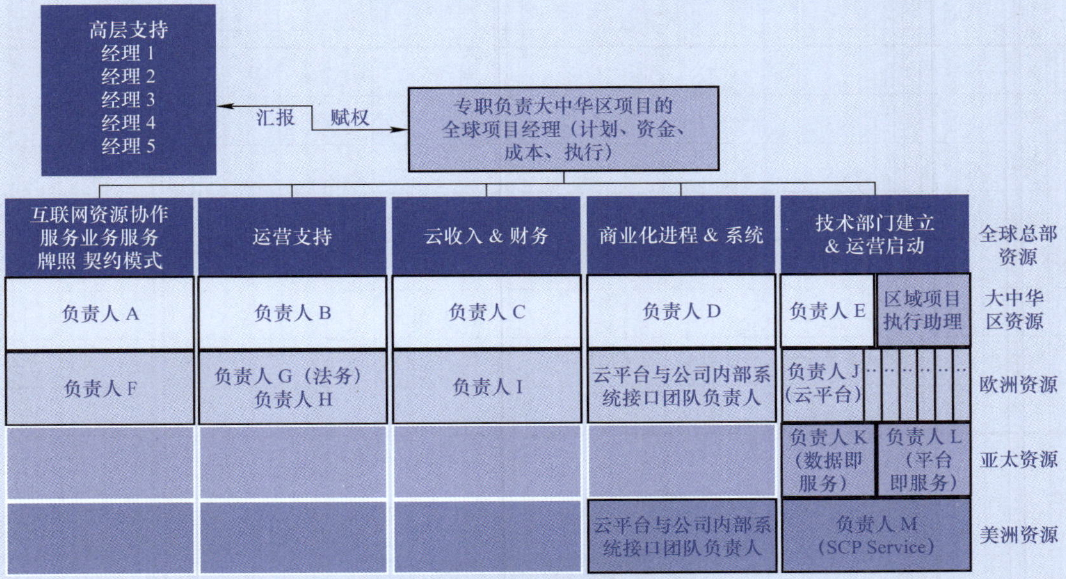

图 2-6　S 公司云平台落地中国项目组织架构缩略图（完善后）

组织架构改变之前，项目经理资源调配权在区域内，与区域内的各个团队沟通就可以了。项目经理直接得到区域总经理的支持，协调沟通更容易。组织架构改变之后，因为区域的很多部门不再归属区域的总经理管理，所以其对项目的责任感变低了。项目经理沟通不能解决问题了，是因为其级别低。项目经理要与全球各条产品线对话，其区域要求不被全球重视了。之前项目经理与区域部门对话，有区域总经理的支持，是非常被重视的。中国区的问题在组织架构改变前要拿到全球讨论，全球对区域问题的重视度不够。所以优化后的方案，项目经理的位置调整到与全球业务线负责人平行的位置，共同汇报给事业部高层。这时的项目经理有事业部高层的支持，参与全球负责人例会，拥有全球视野和话语权。在竞争关键资源时，拥有平等陈述项目重要性的机会。对各部门的反馈可以直达高层，因此在与各部门的协调沟通中受到重视，诉求很容易被满足。在领导力方面，前面的分析当中提到过，由于全球整合，资源全球化，区域缺少领导权而导致领导力在权力、任务、预算、提升、处罚、强制力等方面都受到很大削弱。当给项目经理授权并调整了其在组织中的位置后，这些问题就得到解决，从而实现新的平衡。新的平衡中因为有了权力，项目经理的要求得以在项目中执行。例如，案例中提到的推广更有效地流程问题，项目经理有权要求全球各部门执行。任务分配给全球项目组成员更容易被接受，比如要求信息安全部门培训问题。预算权限直接就可以解决案例中用一套系统还是两套系统的等待问题。用户权限测试虽然各部门推诿，有了提升和处罚甚至强制力的权限，各部门间的协调就不会像之前那样事不关己，配合会成为唯一的选择。

（资料来源：朱莹．S 公司云平台项目全球人力资源整合管理案例研究，2005 年）

实用工具与模板

项目人员登记表

项目名称____________ 编制者____________ 日期____________

姓名（项目人员）	A	B	C	D	E	F
职位（在组织中担当）						
角色（在项目中的职能）						
联系方式（沟通、通信、通话的信息）						
主要需求（对项目的高水平需求或特殊需要）						
期望（对项目的期望）						
潜在影响（对项目的影响程度和类型）						
分类（对项目人员分类）						

自 测 题

一、单选题

1. 项目管理中应用最广泛的组织结构是（　　）。

A. 项目型　　B. 职能型　　C. 矩阵型　　D. 网络型

2. （　　）不是矩阵型组织的优点。

A. 对客户的响应较快　　B. 人员使用上有较大的灵活性

C. 充分发挥资源集中的优势　　D. 技术专家可同时被不同项目使用

3. 经由项目经理授权的工作（　　）。

A. 意味着项目经理不再控制工作

B. 必须征得上级职能部门经理的同意

C. 并没有减轻项目经理对这个工作所负的责任

D. 它的执行不依赖于其他正在进行的项目工作

4. 在（　　）组织结构中项目经理拥有最多的正式权力。

A. 传统型　　B. 职能型　　C. 项目型　　D. 矩阵型

5. 在职能型组织结构里，当多个项目需要管理时会发生许多困难，这是因为（　　）。

A. 项目经理的权力水平限制

B. 不同优先级的项目对有限资源的需求产生冲突

C. 项目团队成员将更多精力放在职能部门经理而非项目经理身上

D. 项目经理需要使用人际关系以解决非正规冲突

6. 在下列组织结构形式中，团队建设最困难的是（　　）。

A. 直线型组织结构　　B. 职能型组织结构

C．矩阵型组织结构　　D．项目型组织结构

二、多选题

1．下列有关矩阵型组织结构情况的描述中，错误的有（　　）。

A．矩阵型组织结构能充分利用人力资源

B．项目经理和职能部门经理必须就谁占主导地位达成共识

C．项目经理必须是职能部门的领导，这样才能取得公司总经理对项目经理的信任

D．矩阵型组织结构能对客户的要求做出快速的响应

2．项目型组织结构的缺点有（　　）。

A．每个项目组成员有两个领导　　B．资源配置重复，管理成本高

C．需要平衡权力　　D．项目成员要担心项目结束后的生计

3．采用职能型组织结构，可能会出现的情形有（　　）。

A．项目团队成员都对其参与的项目直接负责

B．项目团队成员更关注所属部门的工作，而不是项目的目的

C．对客户的需求反应迟缓

D．项目团队成员在项目结束后回到所属的部门

4．项目经理的职责包括（　　）。

A．计划　　B．组织　　C．控制　　D．实施

5．项目经理具有的权力包括（　　）。

A．挑选项目团队成员　　B．制定项目有关的决策

C．对项目团队的资源进行分配　　D．决定项目的预算

6．项目的复杂性和多样性要求项目经理具备（　　）。

A．领导能力　　B．建设项目团队的能力

C．冲突处理能力　　D．解决问题的能力

7．项目团队的特点主要体现在（　　）。

A．具有固定的目的　　B．是临时组织

C．单独解决问题　　D．人员增减具有灵活性

三、判断题

1．职能型组织结构的特点是既有按管理职能设置的纵向组织系统，又有按产品、项目、任务等划分的横向组织系统。（　　）

2．项目型组织结构的部门是按照项目来设置的，每个部门相当于一个小型职能型组织，每个项目都拥有自己的项目经理和所必需的职能部门。（　　）

3．矩阵型组织结构不能控制资源，项目组成员的忧虑少，沟通不好，单线汇报关系。（　　）

4．项目经理最好与执行人员共同制订项目计划。（　　）

5．团队队员的职责在于建立团队共同目标，并尽心尽力地实现团队目标。（　　）

6．高效的团队成员对团队表现出高度的忠诚，对团体有强烈的归属感。（　　）

四、简答题

1．什么是项目组织？项目组织包括哪几种类型？请阐述它们各自的优点和缺点。

2．如何选择合适的项目经理？

3．你认为一名合格的项目经理应具备哪些素质和能力？项目经理拥有哪些权力？

4．对下面的一些项目，你将采用哪种组织结构？请简单说明理由。

（1）某家投资银行投资部的风险投资项目。

（2）某 IT 公司的研发部的研究项目。

（3）客户需求较多的一个新产品开发项目。

5．简述项目团队的建设。

6．请举例说明优秀项目团队的特征。

五、案例分析题

影响项目成败的主要原因分析

美国和英国对项目和项目管理失败或成功的原因进行过大量的研究，得出导致项目失败的主要原因：不充分和不合适的项目组织结构，引起权力、责任、交流和协调出现问题；不充分的计划、控制方法和系统，引发团体之间和人员之间的问题和冲突；缺乏组织、工作、人员和管理系统的集成。导致项目成功的主要原因：适当的、合适的组织结构；充分的、合适的计划和控制机制。总之导致一个项目失败的最重要的因素还是“人的因素”，或者可以说项目经理对一个项目成败起着关键作用。至此，项目经理的能力与素质也就成为人们关注的重点。

请分析影响项目成功或失败的主要原因。

Chapter Three

第三章

项目整体管理

知识学习目标：

- 理解项目整体管理的定义及其过程
- 掌握项目整体计划制订、执行和整体变更控制的主要工作
- 理解整体计划制订、执行和整体变更控制的依据
- 掌握整体计划制订、执行和整体变更控制的工具与方法
- 理解整体计划制订、执行和整体变更控制的输出成果

技能训练目标：

- 掌握项目管理信息系统
- 能够进行项目利益相关者需求识别与分析

第一节　项目整体管理概述

一、项目整体管理的定义

项目整体管理是指在项目的整个生命周期内，汇集项目管理的知识领域，包括保证项目各要素相互协调的全部工作和所有活动过程。它需要在相互影响的项目目标和方案中做出平衡和选择，尽可能地消除项目各单项管理的局限性，从而最大限度地满足或超出项目当事人的需求和期望。

项目整体管理对于项目的成功起着关键作用，项目经理是项目整体管理的责任者和综合协调者。项目经理要领导项目团队根据项目目标进行决策，负责协调所有团队成员、指导制订相应的项目计划和工作，并与所有的项目利害关系者进行良好的沟通。项目整体管理与项目单项管理的逻辑关系如图 3-1 所示。它可以帮助我们更好地理解项目整体管理在项目整个生命周期内，如何整合其他项目管理过程和要素来引导项目走向成功。

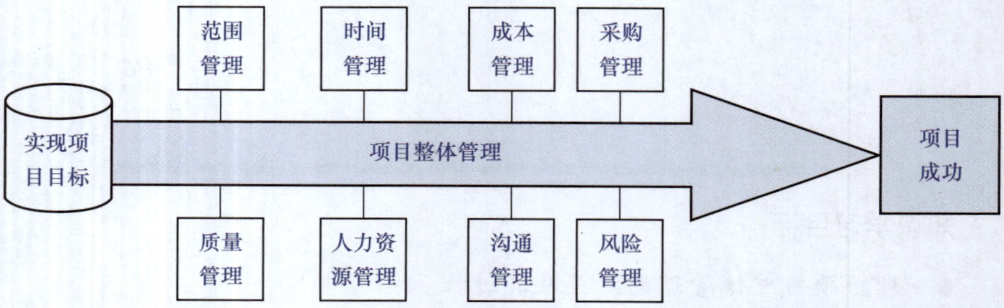

图 3-1　项目整体管理与项目单项管理的逻辑关系

二、项目整体管理的过程

项目整体管理包括项目整体计划制订、项目整体计划执行、项目整体变更控制三个过程，如图 3-2 所示。

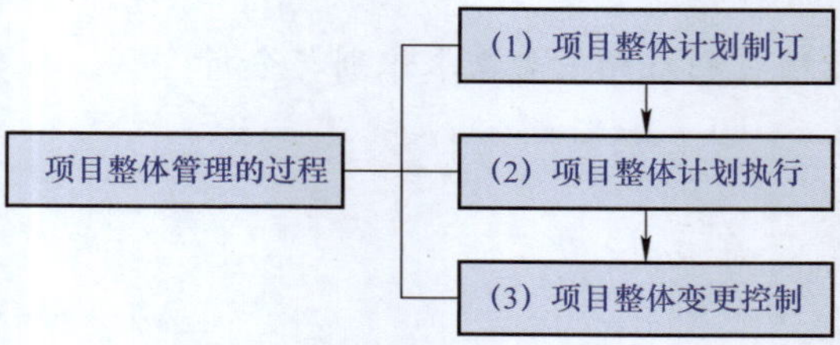

图 3-2　项目整体管理的过程

（1）项目整体计划制订——收集其他计划过程的结果，并将其汇总成连贯、一致的文档。

（2）项目整体计划执行——通过进行项目计划所规定的活动，完成项目计划。

（3）项目整体变更控制——协调整个项目生命周期内的所有变更。

第二节　项目整体计划制订

一、项目整体计划制订概述

由于项目整体管理是把项目的单项管理的各项工作视为一个有机的整体，所以必须对项目的各单项计划进行整体管理，将它们有机地联系起来。项目整体计划是以项目各单项计划为基础，从项目全局出发把项目的各个单项计划作为一个子系统进行整体管理，从而利用各个单项计划编制过程（包括战略规划）的结果形成连贯、一致的文档，以指导项目实施和项目控制的整体文件。

项目整体计划是整个项目组成员共同认可的工作实施计划，所有的项目工作都将按照它的规划来进行。整体计划为进度测量和项目控制提供基准计划，并对项目建设的整体进度进行管理，以确保项目建设工作可以按计划正常开展。

项目整体计划制订的主要工作如图 3-3 所示。

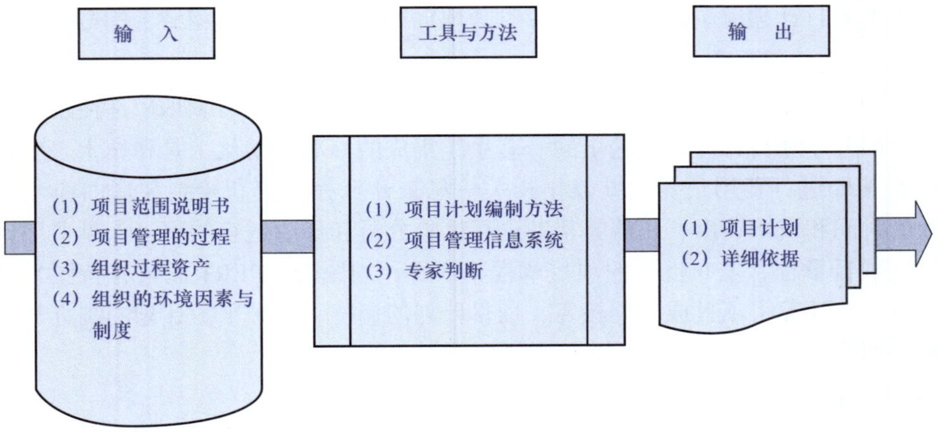

图 3-3　项目整体计划制订的主要工作

二、项目整体计划制订的输入：依据

1．项目范围说明书

项目范围说明书确定了项目的范围、项目过程的对象和记载的事项。项目范围说明书利用项目发起人或赞助人提供的信息编制。项目范围说明书的内容包括：项目与产品的目标、产品或服务的要求与特性、产品验收标准、项目边界、项目要求与可交付成果、项目制约因素、项目假设、项目的初步组织、初步识别的风险、进度里程碑、初步工作分解结构、量级费用估算、项目配置管理要求和审批要求。

2．项目管理的过程

项目管理的过程包括项目范围管理、成本管理、质量管理、人力资源管理、沟通管理、风险管理、采购管理等。

3. 组织过程资产

在制定项目章程及以后的项目文件时，所有用于影响项目成功的资产都可以作为组织过程资产。所有参与项目的组织都可能有正式或非正式的方针、程序、计划、风险模板、工作分解结构模板，财务控制程序，标准指导原则，这些影响项目成功组织过程的资产都必须考虑。组织过程资产反映了组织从以前项目中吸取的教训和学习到的知识，如完成的进度表、风险数据和实现价值数据。还反映了组织整体信息存储检索知识库，如项目档案、历史信息与教训知识库、财务数据库等信息。

4. 组织的环境因素与制度

其中包括组织或公司的文化与组成结构、政府或行业标准、基础设施、现有的人力资源、市场情况、项目管理信息系统。

三、项目整体计划制订的工具与方法

1. 项目计划编制方法

项目计划编制方法是指在项目计划制订过程中，用来指导项目团队工作的任何结构化方法。大多数项目计划编制方法采用项目管理软件和项目动员会议相结合的办法。

2. 项目管理信息系统

项目管理信息系统（Project Management Information System，PMIS）是在组织内部用于收集、综合和分发项目管理过程输出的一套系统集成的标准自动化工具和技术。项目管理信息系统能够帮助进行费用估算，并收集相关信息来计算挣得值和绘制 S 形曲线，能够帮助进行复杂的时间和资源调度，还能够帮助进行风险分析和形成适宜的不可预见费用计划等。例如，制定项目章程、发布批准的项目章程、项目计划图表（PERT 图、甘特图）的绘制、项目关键路径的计算、项目成本的核算、项目计划的调整、资源平衡计划的制订与调整以及动态控制等都可以借助项目管理信息系统。

3. 专家判断

专家判断经常用来评价制定项目章程所需要的依据。在这一过程中，此类专家判断即将其知识应用于任何技术与管理细节。此类专家知识来源包括实施组织内部的其他单位 / 咨询公司。

四、项目整体计划制订的输出：成果

1. 项目计划

项目计划是一份经过批准的正式文件，用来管理项目执行。项目计划通常包括以下内容：项目章程；范围说明，包括项目可交付成果和项目目标；执行控制层面上的工作分解结构（WBS）、可交付成果的成本估算、计划的开始和结束时间（进度）和职责分配；技术范围进度和绩效测量基准计划；主要的里程碑和每个主要里程碑的实现日期；关键的或所需的人员及其预期的成本和（或）工作量；风险管理计划；辅助管理计划。

2. 详细依据

用于项目计划的详细依据包括：来自其他计划编制过程的输出、辅助信息和文档、技术文档、有关的标准、早期的项目开发计划编制中的规范。

第三节　项目整体计划执行

项目整体计划执行是执行项目计划的主要过程。项目经理和项目管理团队根据项目基准计划进行工作，同时必须持续监控相对于项目基准计划的绩效，以便将实际绩效和项目计划进行对照，并以此为基础采取相应的纠正措施。

项目整体计划执行的主要工作如图 3-4 所示。

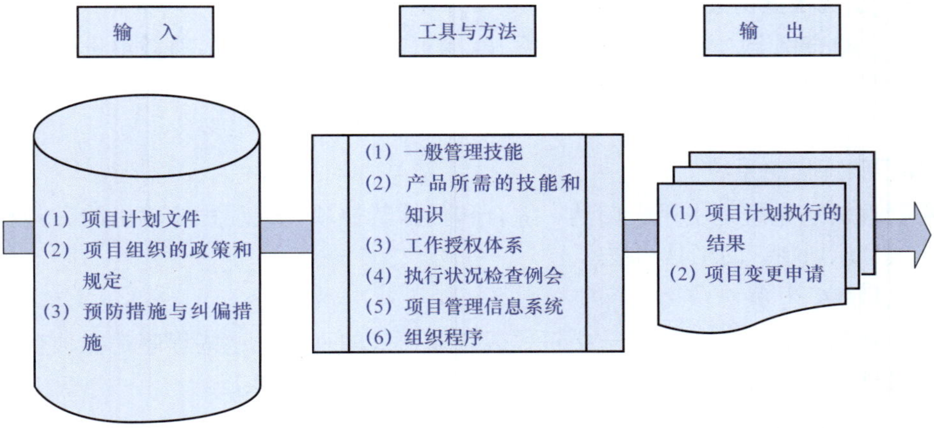

图 3-4　项目整体计划执行的主要工作

一、项目整体计划执行的输入：依据

1. 项目计划文件

项目计划文件主要包括项目计划阶段所产生的各种计划性文件，具体包括项目整体计划、各种单项计划，以及各种项目计划文件的支持细节。

2. 项目组织的政策和规定

涉及项目的任何组织都拥有正式或非正式的政策和规定，才能保证项目整体计划的顺利实施。

3. 预防措施与纠偏措施

预防措施是指为消除潜在不合格或其他潜在不期望情况的出现，降低项目风险事件所采取的措施。纠偏措施是指将项目的执行情况与项目计划比较后所产生的偏差信息及采取纠偏行动。因此在项目整体计划的执行过程中，项目团队应了解纠偏行动信息，这有利于促进项目计划制订和实施之间协调工作，有助于提升产品质量和改善工作成果。

二、项目整体计划执行的工具与方法

1. 一般管理技能

对项目团队成员，尤其是项目经理来说，掌握了领导、谈判、沟通等一般管理技能将会在项目计划实施中发挥积极的作用，并且这对项目计划实施来说是必不可少的。

2. 产品所需的技能和知识

项目团队只有对项目产品所需的技能和知识有适当的了解，才能够按照预定计划生产出项目产品或提供工作成果。

3．工作授权体系

工作授权体系通常是指对一项具体活动或者一组工作的书面动工核准书。其是批准项目工作的一个正式程序，用来确保按照恰当的时间、合适的顺序完成工作。工作授权体系的设计应当在提供控制的价值和为其所付出的代价两者之间权衡利弊。典型的授权是开始某具体活动或工作的书面授权，但对许多小型项目而言，口头核准更为适合。

4．执行状况检查例会

执行状况检查例会，应按期、按计划召开，保证项目信息能及时、有效地进行交流。同样，该例会有不同的频率和层次，如项目管理队伍内部会议可能每周一次，而与客户的会议可能每月一次。

5．项目管理信息系统

项目管理信息系统是由用于归纳、综合和传播其他项目管理程序输出的工具和技术组成的，即项目计划制订的工具和技术。

6．组织程序

项目涉及的所有组织都会有一些正式或者非正式的程序，这些程序是在项目实施期间人人都必须遵循的计划及指导方针，能帮助项目整体计划顺利实施。

三、项目整体计划执行的输出：成果

1．项目计划执行的结果

根据项目实际情况对项目整体计划不断地修改和完善，产生项目所执行活动的各种结果，如哪些项目可交付成果已经完成、哪些项目工作还未完成、质量标准满足的程度如何，都将进行收集并输入绩效报告中。

2．项目变更申请

在项目执行过程中，时常会出现一些难以应付的情况，需要对整体计划提出变更申请，如扩大或缩小合同的范围。

第四节　项目整体变更控制

一、项目整体变更控制概述

在项目实施过程中，存在着各种各样的不确定因素，导致项目实施会发生或多或少的变化。不同项目在项目生命周期内的不同阶段都会发生变化，因此在项目实施中必须建立一套正规的程序，对项目的变更进行有效控制，即项目变更控制。

项目变更发生的主要原因包括以下三个方面：①客户需求和项目目标的变化；②项目团队遇到技术、资源、人事、财力上的困难和变化；③项目预先计划的时间和成本估计不够准确，这些都可能需要对原来的基准计划进行必要的更新，因此需要对项目进度、项目范围、项目合同、项目人力资源和费用预算等进行必要的调整。

为了有效控制项目变更，整体变更控制值得注意以下四点：①项目变更融入项目基准计划中，以满足整体变更控制要求，以保证绩效测量基准计划的完整性，并确保产品范围的变更反映在项目范围定义中。②在做项目变更决策时，应该选择对项目的目标、预算、成本、质量和团队成员这些主要项目因素产生影响最小的变更方案。③所有的变更在准备变更申请和评估之前，必须与项目经理进行商讨。④当项目做出变更以后，应该及时将变更的信息通知项目团队成员，使他们了解项目变更的内容，才能按照项目的变更要求调整自己的工作方案。

由于项目变更是正常的、不可避免的，因此建立一套有效的项目变更控制程序尤为必要。项目整体变更控制程序如图 3-5 所示。

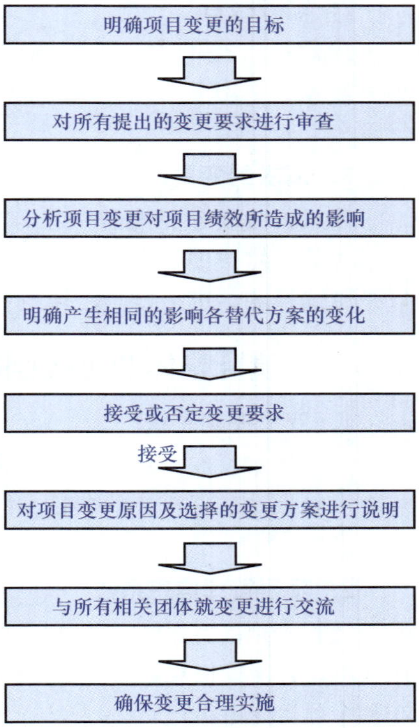

图 3-5　项目整体变更控制程序

实施项目整体变更控制是审查所有变更请求，批准变更，管理对可交付成果、项目文件和项目管理计划的变更，并对变更处理结果进行沟通的过程。该过程贯穿项目始终，要确保只有经批准的变更才能付诸执行；必须迅速地审查、分析和批准项目变更请求；做好详尽的项目变更记录；管理已批准的变更，并纳入项目管理计划和项目文件中，审查并加以批准或否决已推荐的全部纠正措施和预防措施；及时发布变更信息；协调整个项目中的成本、质量、人员配备等各种变更；完整地记录变更请求的影响。

项目整体变更控制的主要工作如图 3-6 所示。

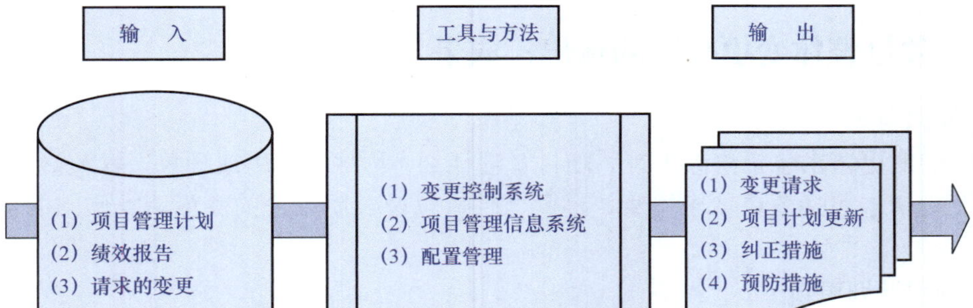

图 3-6　项目整体变更控制的主要工作

二、项目整体变更控制的输入：依据

1．项目管理计划

项目管理计划是项目整体管理计划编制的最重要成果，其包括将确定、协调与综合所有部分计划所需要的行动形成文件，提供一个控制变更的基准计划。

2．绩效报告

绩效报告提供项目工作绩效的信息，它是按常规收集的为了完成项目工作而进行的项目活动工作状态的信息和数据，并分析而得出结果的报告，属于执行项目管理计划的一部分。

3．请求的变更

请求的变更包括利害关系方要求扩大或缩小项目范围，修改方针或程序，修改项目费用或预算，修改项目进度表的变更。变更请求可以直接或间接提出、由内部或外部提出，可以是可选择的，也可以是法律或合同强制要求的。

三、项目整体变更控制的工具与方法

1．变更控制系统

变更控制系统是指一系列正式的、文档化的程序，目的是对项目绩效进行监控和评估。变更控制系统包括正式的项目文档变更的步骤，还包括文档工作、跟踪系统和用于授权变更的批准层次。

2．项目管理信息系统

项目管理信息系统是计算机辅助项目管理的工具，为项目目标的实现提供了强有力的帮助。团队将项目管理信息系统当作实施项目整体变更控制的一个辅助工具，促进项目信息反馈和控制整个项目变更。

3．配置管理

配置管理是变更控制系统的子集，是任何归档的程序，用于控制一个工作子项或系统物理特性和功能特性的任何变更，并记录这些变更及其绩效等，以便确保项目产品描述正确和完整。例如，配置管理计划包括配置管理方法、配置识别、配置控制文档、配置变更控制、配置核实和审计、配置管理角色和责任等。

四、项目整体变更控制的输出：成果

1．变更请求

批准的变更请求包括修改方针、项目管理计划、程序、费用或预算，以及修改进度表。否决的变更请求包括变更请求本身、辅助文件，以及表明否决的变更请求倾向的变更审查状态。

2．项目计划更新

对项目计划内容进行修改或辅助说明，并根据需要适当地把项目更新情况通知项目的参与者。

3．纠正措施

纠正措施是指保证项目将来实施的结果，始终符合项目管理计划的要求而批准并形成文件的指示。

4．预防措施

预防措施是指降低项目风险的消极后果发生的可能性，而批准并形成文件的指示。

经典案例分析与实践

神华包头煤化工项目管理成功经验

神华集团投资建设的神华包头煤制烯烃项目，是以煤为原料通过甲醇转化生产聚烯烃石油化工产品的特大型煤化工项目，属于世界首套。建设规模包括年产 180 万吨煤基甲醇联合化工装置、年产 60 万吨甲醇基聚烯烃联合石化装置，以及配套建设的热电站、公用工程装置、辅助生产设施和厂外工程等。

为保证项目顺利进行，神华集团在包头成立了神华包头煤制烯烃项目部，实行矩阵型管理。分别采用工程总承包模式（Engineering Procurement Construction，EPC）和设计采购与施工管理（Engineering Procurement Construction Management，EPCM）等合同模式。在项目组内制定了明确的工作流程，以保证权责明确、提高管理效率。神华包头煤化工项目管理主要成功经验如下：

（1）建立健全技术体系，归纳、规范业主设计管理。通过建立健全公司运行管理体系、项目管理体系、技术管理体系，以及 HSE 管理体系，编制完成四大系列的体系文件，形成了比较完备的管理体系，使项目的各项管理始终处于受控状态。

（2）在项目管理上，整合联合管理团队的优势，充分调动发挥 PMC（Production Material Control）的积极性，使得项目管理水平有大幅提升。

（3）抓住设计关键点，超前组织，积极配合，向采购和施工两大环节的纵深延伸。项目的设计、采购和施工是一个既相互衔接又相互制约的工作链，充分利用 EPC 总承包商的优势对各项工作做出合理安排，从而做到设计、采购和施工的深度交叉，提高工作效率。

（4）统一标准、优化设计、综合协调、精细管理。重点抓质量管理，HSE（健康安全和环境）管理及界面管理；与职能部门密切配合，充分发挥矩阵型项目管理模式下协同作战的能力；发挥生产人员的优势，体现出生产与项目建设专业化基础上的一体化管理。

（5）进度管理上借鉴总承包的管理经验：具体工作的重点放在进度计划动态跟踪和调整上；加强和提高设计人员与采购和施工人员之间的协调；利用多方资源（业主、监理、政府、社会科研机构），调动施工工作的积极性，使管理工作简单有效；工作计划的制订力求全员参与，团队努力，把更多的问题暴露和规划在项目策划和启动阶段；在基础设计阶段就尽早启动业主长周期设备采购周期，并促进供货厂商及早提出资料满足设计进度需要等。

（资料来源：钱建环．神华煤化工项目管理案例分析，管理观察．2017（21），25-29，内容有删改）

实用工具与模板

项目利益相关者需求识别与分析表

角　色	名　称	对项目的主要作用	期望与要求
业主			
项目发起人及管理方			
项目客户方			
项目实施（承建）方			
支持协作方（包括供应商与设计单位）			
环境提供方			
其他利益相关方			

自 测 题

一、单选题

1. 项目整体管理的责任者是（　　）。

A．高级管理者　　B．项目经理　　C．项目团队成员　　D．项目管理顾问

2. 项目变更控制的方法不包括（　　）。

A．信息反馈系统　　B．变更系统　　C．监控系统　　D．组织实施系统

3. 若项目预算第 1 年是 25 亿元，第 2 年是 38 亿元，第 3 年是 3 亿元，你认为项目预算的大部分用在（　　）阶段。

A．项目计划的执行　　B．项目启动

C．项目整体变更控制　　D．项目收尾

4. 下列（　　）属于执行整体变更控制过程的组成部分。

A．将实际项目绩效与项目管理计划对比

B．更新范围管理计划

C．确定并记录项目产品的功能特性和物理特性

D．核实可交付成果的完成程度

5. 所有经批准的变更都应反映在（　　）当中。

A．质量保证计划　　B．变更管理计划　　C．项目计划　　D．风险应对计划

6. 变更控制委员会拒绝批准项目经理提交的变更请求，项目经理应该（　　）。

A．实施变更，不要管变更控制委员会的决定

B．将变更控制委员会的决定记入变更日志，并通知相关人

C．停止项目工作

D．向变更控制委员会说明变更理由

7. 项目需求发生变化，首要源于（　　）。

A．设计变化　　B．业主需求变化　　C．工艺技术变化　　D．经营环境变化

二、多选题

1. 项目整体管理和其他的项目单项管理相比，具有（　　）。

A．综合性　　B．全局性　　C．总体性　　D．系统性

2. 项目整体管理的主要过程包括（　　）。

A．项目整体计划编制　　B．项目整体计划结尾

C．项目整体变更控制　　D．项目整体计划执行

3. 项目整体计划执行所需要的依据有（　　）。

A．项目计划文件　　B．项目组织的政策和规定

C．纠偏行动信息　　D．预防措施

4. 项目变更整体控制输出的成果为（　　）。

A．变更请求　　B．纠正措施　　C．项目计划更新　　D．预防措施

5．（　　）是有效的项目变更系统的组成部分。

A．成立项目变更控制委员会　　B．召开会议

C．规定变更的处理程序　　D．规定变更申请的格式

6．项目整体计划制订输入的项目范围说明书中确定了（　　）。

A．项目的范围　　B．项目记载的事项

C．项目过程的对象　　D．项目的风险

三、判断题

1．项目整体管理的目的是最大化地实现项目当事人的利益，甚至可以不惜牺牲项目单项管理的目标。（　）

2．项目整体管理在项目整个生命周期内如何整合所有其他项目管理过程和要素来引导项目走向成功。（　）

3．项目经理只有掌握领导、谈判、沟通等一般管理技能，才能在项目计划实施中发挥积极的作用。（　）

4．变更控制系统是一系列正式的、文档化的程序，对项目绩效进行监控和评估。（　）

5．不按计划召开执行状况检查例会，也能保证及时、有效地进行项目信息交流。（　）

6．不需对项目整体计划进行修改和完善，就会得到项目所执行活动的各种结果。（　）

7．若要完成一个过程、阶段或项目，必须获得预算的批准。（　）

四、简答题

1．项目整体管理的内容有哪些？

2．简述项目整体管理的作用。

3．简述制订项目整体计划的主要工作内容。

4．项目整体计划执行的结果有哪些？

5．在项目整体变更控制中，可以采用哪些工具和技术？

6．在项目整体变更控制中，如何实施纠正措施？

五、案例分析题

ERP 实施的项目管理

一个典型的 ERP 项目管理循环通常包括：项目开始、项目选型、项目计划、项目执行、项目评估及更新和项目完成六项主要内容。

1．项目开始

项目开始阶段主要针对 ERP 项目的需求、范围和可行性进行分析，制订项目的总体安排计划，并以“项目合同”的方式由企业与 ERP 项目咨询公司确定项目责任和授权。在项目开始阶段进行的项目管理主要包括以下内容：

（1）需求评估。对企业的整体需求和期望做出分析和评估，并据此明确 ERP 项目成果的期望和目标。

（2）项目范围定义。在明确企业期望和需求的基础上，定义 ERP 项目的整体范围。

（3）可行性分析。根据项目的期望和目标，以及预计项目的实施范围，对企业自身的人力资源、技术支持等方面做出评估，明确需要为配合项目而采取的措施和投入的资源。

（4）项目总体安排。对项目的时间、进度、人员等做出总体安排，制订 ERP 项目的总体计划。

（5）项目授权。由企业与 ERP 项目咨询公司签订 ERP 项目合同，明确双方职责，并由企业根据项目的需要对咨询公司进行项目管理的授权。

2．项目选型

在明确了项目的期望和需求后，项目选型阶段的主要工作就是为企业选择合适的软件系统和硬件平台。系统选型的一般过程为：

（1）筛选候选供应商。项目咨询公司根据企业的期望和需求，综合分析评估可能的候选软件、硬件供应商的产品，筛选出若干家重点候选对象。

（2）候选系统演示。重点候选对象根据企业的具体需求，向企业的管理层和相关业务部门做针对性的系统演示。

（3）系统评估和选型。项目咨询公司根据演示结果对重点候选对象的优势和劣势做出详细分析，向企业提供参考意见。企业结合演示的结果和咨询公司的参考意见，确定初步选型，在经过商务谈判等工作后，最终决定入选系统。

在项目选型阶段的主要项目管理工作是进行系统选择的风险控制，包括正确全面评估系统功能，合理匹配系统功能和自身需求，综合评价供应商的产品功能和价格、技术支持能力等因素，以及避免在系统选型过程中可能出现的贿赂舞弊等行为。

3．项目计划

项目计划阶段是 ERP 项目进入系统实施的启动阶段，主要进行的工作包括确定详细的项目实施范围、定义递交的工作成果、评估实施过程中主要的风险、制订项目实施的时间计划、制订成本和预算计划、制订人力资源计划等。

（1）确定详细的项目范围。对企业进行业务调查和需求访谈，了解用户的详细需求，据此制定系统定义备忘录，明确用户的现状、具体需求和系统实施的详细范围。

（2）定义递交的工作成果。企业与实施咨询公司讨论确定系统实施过程中和实施结束时需要递交的工作成果，包括相关的实施文档和最后上线运行的系统。

（3）评估实施的主要风险。由实施咨询公司结合企业的实际情况对实施系统进行评估，对预计的主要风险采取相应的措施来加以预防和控制。

（4）制订项目的时间计划。在确定详细的项目范围、定义递交的工作成果和明确预计的主要风险的基础上，根据系统实施的总体计划，编制详细的实施时间安排。

（5）制订成本和预算计划。根据项目总体的成本和预算计划，结合实施时间安排，编制具体的系统成本和预算控制计划。

（6）制订人力资源计划。确定实施过程中的人员安排，包括具体的实施咨询公司的咨询人员和企业方面的关键业务人员，对用户方面参与实施的关键人员，需要对其日常工作做出安排，以确保对实施项目的时间投入。

4．项目执行

项目执行阶段是实施过程中历时最长的一个阶段，贯穿于 ERP 项目的业务模拟测试、系统开发确认和系统转换运行三个步骤中。实施的成败与该阶段项目管理进行的好坏息息相关。在项目执行阶段进行的项目管理主要内容包括：

（1）实施计划的执行。根据预定的实施计划开展日常工作，及时解决实施过程中出现的各种人力资源、部门协调、人员沟通、技术支持等问题。

（2）时间和成本的控制。根据实施的实际进度控制项目的时间和成本，并与计划进行比较，及时对超出时间或成本计划的情况采取措施。

（3）实施文档。对实施过程进行全面的文档记录和管理，对重要的文档需要报送项目实施领导委员会和所有相关的实施人员。

（4）项目进度汇报。以项目进度报告的形式定期向实施项目的所有人员通报项目实施的进展情况、已经开展的工作和需要进一步解决的问题。

（5）项目例会。由企业的项目领导、各业务部门的领导，以及实施咨询人员参加的项目实施例会，协调解决实施过程中出现的各种问题。

（6）会议纪要。对所有的项目例会和专题讨论会等编写出会议纪要，对会议做出的各项决定或讨论的结果进行文档记录，并分发给与会者和项目实施的其他相关人员。

5. 项目评估及更新

项目评估及更新阶段的核心是项目监控，就是利用项目管理工具和技术来衡量和更新项目任务。项目评估及更新同样贯穿于 ERP 项目的业务模拟测试、系统开发确认和系统转换运行三个步骤中。在项目评估及更新阶段常用的项目管理工具和技术有：

（1）阶段性评估。对项目实施选择阶段性评估，对实施是否按计划进行并达到所期望的阶段性成果进行小结。如果出现偏差，研究是否需要更新计划及资源，同时落实所需的更新措施。

（2）项目里程碑会议。在项目实施达到重要的里程碑阶段，召开项目里程碑会议，对上一阶段的工作做出小结和评估实施进度成果，并动员部署下一阶段的工作。

（3）质量保证体系。通过对参与实施的用户人员进行培训和知识传授，编写完善实施过程中的各种文档，从而建立起质量保证体系，确保在实施完成后企业能够达到对系统的完全掌握和不断改善的目标。

6. 项目完成

项目完成阶段是整个项目实施的最后一个阶段。此时，工作接近尾声，已经取得了项目实施成果。在这个最后阶段，仍有重要项目管理工作需要开展，项目团队切莫掉以轻心：

（1）行政验收。结合项目最初对系统的期望和目标，对项目实施成果进行验收。

（2）项目总结。对项目实施过程和实施成果做出回顾和总结。

（3）经验交流。交流分享在实施过程中的经验和教训。

（4）正式移交。系统正式运转及使用，由企业的计算机部门进行日常维护和技术支持。

1. 在整个 ERP 项目实施过程中，如何达到项目管理的总体目标？

2. ERP 项目实施过程为什么要分为这样几个阶段？

3. 在 ERP 项目实施过程中，项目计划阶段的工作对整个项目管理起到什么作用？

4. 如果你是该项目的项目经理，你如何实施 ERP 项目执行过程？

Chapter Four

第四章

项目范围管理

知识学习目标：

- 掌握项目范围管理的含义和实现步骤
- 理解项目范围管理的主要过程
- 理解项目范围规划、项目范围定义、项目范围核实、项目范围变更控制的依据
- 掌握项目范围规划、项目范围定义、项目范围核实、项目范围变更控制的工具与方法
- 理解项目范围规划、项目范围定义、项目范围核实、项目范围变更控制的结果

技能训练目标：

- 掌握工作分解技术及其工作分解结构的应用
- 能够进行项目范围说明书的编制

第一节　项目范围管理概述

一、项目范围管理的含义

项目范围的确定和管理关系着项目的成败，因此项目经理必须重视。项目范围是指产生项目产品所包括的所有工作及产生这些产品所用的过程。项目范围管理是指为达到项目目标，对项目的全部工作内容及范围进行管理和控制所需要的活动与过程。项目范围管理包括确保项目做且只做所需的全部工作，以做好项目的各个环节，如编制项目范围规划、界定项目范围、对项目范围变更进行控制等。

项目范围管理的目标是通过确定项目范围，明确哪些工作应该包括在项目内，哪些工作不应该包括在项目内，即明确项目的目标和项目可交付的主要成果，从而全面达到项目要求。

二、项目范围管理的作用与实现步骤

项目范围管理在项目管理中具有十分重要的作用：

（1）为组织选择以及项目启动给予决策，为项目实施提供工作范围和框架。项目范围管理所确定的工作范围和框架能够规范项目组织的行动，让人们清楚项目工作范围和条件，放弃不必要的工作和各种不切合实际的想法。

（2）提高对时间、资金，以及人力和其他资源估算的准确度。项目的工作边界定义清楚了，项目的具体工作内容也明确了，项目组织就可以依据各项具体工作规划估算项目所需的费用、时间、人力和其他资源等。

（3）确定项目进度、测算成本和掌控的标准。这有利于有效控制项目实施。项目范围是项目计划的基础。确定了项目范围，就确定了项目进度计划和控制基准，能为项目组织在项目实施过程中对项目实际工作进行监测，并采用相应纠偏措施打下良好的基础。

（4）有助于清楚地进行任务分派。项目范围确定了也就确定了项目的具体工作任务，为进一步分派任务打下了基础。

项目范围管理的主要步骤，如图 4-1 所示。

三、项目范围管理的主要过程

为了确保成功完成项目所需的全部工作，项目范围管理的重点在于必须完成的各项工作的过程。

如图 4-2 所示，项目范围管理的主要过程包括项目范围规划、项目范围定义、项目范围核实和项目范围变更控制。

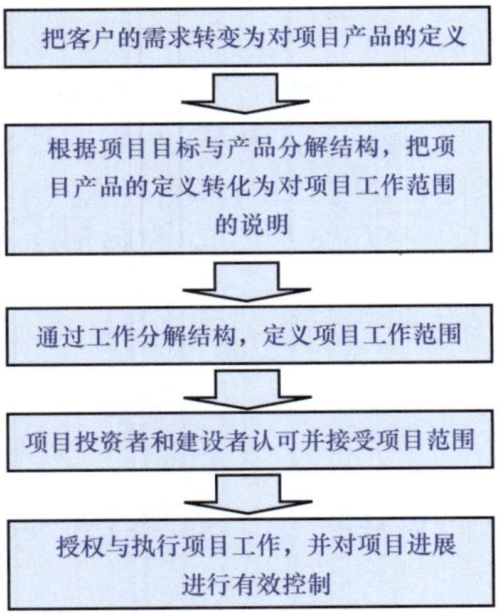

图 4-1 项目范围管理的主要步骤

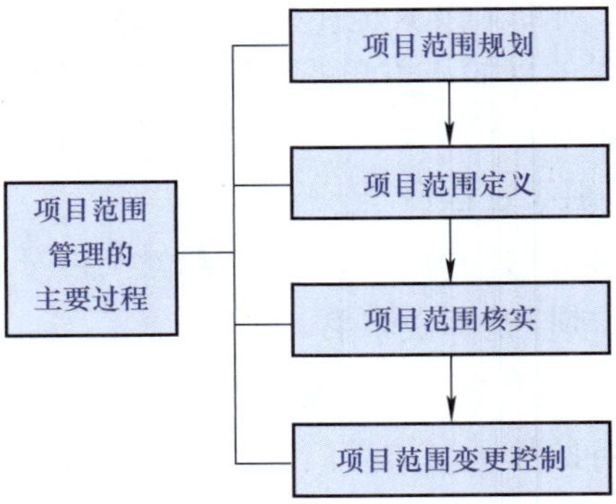

图 4-2 项目范围管理的主要过程

第二节 项目范围规划

一、项目范围规划概述

项目范围规划是对项目范围细化和归档的过程，也是确定项目范围并编写项目范围说明书的管理过程。项目范围规划从分析项目章程、项目范围说明书等入手。每个项目团队都需要制定项目范围说明书和范围管理规划。项目经理要想拥有管理好项目范围的能力，就要制定详细的项目范围说明书、制定工作分解结构、核实项目范围，以及控制项目范围。

项目范围规划的主要工作如图 4-3 所示。

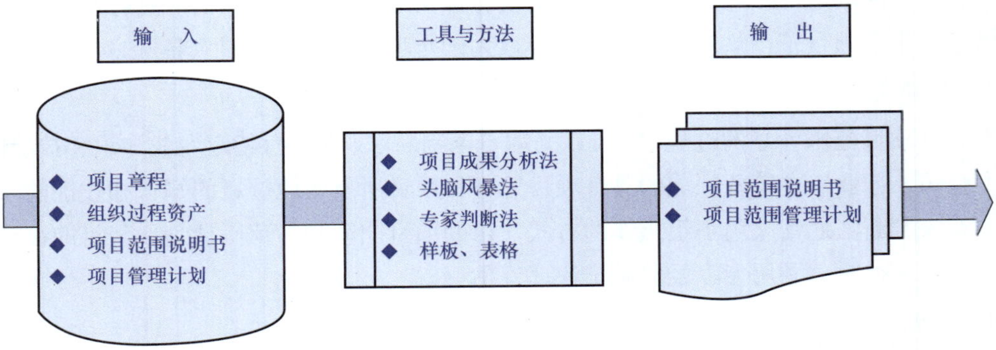

图 4-3 项目范围规划的主要工作

二、项目范围规划的输入：依据

1．项目章程

项目章程是正式批准项目的文件，是由项目实施组织外部具有一定权限的，并为项目出资或赞助的人发出。该文件授权项目经理使用组织的资源。项目章程的内容主要包括：满足顾客、赞助人及其他相关者的需求，经营需要、高层项目说明书或本项目对应的产品要求，启动项目的目的，委派的项目经理与权限级别，项目总体里程碑进度表，总体预算，利益相关者的影响，组织、环境与外部假设制约因素等。

2．组织过程资产

这部分内容前文已讲述，此处不再赘述。

3．项目范围说明书

项目范围说明书确定了项目的范围，即需要完成的所有事项。其内容包括项目及其产品和服务的特征与边界，以及验收和范围控制的方法。

4．项目管理计划

这部分内容前文已讲述，此处不再赘述。

三、项目范围规划的工具与方法

项目范围规划过程中常用的工具与方法主要有项目成果分析法、头脑风暴法、专家判断法及样板、表格。

1．项目成果分析法

项目成果分析法可以加深对项目的进一步理解，其由项目产品的功能和特性入手分析，反向推导项目的工作范围，从而指导项目团队开发出更好、更可行的项目产品。在项目可交付成果分析中，可以综合运用不同的分析方法。

2．头脑风暴法

头脑风暴法又称畅谈会法。它是一种以会议形式，在短时间内产生众多主意的团队合作方法。它是针对组织内某一个问题，让大家开动脑筋，畅所欲言地发表个人意见，充分发挥个人和集体的创造性，经过互相启发，产生连锁反应，集思广益，而后进行决策的方法。头脑风暴法用于项目范围规划的编制中，可以为确定项目范围计划提供备选方案。

3．专家判断法

在制订项目范围计划的过程中，可以采用专家判断法，向具有特定专业知识和技能的人，如咨询公司、行业协会等各领域的具有项目管理和项目所属专业领域的知识和技能的人征求意见。专家判断法通常采用小组座谈的方式，帮助项目团队制订范围计划。其目的在于当某些变量难以获得时，利用专家经验做出快速评估。

4．样板、表格

可以利用工作分解结构样板、范围管理计划样板与项目范围变更控制表格等，制订项目范围计划。

四、项目范围规划的输出：成果

1．项目范围说明书

项目范围说明书是对项目范围、主要可交付成果、假设条件和制约因素的描述，是确定项目范围的主要成果，可明确指出哪些工作不属于本项目范围。它是一份保证项目所有的利益相关者关于项目管理达成共识的说明性文件，也是未来项目决策，开展项目工期、项目成本和项目资源，及时反映项目范围的变更情况等方面的管理的基础文件之一。它能使项目所有者或项目管理者能够系统地、逻辑地分析项目的关键问题及项目形成中相互作用的要素，如项目范围说明书需要描述项目的参数、产品或服务，还有项目的交付成果和目标，用来指导有关文件的形成，作为评价项目成败的依据。项目范围说明书是项目整个寿命周期中监督和评价项目实施情况的背景文件，起到十分重要的作用。

项目范围说明书一般包括：

（1）项目的合理性说明（设计说明书）。解释进行该项目的原因，为以后权衡各种利弊关系和识别风险提供了依据。

（2）项目目标的描述（功能说明书）。项目目标是指确定项目成功所必须满足的数量标准和指标。其应包括费用、时间进度和技术性能或质量标准，并尽可能量化。例如，项目目标成本费用为500万元。未被量化的目标未来会存在很大的风险。

（3）项目可交付成果清单（执行说明书）。项目范围说明书中应包括一份主要的、具有归纳层次的项目产品清单。它规定了项目产品能完全、满意的最终可交付成果及其构成的清单和说明。

（4）影响项目目标实现的辅助性细节。辅助性细节主要包括项目的有关假设条件及制约因素等。

2．项目范围管理计划

项目范围管理计划是项目管理计划的组成部分，是描述将如何定义、制定、监督、控制和确认项目范围，以及对项目范围的变更进行管理的一种计划文件。该文件的内容包括：①说明控制项目的范围以及项目范围的变更；②说明识别项目范围变更并对其进行分类；③说明项目范围变化的可能性、频率和幅度。

第三节　项目范围定义

一、项目范围定义概述

项目范围定义是以范围规划的成果为依据，把项目的主要可交付产品和服务划分为更小的、更容易管理的单元，以及通过这种分解定义出项目全部工作的一种项目管理活动。合理恰当的项目范围定义对于项目的成功至关重要，它有利于明确界定项目的产出物和工作，明确和分配项目的任务与责任，保证项目工期，提高工作人员的生产效率和士气，大大降低项目成本，如期完成整个项目。

项目范围定义的主要工作如图4-4所示。

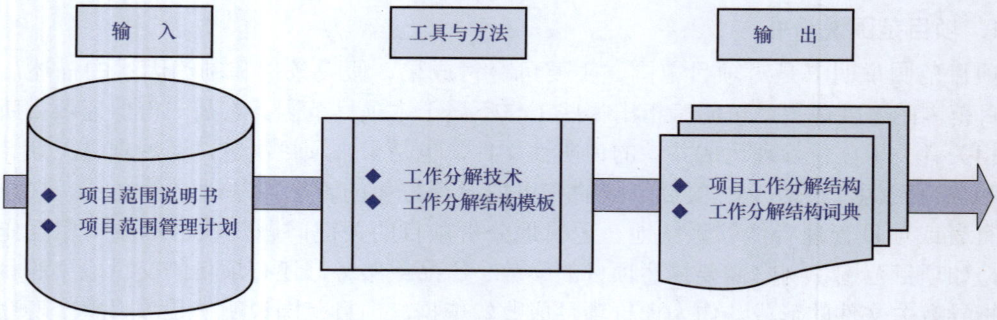

图 4-4 项目范围定义的主要工作

二、项目范围定义的输入：依据

项目范围定义的依据就是范围规划的结果，包括项目范围说明书、项目范围管理计划等，见上节所述。

三、项目范围定义的工具与方法

项目范围定义是一项非常严密的分析识别、逻辑推理和决策工作，因此项目管理人员需要经常使用一系列的工具与方法进行项目范围定义工作，主要的工具与方法有工作分解技术、工作分解结构模板。

1. 工作分解技术

为了更好地界定项目范围，需要采用工作分解技术对项目进行分解。工作分解技术是一种将项目最终可交付成果和项目工作逐层细分为更小、更易于管理的项目工作单元（需要详细描述每个子项目或者工作单元，如项目团队、工作计划、工作活动以及如何执行），最终确定出项目工作包，从而界定项目范围的方法。换句话说，工作分解技术是用来建立项目的工作分解结构（Work Breakdown Structure，WBS）的方法。它是项目进展、人员配置和资源分配的基础，是对项目团队为实现项目目标、创建可交付成果而需要实施的全部工作范围的层级分解。

（1）工作分解结构的特点和作用。

1）为所要交付的成果提供架构，明确和准确说明项目的工作范围。

2）为各单位分派人员并规定其相应职责。

3）项目被划分为项目组成人员可认知、可执行、必须完成的任务。

4）更加明确较小的短期任务要求，使员工感觉更容易实现。

5）较为准确地估计项目的进度、成本等，确定项目进度测量和控制的基准。

（2）工作分解结构的步骤。工作分解结构的步骤如图 4-5 所示。通过识别项目可交付成果和项目管理本身，层层分解成子项目、任务，最后分解成工作包。工作包是完成项目目标所要完成的相关活动的集合，是可确定的、特定的、可交付的独立单元，并将工作责任落实到具体的单位或个人，以确定实际的预算和资源需求，直至完成整个项目目标。

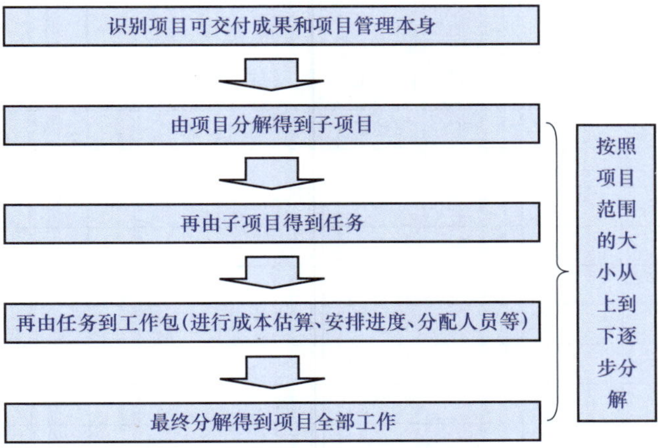

图 4-5　工作分解结构的步骤

（3）工作分解结构的结果。

1）工作分解结构图或表格。工作分解结构的成果之一：得到一个树形层次结构图形或一张表格，它清楚地反映了项目范围和层次结构。

2）工作分解结构的编码。工作分解活动所得到的结构可以用编码系统来保存，即运用特定的规则对分解结构图中的各个结点进行编码，这样有利于简化项目实施过程中的信息交流。例如，项目的成本计算与规划、制订进度和质量计划、文书工作的控制可以用编码代表任务名称，还可以根据某任务的编码情况推断出该任务在工作分解结构图中的位置。

工作分解结构的编码方法有很多种，但最常见的编码方法是利用数字进行编码。例如，一个三层的工作分解结构：第 1 层编码为 1000，第 2 层编码为 1100、1200、1300……第 3 层编码为 1110、1120、1130……这种等级式设计便于进行索引，还可用于前后参照。图 4-6 为该编码方法下数控镗铣机开发项目的工作分解结构图（编码在括号里表示）。

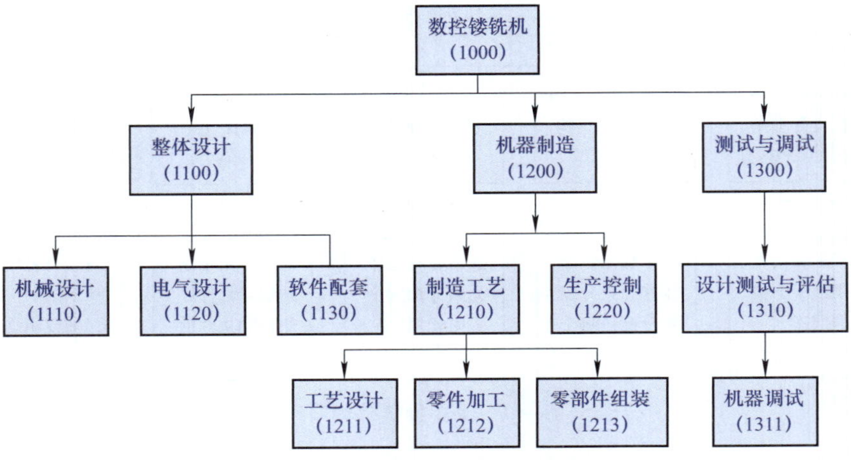

图 4-6　数控镗铣机开发项目的工作分解结构图

3）责任分配矩阵及成本估算。项目分解后可以对每个活动所投入的人力、资金、时间等进行估算，见表 4-1。

表 4-1　项目的责任分配及成本估算矩阵表

WBS 编码	预算（万元）	责　任　者

2. 工作分解结构模板

除了使用项目工作分解技术外，项目管理者还可以使用工作分解结构模板进行项目的工作分解。所谓的工作分解结构模板就是可以使用某种项目的标准化和半标准化的工作分解结构，或者是某个历史项目使用过的工作分解结构，以此作为一个新项目的工作结构分解。例如，大多数项目有相同或相似的项目生命周期，因此对每个项目阶段可能有相同或相似的可交付成果。

四、项目范围定义的输出：成果

项目工作分解结构及其工作分解结构词典。

项目工作分解结构是由项目团队为实现项目目标并创造必要的可交付成果而执行的工作分解之后得到的一种层次结构。它经常以图表的形式表示，图 4-6 是项目工作分解结构的实例。为了对项目工作分解结构进行详细说明，可采用项目工作分解结构词典，即可对其各项目要素与各工作包按照逐条分列的方式进行说明。工作分解结构词典如图 4-7 所示。

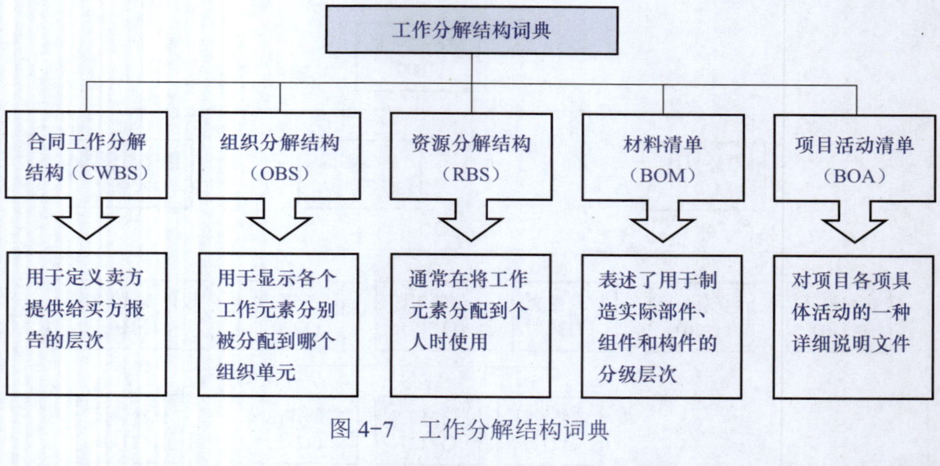

图 4-7　工作分解结构词典

工作分解结构词典包括对工作进行描述，列出所有工作包的有关里程碑及其到期日，对活动列表或进度进行计划，说明资源需求，人工单价、总小时数合计，物资数量、成本合计，人工与物资总成本，质量需求，验收标准，技术信息与合同信息等。

第四节　项目范围核实

一、项目范围核实概述

项目范围核实是指对项目范围的正式认定，项目主要当事人，如项目客户、项目发起人和顾客等要在这个过程中接受项目可交付成果，也是对已完成的项目与相应的可交付成果和工作结果进行正式验收的过程。

项目范围核实主要对项目范围定义所生成的主要文件和结果进行核实。例如，项目选择和项目工作定义中项目说明书和项目范围说明书，项目范围定义中项目工作分解结构和工作分解结构词典。

项目范围核实的主要工作如图 4-8 所示。

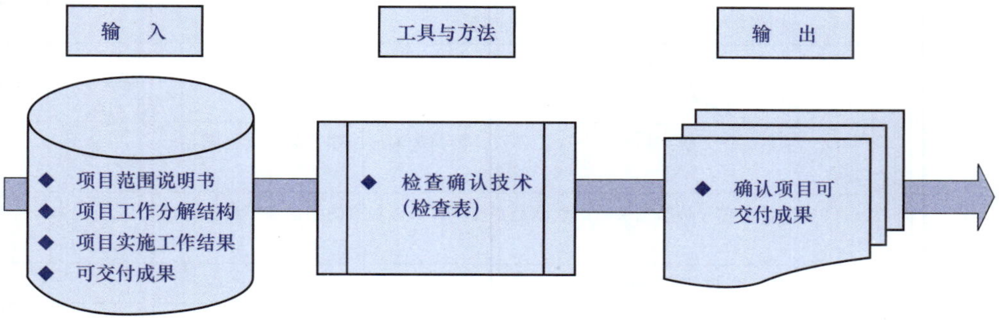

图 4-8　项目范围核实的主要工作

二、项目范围核实的输入：依据

项目范围核实的依据主要有项目范围说明书、项目工作分解结构、项目实施工作结果、可交付成果四项。项目范围说明书、工作分解结构已在本章第三节说明，这里仅介绍项目实施工作结果和可交付成果。

1. 项目实施工作结果

项目实施工作结果直接反映项目各项计划实行过程中实际工作或实际产出的情况，也反映了项目按计划实施的动态过程。

2. 可交付成果

部分或全部完成的项目可交付成果是项目计划执行的输出结果。

三、项目范围核实的工具与方法

项目范围核实的工具与方法主要是检查确认技术，通过编制检查表的形式，包括测量、仔细检查和核实、评审、审计和演练等来审查和确认项目范围的合理性和可行性。项目范围检查表见表 4-2。

表 4-2 项目范围检查表

检查主题	主要内容	是（√）	否（×）
项目范围检查	（1）项目目标是否完整和准确		
	（2）项目目标的指标是否可靠和有效		
	（3）项目的约束和限制条件是否真实和符合实际情况		
	（4）项目的假设前提是否合理		
	（5）项目的风险是否可以接受		
	（6）项目成功的把握是否很大		
	（7）项目范围界定是否能够保证项目目标的实现		
	（8）项目范围所能产生的最终效益是否高于项目成本		
	（9）项目范围是否需要进一步深入研究和定义		
项目工作分解结构检查	（1）项目目标的描述是否清楚		
	（2）项目最终可交付成果的描述是否清楚		
	（3）项目最终可交付成果及其分解是否都是为实现项目目标服务的		
	（4）项目的各项可交付成果是否以项目工作分解结构为基础		
	（5）规定项目目标的各个指标值是否可度量		
	（6）项目目标层次的描述是否清楚		
	（7）项目工作分解结构的层次结构是否合理		
	（8）项目工作分解结构中的各个工作包是否都是为形成项目某项成果服务的		
	（9）项目工作分解结构层次的划分是否与项目目标层次的划分和描述相统一		
	（10）项目工作、项目最终可交付成果与项目目标之间的关系是否一致		
	（11）项目工作、项目最终可交付成果与项目目标之间的分解在逻辑上是否正确与合理		
	（12）项目工作分解结构中的工作包是否都有合理的数量、质量和时间度量指标		
	（13）项目目标的指标值与项目工作绩效的度量标准是否相匹配		
	（14）项目工作分解结构中各个工作包的内容是否合理		
	（15）项目工作分解结构中各个工作包之间的相互关系是否合理		
	（16）项目工作分解结构中的各项工作所需的资源是否明确、合理		
	（17）项目工作分解结构中的各项工作的考核指标是否合理		
	（18）项目工作分解结构的总体协调是否合理		

四、项目范围核实的输出：成果

项目范围核实的成果就是确认项目可交付成果。其包括对项目范围定义工作的接受，同时还要编制经项目利益相关者确认并已经接受全面审核、修订和批准项目范围定义和项目阶段性工作成果的正式文件。项目经理与客户应一起进行检查，确认项目可交付成果是否符合产品验收标准，以满足客户的期望。

第五节　项目范围变更控制

一、项目范围变更控制概述

在项目执行过程中，随着项目的进度、费用、质量以及各种管理要素的变化，项目管理者必须对项目范围进行变更。在项目范围发生变更时，项目上述各方面也必然会受到影响，这也要求项目管理者做出相应调整。因此，项目范围变更控制系统和其他方面的变更控制系统可以集成一个整个项目的总体变更控制系统，进行整体的控制和管理，从而保证与相关的项目承发包合同条款规定一致，以达到依据项目合同开展项目范围控制的目的。

项目范围变更控制是指对有关项目范围的变更实施控制，即通过设定项目范围的边界，尽量减少范围计划的轻易变更；同时明确严格的计划变更控制程序，确保所有请求的变更与推荐的纠正，使项目朝着目标方向发展。项目范围变更的控制程序如图 4-9 所示。

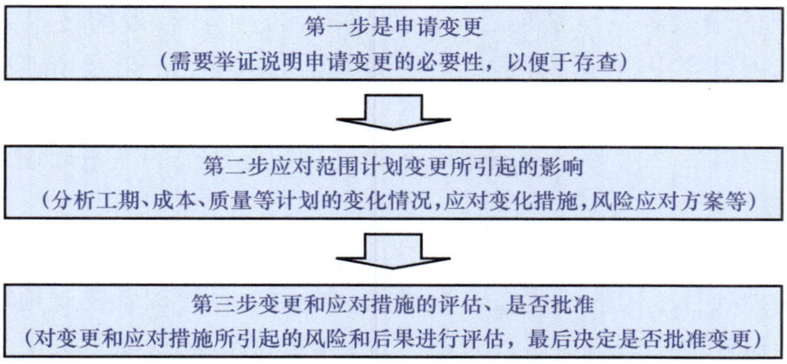

图 4-9　项目范围变更的控制程序

项目范围变更控制的主要工作如图 4-10 所示。

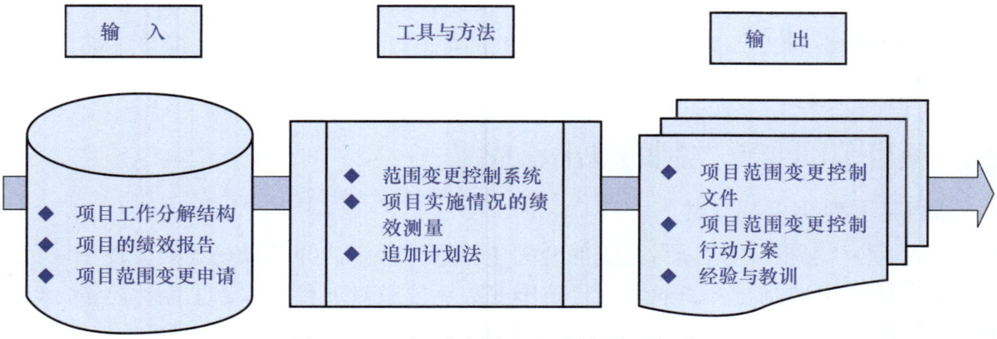

图 4-10　项目范围变更控制的主要工作

二、项目范围变更控制的输入：依据

1. 项目工作分解结构

具体内容见本章第三节。

2. 项目的绩效报告

项目的绩效报告提供了项目范围绩效信息，如已经完成的中间产品可交付成果。对于那些还未完成的工作，绩效报告可提醒项目团队将来可能引起哪些问题。

3．项目范围变更申请

由于外部事件（如政府规定的变更）的影响、产品范围定义的过失或疏忽（如用材料清单来替代工作分解结构）和为了增值而做的变更等，要进行变更申请。变更申请的形式可以是多样的，如口头的或书面的，直接的或间接的，外部的或内部的，强制性的或选择性的。

三、项目范围变更控制的工具与方法

1．范围变更控制系统

范围变更控制系统规定了项目范围与产品范围变更所应遵循的有关程序。该系统包括文档工作、跟踪系统及对于核准变更所需要的审批层次等。范围变更控制系统应与任何综合项目管理信息系统综合成一个整体，共同控制项目范围。这样就可以与控制产品范围的一个或多个系统协调起来，当项目按合同实施时，范围变更控制系统必须符合有关的合同条款。

2．项目实施情况的绩效测量

项目实施情况的绩效测量也是项目范围变更控制的一种有效的技术方法。这种方法有助于识别已发生的项目变更原因，评估已发生的项目范围变更，以及所造成影响的大小，从而决定是否需要对这种变更采取纠正措施。需要特别注意的是，这种方法的关键是在发现项目范围控制出现问题以后，需要立即缩短原有的项目实施情况的度量周期。

3．追加计划法

很少有一个项目能够完全按照最初的项目范围计划实施和完成，这就意味着项目范围变更不可避免。这种项目范围的变更在多数时间会要求项目管理者在对预期的范围变更时需要对工作分解结构做修改，或者对备选方案进行分解、修改和更新，甚至会要求重新分析和制定可替代的项目实施方案。值得注意的是，项目范围的变更会导致项目管理计划的变更，包括项目工期计划、成本计划和质量计划等。因此，项目管理者必须根据项目范围变更的实际情况，制订相应的新的项目范围计划。项目管理者需应用追加计划法或附加计划法，根据项目范围变更的实际情况，制订相应的新项目范围计划。追加计划法在项目工期、项目质量和项目成本等方面的变更管理中使用。

四、项目范围变更控制的输出：成果

1．项目范围变更控制文件

由客户与项目实施组织对项目范围的全面更新进行认定，并且以正式的文件予以记录，最终形成项目范围变更控制文件。通常项目范围变更还要求对项目成本、工期、质量，以及其他一些项目要素的指标进行全面的调整和更新，目的是及时反映到这些项目要素的计划中去。

2．项目范围变更控制行动方案

如果要采取纠偏措施，也必须将纠偏措施及其原因写进相应的文件，保存到项目范围变更管理文档中。同时，要将项目范围的变更情况及时通知项目所有利益相关者，在获得他们的认可之后才可以采取变更项目范围的具体行动。

3．经验与教训

在范围变更控制过程中，通过发现问题所获得的经验与教训，应该最终形成文件，成为项目历史数据的一部分，也可作为本项目后续工作和开展其他项目的参考资料。

经典案例分析与实践

邮电通信大楼项目范围的确定

1．项目目标与项目描述

根据承包合同，项目部与项目业主、监理方等项目的相关方经过讨论协商确定了项目的目标。

（1）交付物成果。设计建造一幢设施一流的智能型邮电通信大楼，地上建筑面积30000m²，地下建筑面积2150m²，总建筑面积32150m²。

（2）工期要求。2003年1月1日至2005年6月30日，历时2.5年。

（3）成本要求。总投资19000万元。

为了使项目各相关方和项目团队成员准确理解项目，项目部用简练的表格对项目进行了描述，见表4-3。

表4-3　项目描述

项目名称	邮电通信大楼建设项目
项目目标	2.5年完成邮电大楼的设计、建造工程，总投资19亿元
交付物	一幢总建筑面积32150m²、具有一流设施的智能型邮电大楼
交付物完成准则	工程设计、建造、室内和室外装修的要求
工作描述	主体结构、公用系统、智能化系统、室外道路和绿化工程
工作规范	依据国家建设建筑工程的有关规范
所需资源估计	人力、材料、设备的需求预计
重大里程碑	开工日期2003年1月1日，工程设计完成日期2003年7月14日，基础工程完工日期2003年10月27日，主楼工程完工日期2004年10月21日，安装工程完工日期2005年2月8日，工程完工日期2005年5月19日，工程验收日期2005年6月18日
项目经理审核意见：按要求保质保量完成任务	
签名：×××	日期：2003年1月

2．项目重大里程碑

针对项目的目标要求，结合项目的特点和各方的要求，分析确定了本项目的主要里程碑事件，制作了反映项目重大里程事件关系的里程碑计划表，见表4-4。

表4-4　项目里程碑计划表

里程碑事件	2003年						2004年						2005年			
	1月	3月	5月	7月	9月	11月	1月	3月	5月	7月	9月	11月	1月	3月	5月	7月
工程设计				◆ 7-14												
基础工程					◆ 10-27											
主体工程											◆ 10-21					
安装工程													◆ 2-18			
装修工程															◆ 5-19	
验收工程															◆ 6-18	

（资料来源：白思俊，项目管理案例教程，机械工业出版社，2005年，有删改）

实用工具与模板

项目范围说明书

项目名称	______	编制者	______
项目经理	______	日期	______
项目发起人	______	最新更新日期	______

1．项目范围描述（根据项目章程中的项目描述和产品需求进行详细说明）

2．项目的交付成果（陈述项目的技术参数，以及完成项目的衡量指标）

3．项目的实施方法（详细陈述项目是由自己完成的，还是由外界帮助完成的，以及项目范围变更管理的方法）

4．项目的工作范围（确定项目需要完成的工作，包括相关的业务要求）

5．项目验收标准（制定整个项目或项目的每一个构成部分的验收标准，满足投资人可接受的交付成果的需求）

6．项目例外工作（确定不属于项目范围的工作，包括相关的业务要求）

7．项目的约束（包括固定预算、规定的交付日期或者特别的技术）

8．项目的假设（团队所持有的对项目的可交付成果、资源和其他方面的假设）

自 测 题

一、单选题

1．下列有关项目范围的表述正确的是（　　）。

A．确定项目施工地点的范围　　B．确定项目当事人和施工地点的范围

C．确定项目都要做什么工作　　D．确定项目产品的范围

2．以下（　　）不属于项目范围规划的依据。

A．项目章程　　B．项目许可证

C．组织过程资产　　D．项目范围说明书

3．制定详细的项目范围说明书，作为将来项目决策的根据，是属于项目范围管理的（　　）过程。

A．范围规划　　B．范围定义　　C．范围核实　　D．范围变更控制

4．制作工作分解结构过程生成的关键文件是（　　）。

A．实际的工作分解结构　　B．项目范围说明书

C．范围管理计划　　D．成果说明书

5．项目范围的核实应当由（　　）来执行。

A．项目经理　　B．所有关键的项目利益相关者

C．专业的外部组织　　D．业主

6．项目范围的变化对项目带来的影响不包括（　　）。

A．项目的工期延长或缩短　　B．项目的质量降低或提高

C．客户需求的改变　　D．项目生产要素的更新

7．项目范围变更申请可能来自（　　）。

A．对项目章程的审查

B．对执行组织战略计划的审查

C．项目队伍成员提高了解决问题的技能

D．范围定义方面的错误或疏漏

8．项目快要完成时，客户想对工作范围进行大的变更，项目经理应该（　　）。

A．进行变更　　B．将变更造成的影响通知客户

C．拒绝变更　　D．向上级管理者抱怨

9．项目范围变更申请可以是（　　）。

A．口头的或书面的　　B．直接的或间接的

C．由外部或内部引发的　　D．以上各项皆是

二、多选题

1．项目范围管理的主要过程包括（　　）。

A．范围规划　　B．范围定义　　C．范围核实　　D．范围变更控制

2．项目范围规划的结果应包括（　　）。

A．项目范围说明书　　B．组织过程资产

C．项目许可证　　D．项目范围管理计划

3．项目章程是一份用来向（　　）精确地解释该项目要承担哪些工作的文件。

A．项目出资人　　B．项目经理　　C．项目团队　　D．项目负责人

4．项目范围核实的依据有（　　）。

A．项目范围说明书　　B．项目工作分解结构

C．项目实施工作结果　　D．可交付成果

5．项目范围说明书的作用具体表现在（　　）。

A．系统地、逻辑地分析项目的关键问题及项目形成中相互作用的要素

B．作为评价项目成败的依据

C．保证项目所有的利益相关者对于项目管理达成共识

D．在项目整个生命周期中能够监督和评价项目的实施情况

6. 下列关于项目范围规划的表述中错误的是（　　）。

A. 项目范围规划提供了范围变更控制的基准

B. 项目范围规划可以提醒项目团队将来可能引起的问题

C. 项目范围规划提供了项目绩效方面的信息

D. 项目范围规划一经确定，就不能更改

7. 工作分解结构对（　　）最有用。

A. 确定项目风险　　B. 计划任务的开始时间

C. 建立成本估算　　D. 为一个项目识别个别的任务

8. 引起项目范围变化的因素有（　　）。

A. 产品范围定义的过失或疏忽　　B. 增值问题

C. 技术难度　　D. 政府规定的变更

三、判断题

1. 项目范围管理为项目实施提供了一个项目工作范围的边界和框架。（　　）

2. 项目范围应由团队成员和客户共同确认。（　　）

3. 项目范围规划的工具与方法是工作分解结构。（　　）

4. 项目工作分解结构是项目资源需求计划、活动工期估计、任务成本估计、人员安排、项目跟踪控制的基础。（　　）

5. 工作分解结构中的可交付成果可以是产品，也可以是服务。（　　）

6. 项目章程是由项目实施组织外部具有一定权限的，并为项目出资或赞助的人发出。（　　）

7. 项目范围的变化会影响项目的成本、进度、质量或其他项目目标。（　　）

8. 项目范围核实主要对项目范围规划所生成的主要文件和结果进行核实。（　　）

9. 项目范围定义是把主要的项目最终可交付成果进一步分解为较小的且更易于管理的许多组成部分。（　　）

10. 项目范围变更控制是指确定项目范围变化情况的活动。（　　）

四、简答题

1. 为什么要进行项目范围管理？

2. 简述项目范围管理的作用和过程。

3. 项目范围说明书包括哪些方面的内容？

4. 什么是项目工作分解结构？如何进行项目工作结构的分解？

5. 为什么要对项目的范围进行核实？

6. 举例说明工作分解结构图的应用。

7. 如何使用项目范围核实的检查表？

8. 简述工作分解结构的特点和作用。

9. 项目范围变更对整个项目会产生什么样的影响？如何进行项目范围变更控制？

10. 试述项目范围变更控制输出结果。

五、案例分析题

数控镂铣机产品设计项目范围管理存在的问题

1．项目范围管理意识及技能的欠缺

项目负责人把关注点放在设计技术上，缺乏对项目的深刻理解，无法有效识别和区分每个岗位职能和任务，无有效项目管理方案，以致项目团队成员职责混乱，从而使得有些员工忙碌，有些员工空闲，对项目资源造成了很大的浪费。例如，电气部长把任务安排下去后，对电气工程师只提出要求完成，并未给出实际的时间要求。这名工程师刚进入电气组不久，有许多技术还不明白。其在调试的时候，由于缺乏一定的技术，需要找资料进行参考而未请教电气部长。另外，项目负责人在项目人力需求方面并未合理评估，最终使项目进度变慢。上述问题的出现原因是电气部长对项目范围管理意识及技能的缺乏，而企业不仅需要精通项目范围管理的项目负责人，而且需要有一个技术专家。

当团队中部分人员不服从负责人的安排时，此类管理者一般没有合适的方法来解决问题，导致最后只能独自完成那些棘手的工作。除了上述问题，项目工作还有项目分解不科学、任务分配不协调、成员之间不平衡的工作负荷，以及默契度低等各种问题。

2．数控镂铣机产品设计项目需求分析不足

因项目负责人工作不到位，很多时候无法调动项目内部人员的积极性，项目范围无法得到有效确认，以致不断延伸，导致需求分析不完善，降低项目进度，成本费用增加。

（1）客户的需求频繁变更。在需求分析过程中，供应商仅知道其大概的需求，对实际详细的需求了解不全面。随着项目的不断开展，客户会提出更详细的信息与项目团队进行深入沟通，这将产生各种新的需求。此外，项目初期开发的需求分析未能达到预期效果，需要进一步调整项目建设内容。有时这种变化与最初定义的不一致。如果客户改变他们的需求，往往会导致项目进度慢、项目预算成本增加，从而导致项目严重失控。

（2）客户的具体需求表达不完整。有些客户在说明需求时只给出了粗略的需求框架，但没有说明具体框架的主要信息。有些开发人员甚至不清楚为什么要增加此项功能。因此，客户要求项目增加产品功能的需求与开发团队的实际开发内容相脱节，为项目的失败增加了风险。

1．在本案例中，你认为数控镂铣机产品设计项目遇到了项目范围管理的哪些问题？

2．如果你是项目负责人，你将如何做项目范围管理问题成因分析？

3．请你运用项目范围管理的工具与方法，对以上问题提出数控镂铣机产品设计项目范围管理应对措施。

Chapter five

第五章

项目时间管理

知识学习目标：

- 理解项目时间管理的定义、意义和步骤
- 理解项目活动定义、项目活动排序、项目活动资源估计、项目活动时间估算、项目进度计划制订和项目进度计划控制与优化的依据
- 掌握项目活动定义、项目活动排序、项目活动资源估计、项目活动时间估算、项目进度计划制订和项目进度计划控制与优化的工具和方法
- 理解项目活动定义、项目活动排序、项目活动资源估计、项目活动时间估算、项目进度计划制订和项目进度计划控制与优化的结果

技能训练目标：

- 能够绘制网络图，确定项目中的关键路径
- 能够编制持续时间估算工作表

第一节 项目时间管理概述

一、项目时间管理的定义和意义

项目时间管理又称项目进度管理，也有人将其称为项目工期管理。项目时间管理是指在项目实施过程中，为实现项目目标，采用科学的方法确定进度目标、编制进度计划和资源供应计划，在质量、费用等项目目标协调的基础上，对各阶段的进展程度和项目最终完成的期限所开展的一系列控制管理活动与过程。例如，我国的三峡工程就实施了项目管理，在进度管理方面很有特点。根据进度计划编制主体及进度计划涉及内容的范围和时段等具体情况，工程师们将三峡工程进度计划分为业主层、监理层和施工承包商层三个大层次进行管理。因为三峡工程规模大、工期长、参与工程建设的监理和施工承包商多，三峡工程业主对进度的控制就要相对深入和细致一些，同时在设备、物资供应、阶段交接和协调上的介入，形成了严谨的进度计划管理。为满足三峡工程总体进度计划的要求，业主还对各监理单位控制的工程进度计划协调一致。

项目时间管理就是要在范围管理的基础上，通过确定、调整合理的工作排序，采用一定的方法对项目范围所包括的活动及其之间的相互关系进行分析，在满足项目时间要求和资源约束的情况下，对各项活动所需要的时间进行估计，并在项目的时间期限内合理地安排和控制所有活动的开始和结束时间，使资源配置和成本消耗达到均衡状态，同时项目能按计划要求进行，若出现偏差，及时采取措施更正，达到预期目标。显然，这对保证项目在预算内按期完成具有重要意义。

二、项目时间管理的步骤

项目时间管理包括确保项目按时完成的各种流程。在 2004 年，美国项目管理协会把项目时间管理中的进度管理过程归纳为六个步骤：项目活动定义、项目活动顺序、项目活动资源估计、项目活动时间估算、项目进度计划制订和项目进度计划控制与优化，如图 5-1 所示。

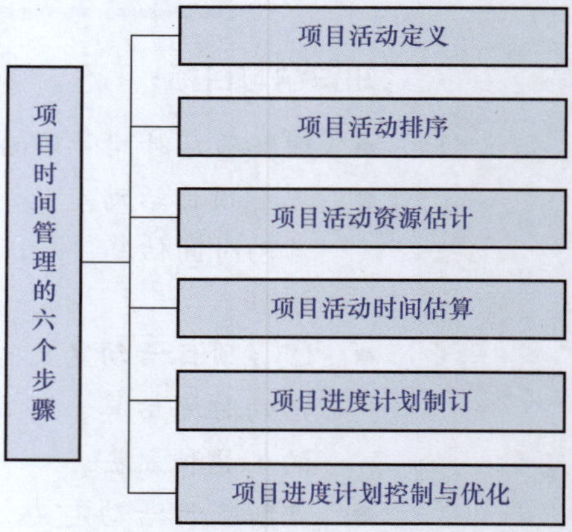

图 5-1 项目时间管理的六个步骤

第二节 项目活动定义

一、项目活动定义概述

项目活动定义就是识别为实现项目目标、完成项目可交付成果，对工作分解结构中规定的可交付成果或半成品的产出所必须进行的具体活动进行定义。由项目团队成员和项目干系人必须开展的具体活动并形成文档的一项项目时间管理的特定工作过程。

项目活动定义的主要工作如图 5-2 所示。

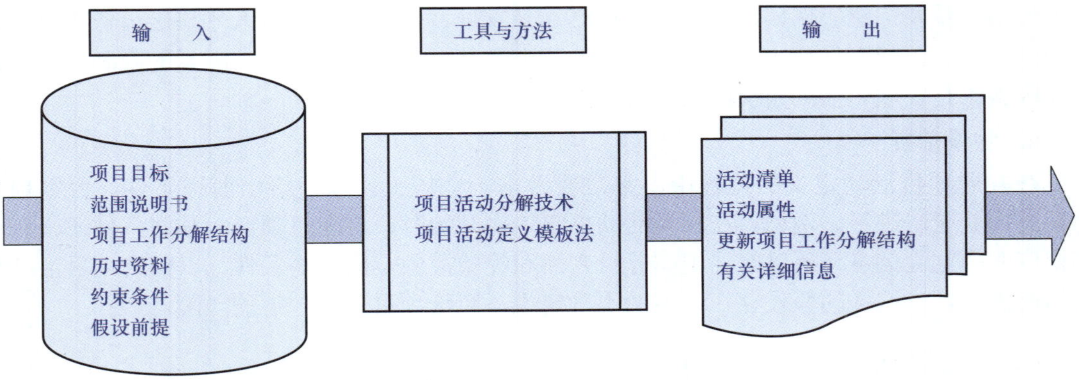

图 5-2　项目活动定义的主要工作

二、项目活动定义的输入：依据

要定义一个项目的全部活动必须依据下述信息和资料。

1．项目目标

只有清楚项目目标，才有可能在分解和界定项目活动时将一些与实现项目目标无关的工作或活动界定为项目的必要活动，从而分解出一些不必要的项目工作或活动，实现项目时间管理乃至整个项目管理的目标。

2．范围说明书

如果项目范围不确定，那么很有可能在分解和界定项目活动时漏掉一些必须开展的项目作业与活动，从而造成项目时间管理和整个项目管理出现问题。

3．项目工作分解结构

项目工作分解结构是项目活动界定所依据的最基本和最主要的信息。项目工作分解结构是项目团队在项目实施期间要完成的工作或要开展的活动的一种层次性、树状的项目活动描述。在工作分解结构的基础上，通过运用项目活动分解方法，可进一步将工作分解为更小的、更容易控制的具体活动，从而获得实现项目目标所需要完成的所有活动。例如，一个项目团队可能为同一个管理咨询项目做出两种不同的工作分解结构，并且这两种工作分解结构能够实现相同的项目目标，只是在项目组织管理与预算控制方面需要采取不同的模式而已。因此，在项目活动界定中还必须考虑项目工作分解结构的详细程度。

4．历史资料

在项目活动定义时还需要使用各种项目历史资料。历史资料既包括项目前期工作所收集和积累的各种资料，又包括项目组织或其他组织过去开展的类似项目的各种历史资料。这为项目的后期进展以及今后类似项目的开展提供了参考。例如，在过去开展的类似项目活动中究竟曾经开展过哪些工作与活动，这些工作与活动的内容与顺序、经验和教训等，都属于项目的历史资料。

5．约束条件

任何项目都会有各种各样的限制条件和限制因素，任何项目活动也都会有一定的限制条件和限制因素。这些限制条件与因素是定义项目活动的关键因素之一，是项目活动定义必须使用的重要信息。例如，一个高科技产品开发项目会受到高科技人才缺乏、资金不足、强制到期日、关键事件或主要里程碑、活动状态及其评价等各种条件与因素的限制，这些条件与因素都是在项目活动定义时必须考虑的。

6．假设前提

在开展项目活动定义的过程中，常常要做出一些假设，以便给出前提条件，否则项目管理过程就无法进行。例如，在项目活动界定工作开始时，可能对项目的某些条件还没有获得相应的确定性信息，所以需要根据分析判断和经验，假定出这些条件，以作为项目活动界定的前提条件。这样的假设存在一定的不确定性，会给项目带来一定的风险。

三、项目活动定义的工具与方法

项目活动定义的一个主要成果是给出一个包括所有项目活动的活动清单。对一些小型项目来说，得到一个完整的项目活动清单可能相对容易些。一般项目团队成员采用“头脑风暴法”就可以生成项目活动清单。但比较大的、比较复杂的项目，则需要依据项目工作分解结构，使用特殊方法去定义和给出项目的全部活动，从而制作一个包括项目全部工作的项目活动清单，这种情况下需要采用项目活动定义的工具与方法。

1．项目活动分解技术

项目活动分解技术是指为了使项目便于管理，根据项目工作分解结构，按照一定的层次结构把项目工作逐步分解为更小的、更易操作的工作单元，以使项目更易管理。这种方法将项目范围管理中确认的项目工作包逐个按照一定的层次结构分解成详细、具体和容易管理控制的一系列具体项目活动。这种项目活动定义法有助于完整地找出一个项目的所有具体活动。

2．项目活动定义模板法

项目活动定义模板是使用一个已完成的类似项目的活动清单（或者是一个已完成项目活动清单中的一部分）作为新项目活动定义与界定的模板，然后根据新项目的各种具体要求和限制条件，在模板上调整项目活动，从而分解和定义出新项目的全部具体活动，得到新项目的活动清单。这种方法虽然十分简单、快捷，但是当所提供的模板存在较大的局限性时，会使新项目的活动定义与界定漏掉一些项目活动，或额外增加一些不必要的项目活动。因此，在使用这种方法时应该特别注意项目活动定义模板的选用工作。

四、项目活动定义的输出：成果

1．活动清单

活动清单是项目活动定义的最主要的输出结果。活动清单以工作分解结构为基础，对工作分解结构进行细化和扩展，成为更详细的、具体的、所需的项目进度活动。活动清单的内容包括活动 ID、活动名称、历时、描述、负责人、成果等。例如，使用滚动式规划或敏捷技术的项目，活动清单会在项目进展过程中得到定期更新。

2．活动属性

活动属性是指每项活动所具有的多重属性，用来扩充对活动的描述。活动属性的内容包括活动名称、活动编号、活动标志、先行活动、后续活动、逻辑关系、提前或滞后、资源要求、强制日期、执行人、制约因素、假设条件等。

3. 更新项目工作分解结构

在利用工作分解结构识别项目需要进行的活动时，项目管理人员如果发现原有工作分解结构有遗漏、错误或不妥的地方，就需要进行必要的修订和更新，因此更新的工作分解结构是项目活动定义的一个可能的输出结果。

4. 有关详细信息

有关详细信息是指用于支持和说明项目活动清单的各种具体细节的文件与信息，它既包括已经给定的项目假设前提条件和各种对项目限制因素的说明与描述，又包括对项目活动清单的各种解释与说明的信息和文件等。例如，将项目活动清单的相关详细信息整理成文件或文档材料，并作为项目活动清单的附件存在，与项目活动清单一起生成、保管和使用，并且在修订和变更项目活动清单的时候同时变更这些相关支持信息。

第三节　项目活动排序

一、项目活动排序概述

项目活动排序是指分析和确认项目活动清单中各项活动的相互关联与相互依赖的关系，并合理地安排和确定项目各项活动的先后顺序，以便在既定的所有项目制约因素下获得最高的效率。目前可以手工或利用现有的计算机管理软件进行项目活动排序，从而确定由这些排序而构成的项目活动路径，以及由这些项目活动路径构成的项目活动网络。

项目活动排序的主要工作如图 5-3 所示。

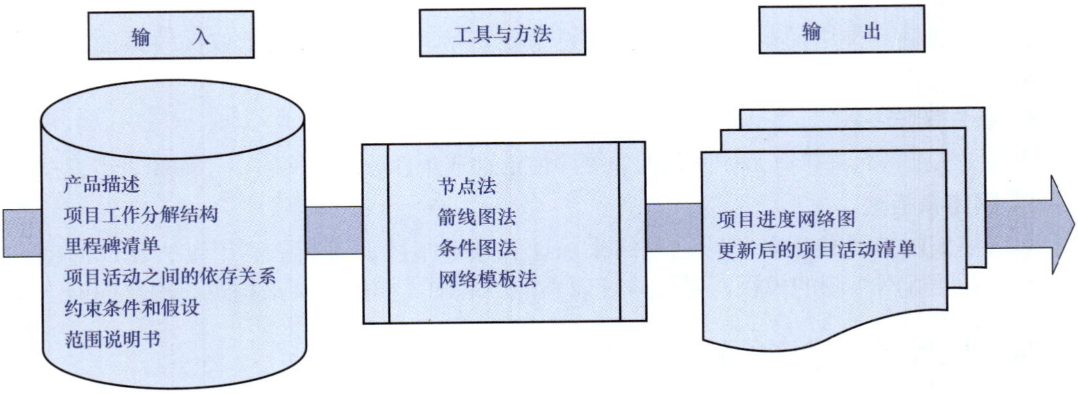

图 5-3　项目活动排序的主要工作

二、项目活动排序的输入：依据

根据《项目管理知识体系指南》，项目活动排序所需的信息和依据主要包括以下几个：产品描述、项目工作分解结构、里程碑清单、项目活动之间的依存关系、约束条件和假设、范围说明书等方面，其中项目工作分解结构、范围说明书、约束条件和假设前文已说明，这里不再重复。

1. 产品描述

产品描述是有关项目将要创造的产品或服务的特性的文档，是开展项目活动的结果。在活动排序中需要输入产品描述，以有助于通过对项目产品特性的分析确定项目活动的顺序。

2. 里程碑清单

一般客户 / 项目投资者都要求在项目实施阶段的特定日期完成项目的某些可交付成果，以此作为项目的关键时间或项目进度中的一个里程碑、项目工期分段的标志，也可作为一个分阶段的结束或下一个分阶段的开始。里程碑清单应列出各阶段的里程碑名称，并足够详细地描述里程碑需求以及类型，以作为项目管理计划的一部分。

3. 项目活动之间的依存关系

项目活动之间的依存关系包括项目活动之间的必然依存关系、项目活动之间的人为依存关系和项目活动的外部依存关系等。在活动排序时首先必须考虑的是必然依存关系，这种活动之间的内部逻辑关系是活动之间客观需要的、不可缺少的关系。活动之间的这种关系通常是不可调整的，所以必须重视。另外，在项目计划中还需要考虑外部依存关系对项目的制约和影响，以确保项目的顺利开展。例如，两个项目活动都需要一级工进行操作，假如一级工人力资源充足，就可以同时进行两个活动，但是如果一级工缺乏，就必须按前后排序进行。

三、项目活动排序的工具与方法

1. 节点法

节点法是指用方格或矩阵（称为节点）代表活动，用节点之间的箭线表示活动的依赖关系的进度网络图绘制方法。

2. 箭线图法

箭线图法是一种用箭线代表活动，通过节点将活动连接起来表示依赖关系的绘制项目网络图的方法。

3. 条件图法

条件图法是指允许带有诸如回路的非顺序性活动或条件分支的网络图，如图表审评技术。

4. 网络模板法

网络模板法就是使用各种标准网络来加速各项网络图的编制。利用过去完成的项目网络图作为新项目网络图的模板，通过修订原来的网络图（模板），来构筑新项目的网络图。

四、项目活动排序的输出：成果

1. 项目进度网络图

项目进度网络图是表示项目所有活动，以及它们之间的逻辑关系（依赖关系）的图形。该图可以包括项目的全部细节，也可以只有一项或若干项概括性活动。

2. 更新后的项目活动清单

在活动定义的过程中可能会发现原有工作分解结构存在不足之处，因此需要对工作分解结构进行更新。同样，在活动界定过程和编制项目网络图过程中，只有对工作分解结构做修改或重新定义后，才能编制出正确的逻辑关系图，从而会产生对项目活动清单的更新。

第四节　项目活动资源估计

在实际项目工作中，由于贵重的或者特殊的资源是紧缺的，而且项目不可能随时随地获得所需的资源，如人员、材料和设备，以及需要的时间，从而造成在预定时间内因等待资源到位难以按时完成工作。因此，根据活动资源需求情况，如来自工作分解结构所需要人员、设备、材料、供给、数量、等级、资格认证等必需相关信息，进行活动资源估计，这将对完成整个项目十分重要。

第五节　项目活动时间估算

一、项目活动时间估算概述

项目活动时间估算通常是指根据资源估计的结果，对已确定的项目活动所做的工期或所耗的时间进行估算工作，其包括对每项独立的项目活动的时间估算和对整个项目工期的估算。

估算活动持续的时间应该首先估算出完成活动所需的工作量和计划投入该活动的资源数量，然后结合项目日历和资源日历，估算出完成活动所需的持续时间，以保证估算完成各计划活动需要的单位工作时间的正确性和项目本身的技术可靠性。

项目活动时间估算的主要工作如图 5-4 所示。

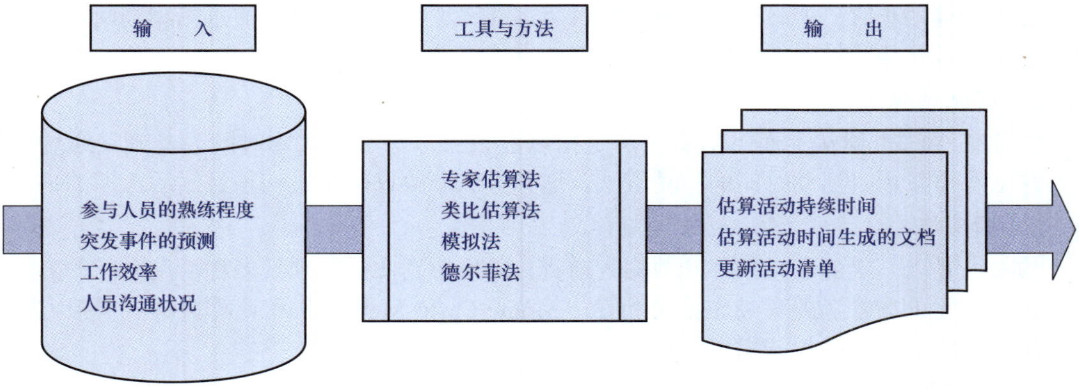

图 5-4　项目活动时间估算的主要工作

二、项目活动时间估算的输入：依据

1．参与人员的熟练程度

一般活动时间估算是以典型人员的熟练程度为基础进行的。但在实际工作中，人员的熟练程度可能高于平均水平，也可能低于平均水平，这就使活动实际的持续时间可能比估算的时间缩短或延长。此外，工作人员的工作也会由于外界环境的干扰不断变化，同样会对活动时间的估算产生影响。

2. 突发事件的预测

在项目实际进行中，总是会遇到一些突发事件，如大到战争与地震、小到人员生病等，在活动时间估算时对所有可能的突发事件都考虑到是不可能的。因此，在项目实际进行时，需要有充分的心理准备，并且做好应急计划，然后进行相应调整。

3. 工作效率

在活动时间估算时，总是假设人员的工作效率保持不变，但在实际工作中，由于主观或客观的原因，人员的工作效率很难保持稳定。例如，一个人的工作被打断后，往往需要一定的时间才能达到原来的工作速度，而这种干扰或多或少总是存在的。

4. 人员沟通状况

由于在项目实施过程中无法避免人员误解和失误，从而出现错误，导致活动所需时间与估算的不同，因此在项目时间估算过程中必须考虑人员沟通协调所消耗的时间。

三、项目活动时间估算的工具与方法

对活动所需要的时间进行精确估算是一件极不容易的事，如果缺乏经验，估算就会有很大的不确定性。在项目进展中，必须获得更多的经验和认识，对工作需要进行精心计划，从而可以给出比事前更准确的估算。

进行项目活动时间估算的方法主要有以下几种，实践中需要根据具体情况来决定采用哪一种。

1. 专家估算法

专家估算法就是由项目时间管理专家运用他们的经验和专长对项目活动时间做出估算和评价的方法。当项目人员不具有做出较精确估算所需要的专业技能和知识，且使用其他方法和推理又有困难时，就必须依赖专家的经验，并尽量得到多个专家的意见和判断，以获得更为可信的时间估算结果。因此，专家估算法在很多情况下是有效的。

2. 类比估算法

类比估算法也称从上而下估算法，是指以过去类似项目的实际时间为基础，通过类比的办法估算出新项目活动时间的一种方法。这种方法一般仅用于最初项目活动工期的估算。

3. 模拟法

模拟法是以一定的假设条件和数据为前提，运用仿真法估算项目多种活动时间的方法，其中比较常见的方法就是蒙特卡罗分析法（Monte Carlo Method）和计算机随机模拟方法，即三角模拟法。三角模拟法相对比较简单。

4. 德尔菲法

德尔菲法（Delphi Method）就是在专家意见难以获得时，集中利用一个群体的知识来获得一种有效的群体替代估算方法。

运用德尔菲法的过程：①对项目和要估算的活动进行简要介绍，然后让该群体中的每个人给出他所能得到的最好估算，第一次结果以列表和直方图的方式反馈给该群体。在此基础上，给出的估算与平均值相差大的人各自讲述自己的理由。②每个人进行下一次推测，得到第二次的结果。③再次让人们讨论后进行第三次估算。在第三次结果的基础上进行最后的调整，得到的平均值就是德尔菲法估算得到的结果。一般来说，通过这种估算和反馈过程，就能得到综合各方面意见更为准确的结果。

四、项目活动时间估算的输出：成果

1. 估算活动持续时间

估算活动持续时间是对完成某一活动所需要的工作时间进行定量的估计，并且还要用一定的指标表示出项目活动时间的变动范围。例如，5 周 ±3 天，表示该活动至少需 22 天和不超过 28 天（假设每周工作 5 天）。

2. 估算活动时间生成的文档

项目活动时间估算过程中的资料要以文档的形式保留下来，作为项目管理的备查资料。

3. 更新活动清单

在对活动持续时间估算的过程中，更新后的活动清单应该包括项目计划活动的持续时间、编制活动的持续时间、进行估算时相关的假设与约束、环境因素，以及应急时间。

第六节　项目进度计划制订

一、项目进度计划制订概述

在得到项目所有活动耗用的时间，以及这些活动的前后排序之后，就须利用项目时间管理的特有工具计算出整个项目的完成时间。知道了项目起止时间，以及所有活动的起止时间，制定出具体的实施方案与措施后，就完成了项目进度计划制订工作。

项目进度计划制订的主要工作如图 5-5 所示。

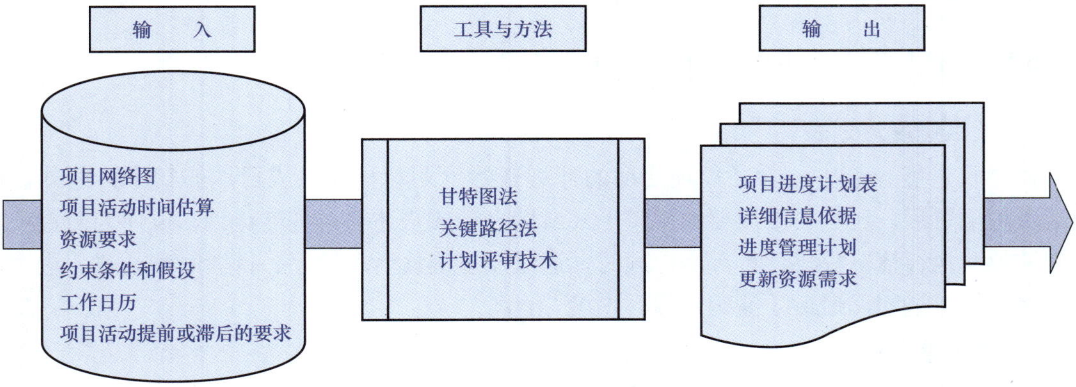

图 5-5　项目进度计划制订的主要工作

二、项目进度计划制订的输入：依据

项目网络图、项目活动时间估算、约束条件和假设前文已有阐述，在此不再重复。

1. 资源要求

资源要求是指项目活动对资源数量和质量方面的要求，它对项目进度会产生一定的影响。在制订进度计划时，知道在何时以何种形式取得何种资源是必要的。例如，当项目的几项活动共用一种资源时，如何进行合理的资源平衡，以确定项目各项活动的进度。

2. 工作日历

工作日历表明了可以工作的时段。它会影响所有的资源或某一具体资源或一类资源。例如，某些项目只在正常营业时间进行，另外一些项目则可在全部工作时间进行。

3. 项目活动提前或滞后的要求

为了准确确定活动关系，有些逻辑关系可能需要规定提前或滞后的时间。在考虑项目进度计划定义项目活动之间的关系时，需要了解项目活动提前和滞后的时间。例如，一个设备从订购、安装到使用可能有两周的滞后时间。

三、项目进度计划制订的工具与方法

1. 甘特图法

甘特图法是通过日历形式列出项目活动工期及其相应的开始和结束日期，为反映项目进度信息提供了一种标准格式，在本章第 8 节中会有详细阐述。

2. 关键路径法

关键路径法是一种运用特定的有顺序的网络逻辑来预测总体项目历时的项目网络分析技术，它可以确定项目各项活动最早、最迟的开始和结束时间。此内容在本章第 8 节中会有详细阐述。

3. 计划评审技术

计划评审技术是指根据项目的某些活动时间存在很大的不确定性，综合应用关键路线法和加权平均时间估算法的一种网络分析技术。此内容在本章第 8 节中会有详细阐述。

四、项目进度计划制订的输出：成果

1. 项目进度计划表

在项目进度计划中，除了每项活动的计划开始日期和预计完成日期的初步计划外，在确认资源配置后，还需要用简要的文字形式或图表形式描述项目进度计划，以便为衡量项目实施绩效和执行情况提供评价尺度。同时，通过反复确认活动排序、持续时间估算、进度编制成本估算等过程，最后才能确定项目进度。

2. 详细信息依据

在项目进度计划的编制中，需要编制项目进度计划各方面详细信息的说明文件，以备日后工作查阅。

3. 进度管理计划

通过进度管理计划，采用正式的或非正式的、十分详细的或基本框架的形式对进度变化给予必要的处理，也可以作为进度调整的主要依据。

4. 更新资源需求

在项目进度计划的编制中，因初步估计的资源需求会对出现偏差进行改动，因此需要对这些改动进行整理，重新编制项目资源需求文件。

第七节 项目进度计划控制与优化

一、项目进度计划控制与优化概述

项目进度计划控制与优化是指控制和管理项目进度计划的实施和变更。具体来说，项目进度计划控制与优化就是以进度计划的基准性文件作为控制基础，对项目及其每项活动的进度实施全过程跟踪，通过深入现场，查看原始记录、统计报表，以及通过会议了解实际发生的情况，及时、定期地将项目实际进度与项目计划进度进行比较，不断监控项目的进程；掌握和度量项目的实际进度与计划进度的差距，一旦出现较大偏差，就必须采取措施纠正偏差，或者修改原来的进度计划，以确保各项工作都能按进度计划进行。

项目进度计划控制与优化的主要工作如图 5-6 所示。

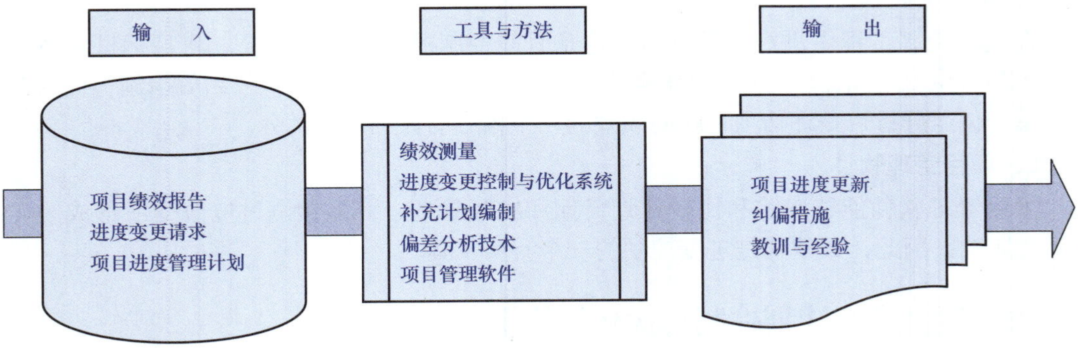

图 5-6 项目进度计划控制与优化的主要工作

二、项目进度计划控制与优化的输入：依据

1．项目绩效报告

项目绩效报告提供了有关项目进度绩效的信息。例如目前哪些计划已完成，哪些还没有完成。项目绩效报告中还包括项目团队将来应注意有可能出现问题的事项。项目绩效报告最常见的有项目周报、项目月报等，一般针对项目情况还有项目关键点检查报告、项目执行状态报告、任务完成报告、项目进展报告、项目管理报告等。

2．进度变更请求

进度变更请求主要可以用于延缓进度或加快进度。可以用口头或书面的、直接或间接的、由外部提出的或由内部提出的等多种形式表达。

3．项目进度管理计划

项目进度管理计划可以指导项目的实施，对项目实施的进度、资源、变更的频率和幅度进行有效的监控，及时采取纠偏措施，以保证实现项目的进度目标。

三、项目进度计划控制与优化的工具与方法

1．绩效测量

项目进度计划控制与优化的一个重要问题是确认项目实际与计划之间的差距，并测量这种差距是否达到需要采取措施的程度。绩效测量有助于决定进度的偏差是否需要采取纠偏措施。例如，对于关键路线或次关键路线上的活动即使有非常小的延误，也应该立即采取纠偏措施。

2．进度变更控制与优化系统

进度变更控制与优化系统是指改变与优化项目进度计划应遵循的程序。它包括书面文档、追踪，以及核准变更与优化所必需的批准层次。

3．补充计划编制

由于一些项目活动可能会提前完成、延期完成，或者项目活动重新排序、项目活动时间重新估算、对项目要求完工时间变动等，因此项目进度计划控制需要使用补充计划，或叫追加计划、附加计划，来反映因各种情况的变更而导致的进度计划的变更。

4．偏差分析技术

在进度控制过程中进行偏差分析，这是时间控制的一个关键部分。将目标日期与预测的开始和结束日期相比较，可以为检测偏差、在进度延迟的情况下执行纠偏措施等提供有用的信息。偏差分析也是评估项目时间绩效的一个核心的计划编制部分。

5．项目管理软件

项目管理软件能够跟踪和比较计划日期和实际日期，并能预测进度改变所形成的实际或潜在影响。因此，该软件是进度控制的一个有用工具。

四、项目进度计划控制与优化的输出：成果

项目进度计划控制与优化更新就是对管理项目进度的信息进行的修正。必要时，要将变更通知有关的项目当事人。

1．项目进度更新

项目进度更新是一种特殊的进度计划更新，是指对已经批准的项目进度计划的开始和完成日期进行调整和修改。项目进度更新有时需要对项目的其他计划进行调整。在有些情况下，项目进度延误导致的后果非常严重，需要提出新的目标进度表，才能提供测量进度执行所需的切合实际的数据，才能更好地为指导工作、测量绩效提供依据。

2．纠偏措施

这里的纠偏措施是指为纠正项目进度计划实施情况与原有计划要求之间的偏差所采取的具体行动，即进行产生偏差的根本原因分析，查明偏差来源，以确保活动能按时完成或需要延迟时间。

3．教训与经验

努力改善和提高项目进度计划的实施结果，将纠偏措施的思考和选择，以及进度控制中其他方面的经验与教训记录下来，形成执行组织在本项目和今后其他项目的历史数据库与资料。

第八节　项目时间管理的工具和技术

在项目时间管理中，项目进度计划在各个项目专项计划中是最重要的。项目进度计划表制定需要通过采用经过项目时间管理的工具和技术反复核算和综合平衡，以决定完成每一项活动所需要的时间和所需要的资源。

编制项目进度表的常用技术有：网络图、关键路径法、计划评审技术、甘特图法等。

一、网络图

1．网络图的基本概念

在项目时间管理中，为了明确表示项目活动之间的关系，以及项目进度与资源等之间的联系和相互作用，明确工作的起止时间，减少延期带来的损失，必须运用项目网络图，使看似杂乱的项目立时变得清晰而简洁起来。

网络图是利用图示技术来表示项目活动及其逻辑关系（依赖关系），它是活动排序过程的输出结果。该图包括整个项目的全部细节，附有简要的绘制说明，并介绍活动排序的基本方法，以及其他需要网络图使用者知道的基本信息。

在活动之间的逻辑关系确定之后，可以借助项目网络图，采用一定的符号系统，来描绘项目各项活动之间的顺序关系。常用的网络图有两种表现形式，分别是前导图法和箭线图法。

（1）前导图法。前导图法（Precedence Diagramming Method，PDM）是描述一个简单项目进度的网络图，用节点来表示活动，用箭线表示活动之间的关系。前导图可以用方框的表现形式，见表 5-1。为了能够描述更多的有关活动的信息，方框可画成下面的形式，明确活动的负责人、显示活动序号和持续时间估算等更多的信息。

表 5-1　方框的表现形式

设　计		
序号：1	负责人：林理家	持续时间：90 天

表 5-1 中这种方框的表现形式并不是唯一的表现形式，根据描述信息的需要，方框的表现形式也可以变化。

（2）箭线图法。箭线图法（Arrow Diagramming Method，ADM）又称矢线图法或双代号网络图法（Activity-on-Arrow，AOA），用箭线表示活动，用节点表示活动之间的关系。它是项目网络图的另一种图示方法。

ADM 一般利用结束—开始这种逻辑关系，每个活动必须用唯一的紧前事件和唯一的紧后事件描述，紧前事件编号要小于紧后事件编号，每一个事件必须有唯一的事件号。

箭线图的画法：①用圆圈（节点表示）代表一个事件，事件即不消耗资源，也不占用时间，只表示前道工序结束、后道工序开始的时间；②用连接两个节点的箭线代表一个活动，活动占用时间和资源。

2. 网络图的组成

（1）活动。活动（或任务）是指整个工程项目运作过程中的各段作业及其先后顺序。它是需要消耗一定资源才能完成的分段作业，用符号“→”来表示，其中箭头与箭尾分别表示该活动的开始与结束，箭杆上方标注活动名称，下方标注完成该活动所需要的时间。符号“⇢”表示虚活动，它不是真实的活动，其主要作用是清晰地表示各个活动之间先后衔接的逻辑顺序关系，防止各个活动之间的关系模糊不清。它不占用时间，也不消耗资源。

（2）事件。事件是指两个活动间的连接点，用符号“○”表示。事件在两个活动之间承上启下，即表示紧前活动结束与紧后活动开始，它既不消耗资源也不占用时间。值得强调的是，每个网络图中只允许有一个起点事件和一个终点事件，即表示工程项目的开始和结束只能各发生一次。两个事件符号之间只允许有一条箭线，即表示一个活动只采用一种途径完成。

（3）路线。以起点事件为出发点，按照各个活动的先后顺序、沿着箭线方向依次到达终点事件为止，将形成一条通道，即为路线。活动排序中涉及两个概念：紧后活动和紧前活动。活动 B、C、D 是活动 A 的紧后活动，而活动 A 是活动 B、C、D 的紧前活动，这两种说法是等价的，见表 5-2。

表 5-2　煤气管道大修作业活动

作业名称	作业代号	紧后活动	作业时间（/天）
总体设计	A	BCD	4
拆旧设备	B	E	2
制造新设备	C	E	3
制造新零件	D	C	2
安装新设备	E	F	2
焊接新设备	F	H	1
验收工程	H		2

3. 网络图的绘制规则

要绘制一个符合要求的网络图，就要遵守以下规则。

（1）流向有向性。在绘制网络图时应该按照时间的顺序从左向右依次展开，箭线从左至右指。

（2）无回路。网络图中不能出现循环路线，否则将使组成回路的工序永远不能结束，工程永远不能完工。

（3）约束性。在相互制约的网络图中，只有当某项活动的全部紧前活动完成以后，后续活动才能开始，而不使用后续活动可以随着紧前活动的开始而分步开始的方式，如数据的收集和录入。

（4）首尾原则。箭线的首尾必须有事件，不允许从一条箭线的中间引出另一条箭线。

（5）两点一线。相邻两个结点之间只能有一条箭线直接相连。当项目有多个起始点或多个终结点时，可用虚箭线将网络始点事项或终点事项连结起来。

（6）源汇合一。为表示项目的开始和结束，在网络图中只能有一个始点和一个终点。

（7）事项编号。事项编号从小到大，从左至右，不能重复使用。

4. 网络图的编制步骤

网络图的编制过程其实就是网络模型的建立过程，它是利用网络图来进行网络计划，以实现对项目或者工程的时间以及资源的合理利用，并掌握项目全局情况的重要环节。网络图的编制可以分为以下两个步骤：

（1）确认活动列表。在这个步骤中，我们要借助工作分解结构和项目活动分解和定义所输出的活动清单，检查这些活动是否适合绘制到某个层次的网络图。划分活动的详细程度应根据项目管理者的需要而定。如果仅供高层管理者使用，活动就可以综合一些；如果是供基层施工者使用，活动就应该划分得十分详细。同时还要注意，所有活动必须是可以独立进行的活动单元。如果几项活动都有相同的活动单元，不妨将此活动单元独立描述成一个活动，这样会使活动间的依赖关系更加清晰一些。

此步骤还有一项工作就是确定活动的准确名称，以及赋予不同的编号。仅仅有活动名称是不够的。例如，"质量检查"这个活动可能在一个项目网络图中反复出现，单单用这个术语不能反映出总共有多少个这样的活动，以及在网络图中或在项目施工顺序中处于何种位置或在哪个阶段，因此必须给每个活动赋予一个独立的编号，既可以用阿拉伯数字，也可以用 A、B、C、D 等其他符号。

（2）确定活动之间的逻辑关系。在我们将项目逐步分解为具体活动的同时，还应该确定各个活动之间的逻辑关系。如前所述，我们采用的方法是要确定各个活动的紧前活动或者紧后活动。所谓紧前活动（有的说法也叫前序活动、前导活动），就是某个项目活动要开始的话，先期必须完成哪些活动。所谓紧后活动（有的说法也叫后序活动、后续活动），就是某项活动完成后紧接着就可以开始的活动。一般在绘制同一个网络图时，要介绍活动之间的相互关系，最好自始至终只使用一种关系描述，要么用紧前关系，要么用紧后关系，得到的结果是一样的。当然，也可以先后使用这两种关系描述来验证你的网络图是否正确。

二、关键路径法

1. 关键路径法的基本概念

关键路径法（Critical Path Method，CPM）是一种运用特定的有顺序的网络逻辑来预测总体项目历时的项目网络分析技术，它可以明确项目各项活动最早、最迟的开始和结束时间。运用关键路径法的主要目的就是确定项目中的关键工作，以保证实施过程中能重点关照，保证项目能按时完成。

（1）最早开始时间和最早结束时间。活动（或任务）的最早开始时间（Earliest start Time，ES）是指某项活动能够开始的最早时间，取决于它的所有前置任务（或紧前任务）的结束时间。如果有多条路径指向此任务，则计算需要时间最长的那条路径，其计算公式为

$$\text{ES}=\max\{\text{前置任务的 EF}\} \tag{5-1}$$

最早结束时间（Earliest Finish Time，EF）是指某项活动能够完成的最早时间，取决于该任务的最早开始时间和它的持续时间 D，其计算公式为

$$\text{EF}=\text{ES}+D \tag{5-2}$$

（2）最迟开始时间和最迟结束时间。最迟开始时间（Latest Start Time，LS）是指为了使项目在要求的时间内完成，某项活动最迟必须在什么时候开始，其计算公式为

$$LS=LF-D \quad (5\text{-}3)$$

最迟结束时间（Latest Finish Time，LF）是指为了使项目在要求的时间内完成，某项活动最迟必须在什么时候结束，其计算公式为

$$LF=\min\{后置任务的 LS\} \quad (5\text{-}4)$$

（3）总时差。当任务的最早开始时间和最迟开始时间不相同时，它们之间的差值是该任务的总时差（Total Float Time of Slack Time，TS），其计算公式为

$$TS=LS-ES \quad (5\text{-}5)$$

$$TS=LF-EF \quad (5\text{-}6)$$

总时差可以用来确定项目的关键活动。

（4）正推法。正推法（Forward Pass）是指按照网络逻辑关系从项目开始对所有网络活动中未完成部分最早开始时间和最早结束时间的计算。例如，某项活动有几个紧前活动，那该项活动的最早开始时间为这些紧前活动的最早结束时间的最大值。

（5）逆推法。逆推法（Backward Pass）按照网络逻辑关系从项目完成日期，反向计算网络中所有未完成活动的最晚开始日间。

（6）关键路径。关键路径（Critical Path）也叫关键路线。在项目网络图中，它是最长的路径，决定项目最早完成时间。通常按照总时差小于或等于某个确定的值（通常是 0）的活动来确定关键路线，即所有 LS–ES 或者 LF–EF 等于零的活动。

2. 关键路径法的基本规则

关键路径法的基本规则见表 5-3。

表 5-3　关键路径法的基本规则

基本规则	内　容	描　述
规则 1	网络图中的所有开始节点，其最早开始时间（ES）都是时刻 0。如果只有一个开始节点，那么 ES（1）$=t_0$（如果假定开始时间是一个具体的时刻 t_0）	ES（1）$=t_0$
规则 2	任何活动节点 j 的最早开始时间（ES）等于其紧前活动节点 i 的最早结束时间（EF）的最大值	ES（j）=max{EF（i）}
规则 3	活动 i 的最早结束时间（EF）是该活动的最早开始时间与该活动持续时间估计值 t_i 的和	EF（i）=ES（i）$+t_i$
规则 4	项目的最早结束时间等于项目网络中最后一个节点（假设为节点 n）的最早结束时间	EF（项目）=EF（n）
规则 5	除非项目的最迟结束时间有明确规定，否则将其定为项目的最早结束时间	LF（项目）=EF（项目）
规则 6	活动 i 的最迟结束时间（LF）是该活动紧后活动 j 的最迟开始时间（LS）的最小值	LF（j）=min{LS（i）}
规则 7	活动 i 的最迟开始时间是其最迟结束时间与该活动持续时间的估算值之差	LS（i）=LF（i）$-t_i$
规则 8	假设活动 j 有一个紧前活动 i，并且活动 j 确定为关键活动，此时我们比较 EF（i）和 ES（j）。如果 EF（i）=ES（j），那么就将活动 i 标为关键活动	活动 i 标为关键活动
规则 9	如果网络中只有单一的起点或者单一的终点，那么关键活动一定在关键路径上	关键活动一定在关键路径上

3. 关键路径法的计算步骤

关键路径法的关键是确定项目网络图的关键路径。这一工作需要依赖于活动单、项目网络图及活动持续时间的估算等，如果采用手工计算，可以遵循图 5-7 所示的计算步骤。

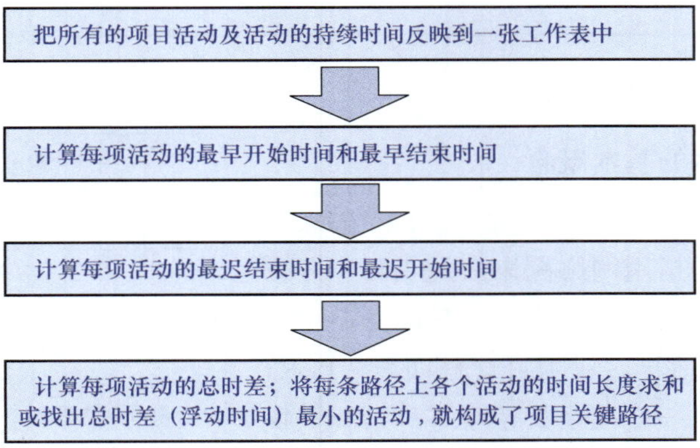

图 5-7　关键路径法的计算步骤

例 5-1　确定煤气管道大修作业的关键路线

1. 明确计划目标

要使网络计划充分发挥作用，首先必须明确计划的目标。对于编制煤气管道大修工程项目计划而言，其计划目标是在最短的时间内完成大修任务。

2. 列出活动分析表

将工程项目分解成若干个作业，将作业按先后次序进行排列，并制成相应表格，为绘制网络图提供方便。根据煤气管道大修工程项目的特点与要求，做出相应分析：将煤气管道大修工程分解为总体设计、拆旧设备、制造新设备、制造新零件、安装新设备、焊接新设备及验收工程七个活动，根据各个活动之间的关系，明确其作业顺序，并估算每个活动需要的时间等。各个活动之间的衔接关系可用紧前活动或紧后活动来描述。

3. 绘制网络图

根据煤气管道大修作业活动分析表提供的信息，并遵照上述对网络图的基本要求，画出相应的网络图，如图 5-8 所示。

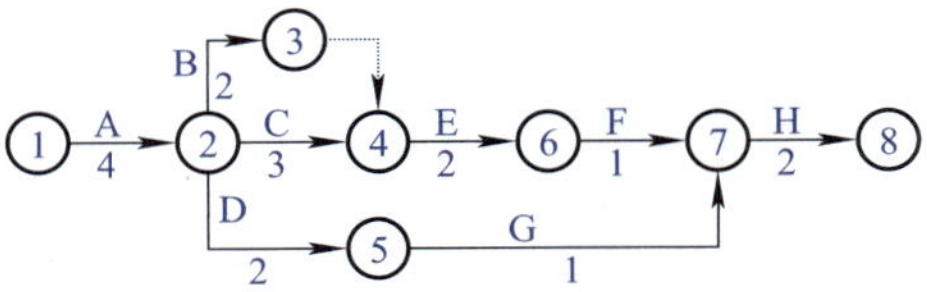

图 5-8　煤气管道大修作业的网络图

4. 确定关键路径

从图 5-8 中可以确定三条路径：

ABEFH：①—②—③—④—⑥—⑦—⑧（工期为 11 天）。

ACEFH：①—②—④—⑥—⑦—⑧（工期为 12 天）。

ADGH：①—②—⑤—⑦—⑧（工期为 9 天）。

其中路线 ACEFH 工期最长（12 天），所以路线 ACEFH 为关键路径，整个工程的最短工期预计为 12 天。

三、计划评审技术

1．计划评审技术的基本概念

计划评审技术（Program Evaluation and Review Technique，PERT）是指用网络图来表达项目中各项活动的进度和它们之间的相互关系，在此基础上，进行网络分析和时间估算。对项目管理而言，PERT 可以应用到费用管理、采购管理等方面。它和关键路径法的本质区别在于关键路径法假设项目完成的时间是确定的，适用于有经验的工程项目；而 PERT 是估计整个项目在某个时间内完成的可能性，侧重于事件，适用于从没有经历过科研、新产品开发等的工程项目。

PERT 把各项目活动时间看成服从某种概率分布的独立随机变量。该种方法可以使用一个简单的数学模型估计活动的大概持续时间。计算活动持续时间，需要三个时间估计值，它们为

T_b= 最短或最乐观的时间

T_m= 最可能的时间

T_a= 最长或最悲观的时间

计算时假设误差符合正态分布曲线，由此推导出：

估计时间计算结果：

$$T=\frac{T_a+4T_m+T_b}{6}$$

如果活动的悲观和乐观时间之间的差别越大，表明项目团队对该活动真正需要的时间把握越小，所以应当采取措施。

2．利用 CPM / PERT 来制订进度计划的步骤

利用 CPM/PERT 来制订进度计划的步骤如图 5-9 所示。

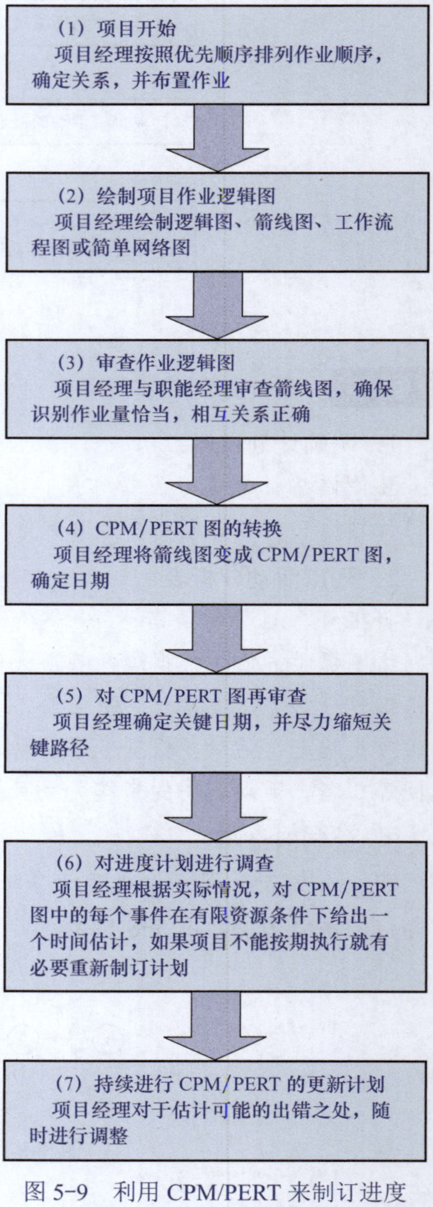

图 5-9　利用 CPM/PERT 来制订进度计划的步骤

四、甘特图法

甘特图也称为横道图或条状图，由亨利·甘特（Henry Gantt）于 20 世纪初发明。甘特图由于它简单、直观和易于绘制，也容易理解，不仅有助于计划和沟通，而且可以帮助进行进程控制，成为小型项目管理中编制项目时间计划的主要工具。即使在大型工程项目中，借助计算机技术，高级管理层通过甘特图不仅能了解全局、基层，安排时间计划，而且能发现复杂项目影响项目工期的关键所在。

甘特图以图形来表示，左边列出项目的活动，右边以横道线代表活动的工期，上面是项目进度的时间单位。横道线的左端是活动的开始日期，右端是结束日期。这样我们可以宏观地看到整个项目的工期。横道线的长度和上面标的数值，可以形象地反映每项工作的工时和工期。如果使用项目管理软件 Project 显示的甘特图主界面，就能更清晰地了解工作任务之间的逻辑依存关系，还可以将甘特图的界面变换成网络图的界面。

典型的投入产出进度图便为甘特图。例如，某换热器制造的投入产出进度甘特图，如图 5-10 所示。

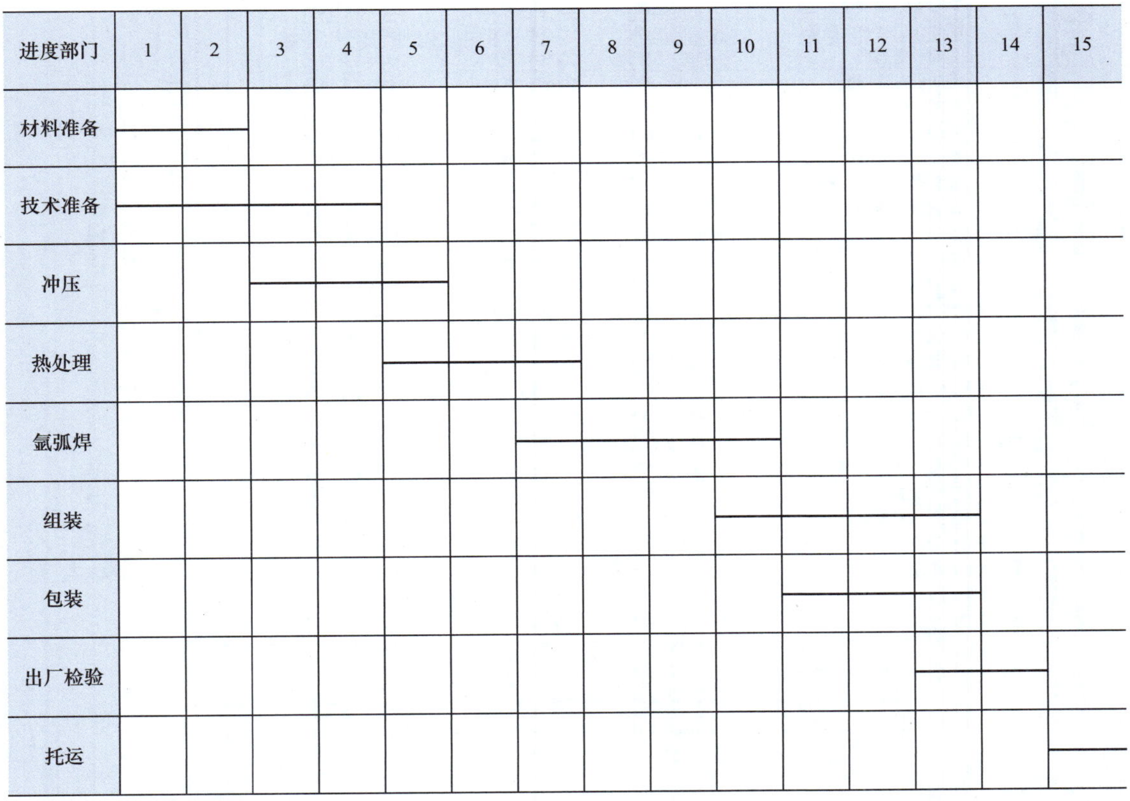

注：横线表示作业起止日。

图 5-10　某换热器制造的投入产出进度甘特图

经典案例分析与实践

电力建设 EPC 项目进度计划

该项目实行五级进度控制：第一级进度由业主直接控制；第二级进度由业主服务方——监理公司控制；第三级进度由 G 公司与 S 公司的联合中标方控制；第四级进度由制造商、分包商控制；第五级进度由技术设计院控制如图 5-11 所示。

	任务名称	工期	开始时间	完成时间
1	⊟ **投标组织**	**237 工作日**	**2006年12月21日**	**2007年11月16日**
2	⊞ **投标准备**	**125 工作日**	**2006年12月21日**	**2007年6月13日**
6	⊞ **投标文件编制**	**90 工作日**	**2007年6月14日**	**2007年10月17日**
10	⊞ **参与投标**	**22 工作日**	**2007年10月18日**	**2007年11月16日**
14	⊟ **中标与合同拟定**	**16 工作日**	**2007年11月19日**	**2007年12月10日**
15	中标	3 工作日	2007年11月19日	2007年11月21日
16	核查项目定义、范围和预算	5 工作日	2007年11月22日	2007年11月28日
17	范围定义结束/发布成本预算	4 工作日	2007年11月29日	2007年12月4日
18	与业主签约	4 工作日	2007年12月5日	2007年12月10日
19	⊟ **技术图纸设计**	**183.5 工作日**	**2007年12月11日**	**2008年8月22日**
20	⊞ **进一步明确范围**	**112 工作日**	**2007年12月11日**	**2008年5月14日**
27	⊟ **图纸设计**	**152.5 工作日**	**2008年1月23日**	**2008年8月22日**
28	⊞ **开始专业设计**	**55 工作日**	**2008年1月23日**	**2008年4月8日**
36	执行第一次质量检查	5 工作日	2008年3月28日	2008年4月4日
37	跨专业工程设计检查	5 工作日	2008年3月28日	2008年4月4日
38	完成设备列表	90 工作日	2008年1月23日	2008年5月27日
39	完成设备连接图	80 工作日	2008年1月23日	2008年5月13日
40	完成总体布局图/场地计划	80 工作日	2008年1月23日	2008年5月13日
41	⊞ **完成专业设计**	**80 工作日**	**2008年4月4日**	**2008年7月25日**
49	执行第二次质量检查	5 工作日	2008年6月27日	2008年7月4日
50	检查代码符合性和安全性	10 工作日	2008年6月27日	2008年7月11日
51	⊞ **完成设计阶段**	**20 工作日**	**2008年7月25日**	**2008年8月22日**
54	⊟ **生产制造**	**200 工作日**	**2007年12月14日**	**2008年9月18日**
55	审阅研究项目列表	8 工作日	2007年12月14日	2007年12月25日
56	提出设计要求	6 工作日	2007年12月14日	2007年12月21日
57	建立供应商资料需求/设备预算	11 工作日	2007年12月26日	2008年1月9日
58	制定设备规格要求和列表	11 工作日	2008年1月10日	2008年1月24日
59	供应商图纸检查（所有专业）	60 工作日	2008年1月25日	2008年4月17日
60	供应商图纸认证（所有专业）	6 工作日	2008年4月18日	2008年4月25日
61	供应商生产、供货	200 工作日	2007年12月14日	2008年9月18日
62	⊟ **物流与配送**	**104 工作日**	**2008年9月19日**	**2009年2月11日**
63	物流规划与详细配送日程	23 工作日	2008年9月19日	2008年10月21日
64	物流公司选择	12 工作日	2008年9月19日	2008年10月6日
65	按计划阶段性配送物质	104 工作日	2008年9月19日	2009年2月11日
66	完成物流配送	7 工作日	2008年9月19日	2008年9月29日
67	⊞ **国外现场建设**	**231 工作日**	**2008年4月4日**	**2009年2月23日**
73	上电网试运行	40 工作日	2009年2月23日	2009年4月20日
74	最终验收	5 工作日	2009年4月20日	2009年4月27日

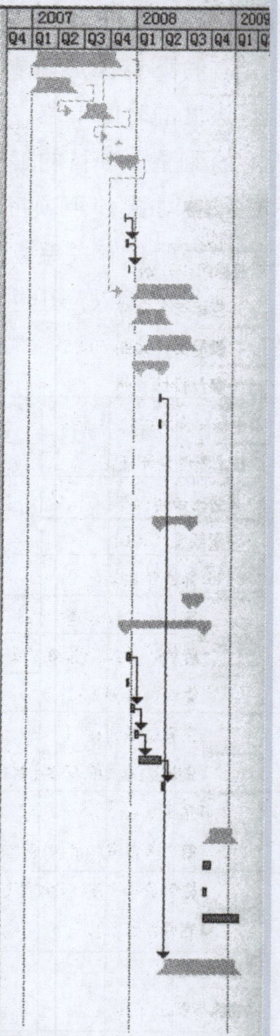

G公司国际工程公司			
电力设备供应工程项目进度计划表			
日期	校核	审查	核准
070101	刘××	杨×	杜×

图 5-11　项目进度计划表

（资料来源：马旭晨，项目管理成功案例精选，机械工业出版社，2010 年）

实用工具与模板

持续时间估算工作表

项目名称____________　　　编制者____________　　　日期____________

WBS 编号	活动名称（活动列表中）	工作小时数	持续时间估算（类比估算法）				
			以前的活动	以前的持续时间	现在的活动	可获得的倍数	持续时间估算值

自测题

一、单选题

1．关键路径法可以帮助项目经理（　　）。

A．估算完工概率　　B．确定最长路线

C．考虑资源、估算工期　　D．估算工期及完工概率

2．甘特图与网络图的区别是（　　）。

A．历时　　B．任务　　C．节点　　D．资源的分配

3．提供最早 / 最迟开始和结束日期的工具是（　　）。

A．SPC 分析　　B．PERT　　C．CPM　　D．蒙特卡洛模拟

4．有关关键路径的正确描述是（　　）。

A．关键路径是指在项目开始到完成的多条路径中耗时最长的那条路径

B．关键路径是指在项目开始到完成的多条路径中耗时最短的那条路径

C．网络图中最多存在一条关键路径

D．关键路径上的某活动延误一天，不影响整个项目的完工时间

5．在 CPM 网络中，A 为 B 的紧前活动，则表示（　　）。

A．活动 A 完工后活动 B 马上就要开始

B．活动 A 完成是活动 B 开始的充分条件

C．活动 B 在活动 A 完成后才能开始

D．活动 A 和活动 B 同为关键路径或非关键路径

6．工作进度偏差小于某项工作的总时差，则（　　）。

A．影响后续工作

B．不影响后续工作

C．影响总工期

D．将其偏差与其自由时差比较，才能判断对后续工作的影响

7．某项工作最快 21 天完成，最慢 35 天完成，最可能 25 天完成，其工作持续时间为（　　）。

A．21 天　　B．23 天　　C．25 天　　D．26 天

二、多选题

1．项目活动定义常用的方法有（　　）。

A．头脑风暴法　　B．工作结构分解法

C．项目活动定义模板　　D．德尔菲法

2．在项目进度计划中，常用的工具有（　　）。

A．WBS　　B．计划评审技术　　C．甘特图法　　D．关键路径法

3．项目进度计划制订的输入信息和资料有（　　）。

A．资源要求　　B．工作日历

C．活动提前或滞后　　D．进度计划编制

4．以下（　　）属于进度计划编制的工作结果。

A．项目进度管理计划　　B．更新项目资源需求

C．活动历时估算　　D．项目进度计划表

5．下列表述正确的有（　　）。

A．最早完成时间可在这项活动最早开始时间的基础上加上这项活动的估计工期

B．活动的最迟完成时间以项目预计完成时间为参照点进行逆向计算

C．最迟完成时间可在前置活动的最迟开始时间的基础上计算出来

D．最迟开始时间可在该活动最迟完成时间的基础上加上该活动的工期得出

6．PERT 适用于（　　）。

A．不可预知因素较多的项目　　B．过去未做过的新项目

C．复杂的项目　　D．研制新产品的项目

7．影响项目活动排序的因素有（　　）。

A．项目间的软、硬逻辑关系　　B．项目的假设前提和约束条件

C．项目的内部、外部依存关系　　D．项目工期、资源、成本等

8．项目的进度控制以（　　）为直接依据。

A．项目进度计划　　B．项目进展报告

C．工作结构分解　　D．进度管理计划

9．下列表述错误的有（　　）。

A．如果进度计划进行了修改，关键路径不会发生变化

B．如果时差为负，表示将在预定时间内提前完成项目

C．如果时差为正，表示将在预定时间内提前完成项目

D．如果时差为正，表示在预定时间内无法完成项目

10．进行项目进度计划的调整方法有（　　）。

A．重新编制计划　　B．改变某些工作的逻辑关系

C．关键工作的调整　　D．非关键工作的调整

11．项目可通过（　　）途径进行进度计划的优化。

A．进行工期压缩　　B．向系统增加资源

C．缩短关键活动的时间　　D．改变系统内部的资源配置

三、判断题

1．项目时间管理是指在项目实施过程中，为了确保在其时间约束条件的前提下实现总体目标，制订出经济合理的进展计划，并及时找出进度的差距，采用有效措施，以确保项目按时按质完成。（　　）

2．项目的进度计划表明了项目各项活动的先后顺序，以及每项目活动的历时。（　　）

3．类比估算法就是借助多个项目时间管理专家给出的意见和判断，采用一定的方法来获得更为可信的时间估算结果。（　　）

4．关键路径是时差为 0 或小于 0 的一系列活动。（　　）

5．在项目实施阶段的特定日期完成项目的某些可交付成果，以此作为项目的关键时间或项目进度中的一个里程碑。（　　）

6．进度控制就是压缩项目的工期，尽量少花时间在项目上。（　　）

7．用连接两个节点的箭线代表一个活动。（　　）

8．计划评审法的活动工期不是固定的，而是用期望值来表示。（　　）

9．德尔菲法就是根据不同的假设集来进行多重时间估算。（　　）

10．将项目分解为面向成果的层次结构，会得到产品分解结构。（　　）

11．逆推法是指按照网络逻辑关系从项目开始对所有网络活动中未完成部分最早开始时间和最早结束时间的计算。（　　）

四、简答题

1．项目时间管理的定义和意义是什么？

2．项目活动定义的常用方法有哪些？

3．项目进度管理的内容和作用是什么？

4．如何对项目的各项内容进行排序？

5．项目活动时间估算的输入信息和资料有哪些？

6．项目进度控制与优化的工具与方法主要包括哪些？

7．什么是项目的网络图？网络图的表现形式有哪几种？

8．项目活动持续时间的计算方法有哪些？

9．项目活动时间估算的输出有哪些成果？

10．什么是关键路径？如何确定关键路径？

11．用节点式网络图绘制一个项目的网络图。

五、案例分析题

已知某项工程的作业程序及作业时间如下：A 活动持续时间 10 天，B 活动持续时间 24 天，C 活动持续 19 天，D 活动持续 12 天；A 活动与 B 活动的关系是结束到开始，A 活动与 C 活动关系是结束到开始并滞后 5 天，B 活动与 D 活动的关系是结束到开始并提前 2 天，C 活动与 D 活动的关系是结束到开始。

试绘制网络图，并根据关键路径确定工程周期，进行活动时差计算。

Chapter Six

第六章

项目成本管理

知识学习目标：

- 理解项目成本管理的意义
- 掌握项目成本管理的过程
- 理解项目资源规划、项目成本估算、项目成本预算和项目成本控制的依据
- 掌握项目资源规划、项目成本估算、项目成本预算和项目成本控制的方法

技能训练目标：

- 会用挣值分析法进行项目成本管理
- 能够进行一般项目成本估算与预算

第一节　项目成本管理概述

一、项目成本管理的含义

项目成本管理是指为了保障项目实际发生的成本不超过项目预算而开展的项目资源计划、项目成本估算、项目预算编制和项目预算控制等方面的管理活动，以确保项目在预算内按时、按质、经济高效地完成。在实际项目管理运作过程中，全成本管理就是通过有效地使用包含专业知识和专门技术的系统方法去计划和控制项目资源、成本、盈利风险。

项目成本管理主要包括启动阶段、目标和计划阶段、相关定义具体要求和确定管理技术阶段、评估和选择项目方案阶段、初步项目开发与设计阶段、获得设备和资源阶段、实施阶段、完善和提高阶段、退出服务和重新分配资源阶段、补救和处置阶段的项目成本管理工作。现代项目成本管理既要考虑以最低的成本完成项目的全部活动，又要考虑对项目成果和质量的影响。同时，项目成本管理不能只考虑项目成本的节约，还必须考虑项目带来的经济效益的提高。项目成本管理中还需要运用投资回收期分析、现金流量表分析、收益回报分析等方法去管理好项目的成本和收益。

二、项目成本管理的过程

如图 6-1 所示，项目成本管理包括项目资源规划、项目成本估算、项目成本预算和项目成本控制四个过程。

（1）项目资源规划。项目资源规划是指通过分析、识别，确定用于进行项目管理活动的各种资源（人力、设备、材料、资金、投入时间等）。在项目资源规划工作中最重要的是确定保证项目实施所需的各种资源的清单和资源投入的计划安排。

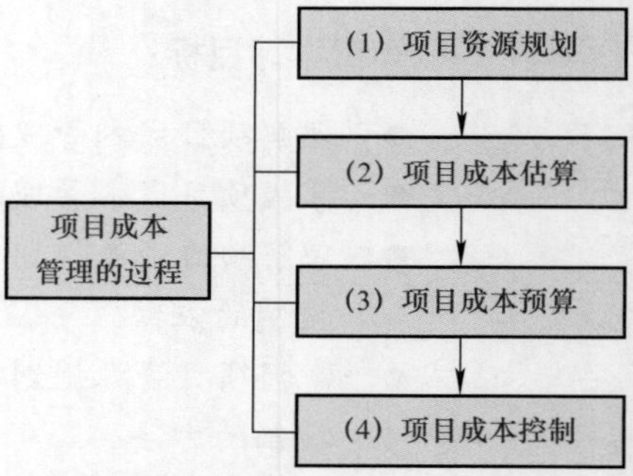

图 6-1　项目成本管理的过程

（2）项目成本估算。项目成本估算是指根据项目资源需求和计划，以及各种资源的市场价格或预期价格等信息，估算和确定完成项目活动的成本和整个项目所需资源的费用。项目成本估算最主要的任务是确定用于项目的人、机、料、费等的成本和费用的概算。

（3）项目成本预算。项目成本预算是一项制订项目成本控制基线或项目总成本控制基线的项目成本管理工作。其主要是依据项目成本的实际情况和各种影响的发展与变化，不断地预测项目成本的发展和变化趋势与可能出现的结果，得出项目各项具体活动或工作分配的费用预算，从而为项目的成本控制提供决策依据。

（4）项目成本控制。项目成本控制是指在项目的实施过程中，努力将项目的实际成本控制在项目成本预算的范围之内的一项成本管理工作。其包括依据项目成本的实际情况，不断分析项目实际成本与项目预算之间的差异，通过采用各种纠偏措施和修订原有项目预算的方法，使整个项目的实际成本能够控制在一个合理的水平。

上述项目成本管理的四个过程之间虽然没有严格清晰的界限，但在实际工作中，各个过程之间常常会重叠、相互影响和相互作用。此外，在每个项目阶段，根据项目的需要，每一过程需要多个项目成员、项目团队或项目关系人的共同努力，才能够做好项目成本的管理工作。

第二节　项目资源规划

一、项目资源规划概述

项目资源规划需要确定完成项目各项活动所需的各种资源（人、设备、材料、数量、使用时间等），与成本估算有密切的关系。

项目资源规划的主要工作如图 6-2 所示。

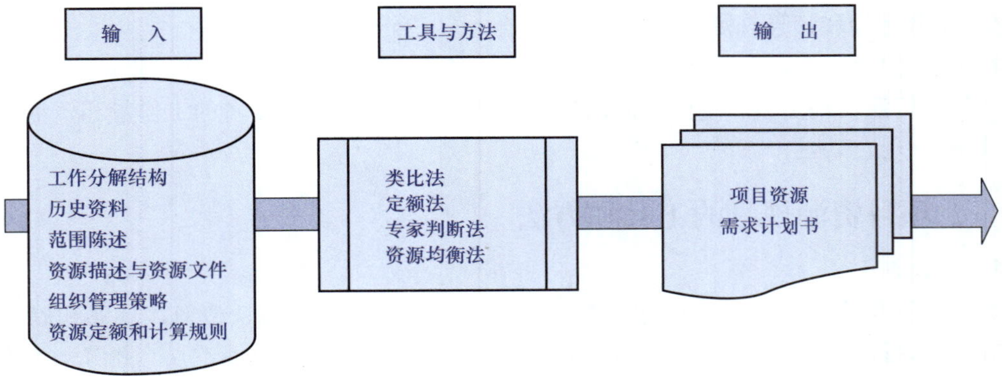

图 6-2　项目资源规划的主要工作

二、项目资源规划的输入：依据

1. 工作分解结构

此项在第四章已做过详细介绍。工作分解结构将项目分解成完成各项目所需做的部分工作内容，确认了项目的各项工作所需要消耗的不同种类、数量和质量的资源。工作分解结构是资源计划过程的最基本的输入和项目资源规划的重要基础，它可以作为输入其他计划过程的相关结果。

2. 历史资料

历史资料记录了以前此类项目的资源需求、项目资源规划和项目实施实际消耗资源等方面的有关情况，以便在该项目中加以利用，以此提高资源需求规划的准确性，从而大大减少编制工作的工作量。

3. 范围陈述

范围陈述解释了项目的合理性论述和项目的目标。这两者均应在资源规划中加以考虑。

4. 资源描述与资源文件

项目资源描述是对项目所需资源的种类、数量、质量加以说明和描述，见表 6-1。描述的内容包括资源种类、资源名称、价格、数量、质量要求等。

表 6-1 项目资源需求描述

资源种类(代码)	资源名称	价格	数量	质量要求	说明	其他假设

5. 组织管理策略

在编制资源规划时，必须考虑组织的人员招聘和使用政策、设备和材料采购或租用等制度，甚至组织文化等方面的策略。例如，设备是购买、租赁还是租用，项目采购所需原材料的资源管理政策是零库存还是批量订货等，都会对资源规划的编制有直接影响。

6. 资源定额和计算规则

在编制项目资源规划时，要参考不同国家、不同行业或不同地区的统一定额或统一标准，既定项目的资源消耗定量、不同资源消耗的比例标准，以及需要参考的工作量和资源消耗的计算规则。

三、项目资源规划的工具和方法

1. 类比法

类比法又称资料统计法，即通过参考以往类似项目的历史统计资料，计算和确定项目资源规划。这种方法适用于有类似项目准确详细的历史资料，创新性不强，并有一定可操作性的大众化项目。

2. 定额法

定额法与类比法相同，从国家或行业统一标准和定额或者权威部门制定统一的定额和规则为标准来制订项目资源（包括人力、材料和设备等）规划。定额法是一种简单便捷的编制资源规划的方法，但通常只能作为项目的某个模块的资源预计的“局部解决”方法，并随着时间推移要做相应的调整，以确保定额法的实效性。

3. 专家判断法

专家判断法是制订项目资源规划最常用的一种方法。这种方法通常是由来自执行组织的其他部门、专业技术协会及工业集团等，具有专业知识并受过专门训练的项目成本管理专家，根据以往类似项目的经验和对本项目的判断，经过周密思考，进行合理分析预测，从而制订项目资源规划的方法。例如：德尔菲法，即邀请一些经验丰富的专家对项目的资源规划提出制订方案，对资源需求状况得出更客观的判断；专家小组判断法，通常邀请一组具有丰富经验的专家仔细阅读有关资料，并召开座谈和讨论会，深入地研究调查项目的计划和目标，汇总专家意见，从而制订资源规划方案。

4. 资源均衡法

资源均衡法是一种资源和进度集成管理方法，是指在制订资源规划时，以项目的进度计划为依据，在原定的项目完工时间不变的情况下，为了减少由于资源稀缺而引起的完工时间波动，适当调整资源的需求状况，以尽可能达到项目要求的完工进度目标。

四、项目资源规划的输出：成果

项目资源规划过程的输出就是资源需求计划书。项目资源需求计划书要全面地说明项目工作分解结构各组成部分所需资源的品种、数量和使用计划，这些资源可以通过职员分派或采购予以解决。资源需求计划书可以用资源需求计划表表示，见表 6-2。

表 6-2　资源需求计划表

WBS 结果	资源需求量				备　注
	资源 1	资源 2	资源 3	……	
工作任务 1					
工作任务 2					
……					

第三节　项目成本估算

一、项目成本估算概述

项目成本估算是指根据项目资源需求计划书和所需资源的价格信息，估算和确定完成项目所需各资源成本的近似值。

当一个项目按合同进行时，首先要区分定价和成本估算两者的不同意义。定价是指执行组织为所提供的产品或服务索取多少费用，而成本估算涉及执行组织所提供产品或服务的成本可能数量估计，只是定价要考虑的因素之一。其次，成本估算过程必须考虑在设计阶段为减少生产阶段的成本而增加的额外工作量所增加的设计成本，能否在以后的工作中通过节省而被消除。

项目成本估算的主要工作如图 6-3 所示。

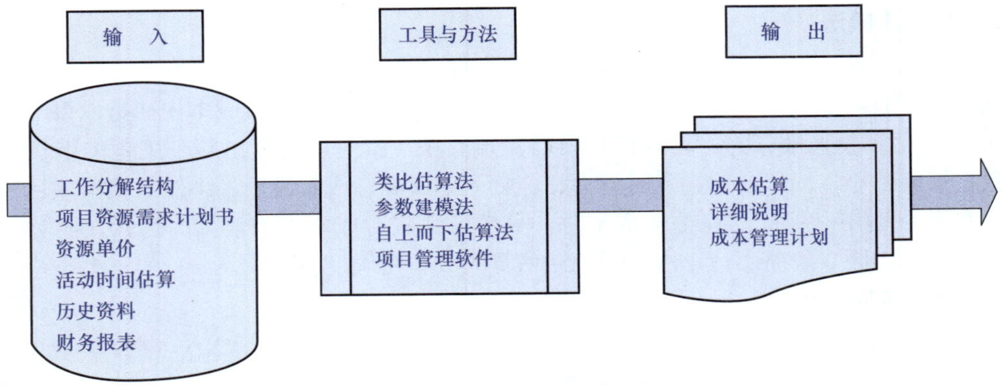

图 6-3　项目成本估算的主要工作

二、项目成本估算的输入：依据

1. 工作分解结构

工作分解结构既是编制资源计划的依据，又是项目费用估算的依据。其在费用估算中作为基础数据，可用于成本估算，以及确保所有工作均已被估算的资源需求。

2．项目资源需求计划书

项目资源需求计划书是项目费用估算的主要依据，它包括实施项目所需要的资源种类、数量、质量等要求，以及对资源需求的附加限定。

3．资源单价

资源单价是项目资源需求计划书与项目成本费用的纽带。做成本估算时，必须知道每种资料的单价与数量，二者相乘才可以获得完成项目所需资源的价值的预计——项目费用估算。

4．活动时间估算

活动时间估算在前文已介绍，其会影响项目成本估算和整个项目费用。例如，某项目的 A 活动时间为 30 天，需要 20 名特殊技能工人，正常工作日为 8 小时 / 天，人工费用为 300 元 / 人 / 天，则该工作活动的费用估算为 18 万元。若活动时间为 20 天，则需要这 20 个特殊技能工人加班，每天加班 2 小时，这时加班时间的工资为正常工作时间工资的 3 倍，则该项目活动的费用总额为 21 万元，增加了 3 万元。

5．历史资料

进行成本估算时，可利用项目团队积累的做过的项目的相关费用估算资料、商业性的费用估算数据库和项目团队个别成员记录的先前的实际数或估算数等许多有关资源成本的信息。

6．财务报表

在项目成本估算中，企业财务部门通过财务报表把不同成本对应到不同科目上。

三、项目成本估算的工具与方法

1．类比估算法

类比估算法通过比照已完成的类似项目的实际成本，估算出新项目的成本。类比估算法是最简单的成本估算法，实质上是一种专家判断法。这种方法花费较少，但精确性较差。要求成本估算个人或小组具有必要经验，因此它适用于早期的成本估算。

2．参数建模法

参数建模是根据项目的特征参数或者权威性和专业性的参数，通过建立一个数学函数模型，然后将代数值引入成本估算。最典型的案例是土建工程，其建筑成本往往是以每平方米单位造价的行业参数来推算的，只要把它乘以建筑面积，就可以估算出整个工程的造价。此法由于数据采集量小，简单易用、省时省力、计划效率最高、成本最低，不仅对大型项目适用，也对小型项目适用。但此法在估算成本时，只考虑那些对成本影响较大的因素，而对那些对成本影响较小的因素忽略不计，因而用此法估算的成本精确度不高。

3．自上而下估算法

此方法的过程是由上到下一层层地进行的，它是一种最简单的成本估算方法。自上而下体现的是高层对项目的期望，就是期望花多长时间、多少成本把项目完成。此方法具有简单易行、花费少的特点，尤其是当项目的详细资料难以获取时，能在估算实践上获得优势，在总成本估算上具有较强的准确性，但如果下层人员对成本认识不足，等待上一级管理人员自己发现其中的问题才进行纠正，会使项目的进度拖延，造成成本的浪费，甚至导致项目失败。

4．项目管理软件

项目管理软件像应用于项目管理的其他领域一样，被广泛应用于成本估算。这些软件可简化上述几种方法，便于对许多成本方案进行比较。

四、项目成本估算的输出：成果

1. 成本估算

成本估算是项目各活动所需资源的成本的定量估算。对项目所需的所有资源的成本均需加以估算，包括（但不局限于）劳动力、材料和其他内容（如考虑通货膨胀或成本余地）。成本估算文件为项目成本基准计划，也是投标文件、项目建议书、任务计划书、可行性研究报告的重要组成部分，包括项目范围说明书、项目成本估算的基础和依据文件、项目资源消耗的定额估算、项目成本估算结果的误差变动区间，还有项目成本估算所做的假设说明及其附件，包括对各种假设前质量要求、资源需求的解释。

2. 详细说明

成本估算的详细说明应包括工作范围的描述，通常可参考 WBS 获得；对估算的基础做确认；为成本估算所做的假设的合理性；可能的结果（用一个范围表示）。

3. 成本管理计划

项目成本管理计划是整个项目计划的一个辅助部分，它说明了当实际成本与计划成本发生差异时如何进行管理，其管理力度视差异程度的不同也将有所不同。成本管理计划根据项目的需要，可以是高度详细或粗略的框架，同时既可以是正规的，也可以是非正规的，这些都取决于项目利益相关人员的需要。

第四节　项目成本预算

一、项目成本预算概述

项目成本预算是把估算的总成本分配到各个工作细目，建立基准成本，以衡量项目执行情况。

一般情况下，预算成本不会超出估算成本，在两者之间为正常现象。在做成本预算时可以使用甘特图将范围计划、时间计划与成本预算有效地结合在一个三维时空坐标内，从而进行跟踪和实施控制。

项目成本预算的主要工作如图 6-4 所示。

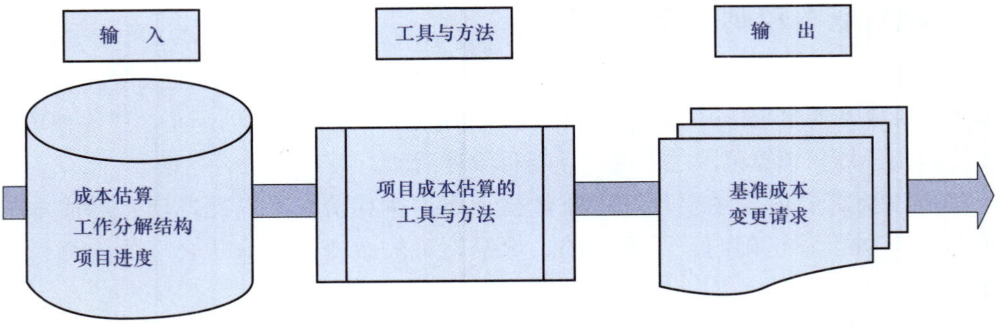

图 6-4　项目成本预算的主要工作

二、项目成本预算的输入：依据

1. 成本估算

成本估算将构成成本预算的约束边界。

2. 工作分解结构

工作分解结构确认了项目的细目，资金的分配在空间上将以 WBS 工作包为单位。成本要分配到这些工作中去。

3. 项目进度

项目进度包括项目细目的计划开始日期和预计结束日期。为了将成本分配到时间区间，资金的分配在时间上将以单位工期阶段为依据。进度信息是不可缺少的。

三、项目成本预算的工具与方法

项目成本估算的工具与方法，同样适用于编制各项工作成本的预算。

四、项目成本预算的输出：成果

1. 基准成本

费用基准成本是项目管理计划的一个重要组成部分。它是以时间为自变量的预算，被用于度量和监督项目执行成本，把预计成本按时间累加而得到，可用 *S* 曲线表示。

2. 变更请求

成本预算过程可能产生影响项目管理计划的某些组成部分，因此随着成本预算的进行和实施，需要对一些必要的环节进行请求变更。一般追加资金需求这种输出结果往往发生在需要追加预算的变更请求中，造成这种结果的原因是多种多样的，如工期拖延、质量事故、价格上涨等。

第五节　项目成本控制

一、项目成本控制概述

项目成本控制是指在项目实施过程中，识别那些会使基准成本发生改变的影响因素和已经偏离基准成本的事项，并寻找产生正负偏差的原因，进行必要的纠正，最终使项目的实际费用控制在计划和预算范围之内的一项项目管理活动。

项目成本控制的内容主要包括：监督整个成本执行情况，以此发现实际成本与计划成本的偏离；防止不正确的、不合理的、未经许可的改变，使一些合理的改变包含在基准成本中。

项目成本控制的主要工作如图 6-5 所示。

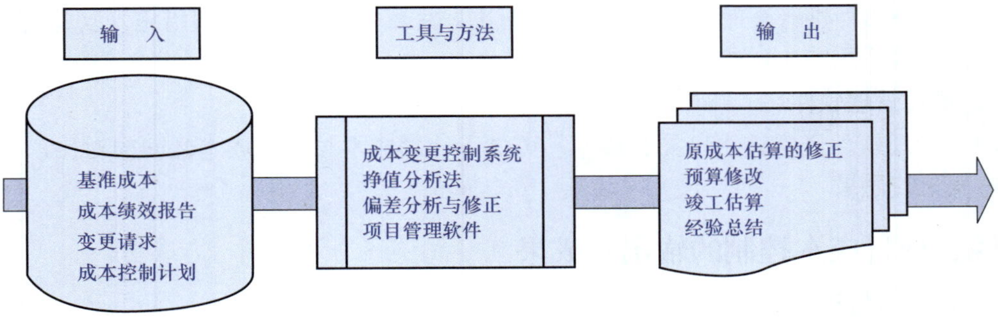

图 6-5 项目成本控制的主要工作

二、项目成本控制的输入：依据

1. 基准成本

详见本章第四节中。

2. 成本绩效报告

成本绩效报告汇集实施过程中资金使用效益的信息数据，以便以后对照找出偏差，既提供了项目实施过程中成本方面的信息，又为自制或外购决策、项目管理计划和质量管理计划提供信息。例如，超预算的是哪些工作，仍在预算范围内的是哪些工作。绩效报告可以提醒项目团队将来可能会发生的问题。

3. 变更请求

有关变更的请求可以采用口头或书面的、直接或间接的、组织外部或内部提出的等多种形式。实现这些变更可能要增加或减少预算。详见本章第四节中。

4. 成本控制计划

在进行成本控制过程中，需要与其他领域的计划进行衔接。例如，后面介绍的挣值分析法（Earned Value Management，EVM），就是将成本预算和进度计划结合在一起，打造出一把综合控制绩效偏差的尺子。

三、项目成本控制的工具与方法

1. 成本变更控制系统

成本变更控制系统规定了改变基准成本的一些步骤，包括一些书面工作、跟踪系统和经许可的可改变的成本水平，从而对项目的成本进行有效控制。采用项目成本变更控制系统时，必须将项目成本变更控制系统和整体变更控制系统相协调。项目成本变更的结果应该和其他变更结果相协调。

2. 挣值分析法

挣值分析法主要通过测量和计算已完成工作的预算费用与已完成的实际费用，以及在此期间计划工作的预算费用，得到有关计划实施的进度和费用偏差，从而达到判断项目成本执行情况的目的。项目挣值分析法将在本章第六节详细介绍。

3. 偏差分析与修正

在项目实施过程中，利用偏差分析表分析成本偏差产生的根本原因，对原成本估算可能的各种意外事件进行合理预测，从而提出解决方案及相应的费用调整措施，以避免多种风险因素，并按照原定计划准确无误地完成。

4. 项目管理软件

项目管理软件经常被用以控制成本，可进行计划成本与实际成本之间的对比，以及预测成本变更的后果。

四、项目成本控制的输出：成果

1. 原成本估算的修正

修改原有成本数据要通知项目相关者。修改成本估算可能要求对整个项目计划进行调整。成本预算与实际开支之间的偏差可能出于两种原因：一是在某道工序上的成本开支超出计划；二是某道工序的施工进度与计划不符。若是计划不合理，就需要变更计划，制定预算更新文件。

2. 预算修改

预算修改是成本修改的一种。它对原基准成本的更改，为下一步执行提供一个现实的基准成本。

3. 竣工估算

竣工估算是根据项目的实际执行情况，对整个项目成本的预测，要将书面记录计算的竣工估算数值或实施组织报告的竣工估算数值通知项目的利益相关者。

4. 经验总结

如实地记录产生偏差的原因、采取纠正措施的理由和其他成本控制方面的教训，并将其纳入项目组织的项目历史数据库之中，并总结经验教训。

第六节 挣值分析法

一、挣值分析法概述

挣值分析法又叫赢得值法或偏差分析法。挣值分析法是在工程项目实施中使用较多的一种方法，是对项目进度和成本进行综合控制的一种有效方法。它主要衡量目标实施与目标期望之间的差异，通过测量和计算已完成工作预算成本、已完成工作实际成本和计划工作的预算成本，预测项目可能发生的工期滞后量和成本超支量，从而及时采取纠正措施，为项目管理和控制提供有效手段。

1. 挣值分析法的几个参数

（1）项目计划工作量的预算成本。项目计划工作量的预算成本（Budgeted Cost of Work Scheduled，BCWS）表示按照预算价格和计划工作量计算的某项作业的成本。其计算公式为

$$BCWS = 计划工作量 \times 预算价格$$

项目计划工作量的预算成本主要是反映进度计划应当完成的工作量（用费用表示）。

（2）已完成工作量的实际成本。已完成工作量的实际成本（Actual Cost of Work Performed，ACWP）表示按照实际发生的支出计算得到的实际已完成作业的成本。ACWP 主要是反映项目执行的实际消耗指标。

（3）已完工作量的预算成本（BCWP）即为挣得值，也称挣值。挣值（Budgeted Cost of Work Performed，BCWP）表示按照预算价格所计算的某项作业实际已完成作业的成本。其计算公式为

$$BCWP = 已完工作量 \times 预算价格$$

这些指标都是挣值分析法中的基础指标，经过计算而获得的指标，属于派生的中间变量指标。

2. 挣值分析法的评价指标

（1）成本偏差。项目成本偏差（Cost Variance，CV）是指已完成工作预算成本与实际成本的绝对差异。其计算公式为

$$CV = BCWP - ACWP$$

CV为正值时表示实际成本低于预算值，表示有节余或效率高；反之，当CV为负值时表示执行效果不佳，即实际成本超过预算值，也就是超支。

（2）项目进度偏差。项目进度偏差（Schedule Variance，SV）是指按预算价格计算的已完成作业量与计划作业量之间的绝对差异。其计算公式为

$$SV = BCWP - BCWS$$

当SV为正值时表示进度提前，当SV为负值时表示进度延误。

（3）计划进度指数。计划进度指数（Schedule Performance Index，SPI）是指按预算价格计算的已完成作业量与相应的计划作业量之间的相对关系。其计算公式为

$$SPI = BCWP \div BCWS$$

当 $SPI>1$ 时表示进度提前，当 $SPI<1$ 时表示进度延误，当 $SPI = 1$ 时表示实际进度等于计划进度。

（4）成本执行指标。成本执行指标（Cost Perfolaned Index，CPI）是指挣值与实际费用值之比。其计算公式为

$$CPI = BCWP \div ACWP$$

当 $CPI>1$ 时表示低于预算，当 $CPI<1$ 时表示超出预算，当 $CPI = 1$ 时表示实际费用与预算费用吻合。

3. 预测项目完成时的成本

项目完成成本估计（Estimate at Completion，EAC）是指按照目前的工作效率和工作方法，估算的项目全部完成时的总成本。

EAC的计算是以项目的实际执行情况为基础，再加上项目全部未完成工作的成本费用预测。最常见的EAC计算有以下几种：

1）项目现在的偏差可视为将来偏差时，EAC计算公式为

$$EAC = 实际已发生成本 + 对剩余项目的预算$$

2）当过去的执行情况表明先前的成本假设有缺陷，或由于条件改变而不再适用新的情况时，EAC计算公式为

$$EAC = 实际已发生成本 + 对剩余项目的新估计值$$

3）当现有偏差被认为是不正常的（由偶然因素引起）时，EAC计算公式为

$$EAC = 实际已发生成本 + 剩余原预算$$

二、挣值分析法实例

某一工程项目总工作量为4500平方米，预算造价（预算价格）为700元/平方米，预计30天完成，每天应完成150平方米，实现投资额10万元。

开工后的第10天，业主的项目管理人员到现场核查，发现已完工1000平方米，而此时已支付给建筑商的工程费用款为120万元。

试用挣值法对项目进度及成本支出情况进行分析。

解：1）已完成作业的预算成本：BCWP = 1000×700 = 70（万元）

2）项目计划作业的预算成本：BCWS = 150×10×700 = 105（万元）

3）项目已完成作业的实际成本：ACWP = 120（万元）

4）成本偏差：CV = BCWP−ACWP=70−120 = −50（万元）（超预算）

5）进度偏差：SV = BCWP−BCWS=70−105 = −35（万元）（进度已拖延）

经典案例分析与实践

某计算系统有限公司承建银行支付系统工程应用软件的设计与开发。该公司IT项目部根据项目所需各项资源的使用计划和项目的费用目标，对项目WBS所分解的每个工作单元的费用进行估计，并根据费用条目确定每个工作单元的费用预算，以及整个项目的费用预算，见表6-3。同时结合项目进度计划，画出项目的费用负荷图和累积图。这些直观的图表，可以明确在整个项目期间费用的需求状况。

图6-6是项目预算成本负荷图，它反映了在项目进行中各个时序阶段所需的费用。图6-7为费用累积图，反映了随着项目的进行，项目总费用的增长变化趋势。

表6-3　项目费用预算

项　目	材料费（元）	人工费（元）	工作总费用（元）
需求调研与分析110	—	—	—
需求调研111	65000	230000	290000
可行性分析112	55000	198000	253000
立项报告113	43000	236000	279000
系统分析120	—	—	—
组织结构分析121	70000	510000	580000
业务流程分析122	76000	910000	986000
数据流程分析123	82000	2325000	2407000
功能数据分析124	113000	3128000	3241000
系统设计130	—	—	—
总体结构设计131	120000	970000	1090000
代码设计132	52000	267000	319000
数据库设计133	76000	910000	986000
I/O设计134	67000	410000	477000
功能模块设计135	130000	1450000	1580000
系统实现140	—	—	—
软件编程141	63000	915200	978200
硬件设备采购142	627670	161300	788970
系统集成143	120000	1262600	1382600
系统试运行和验收150	—	—	—
系统试运行151	72000	120000	192000
培训152	87000	56000	143000
系统验收153	75000	93000	168000
项目管理160	120000	3562750	3682750
费用累计	2113670	17714850	19823520

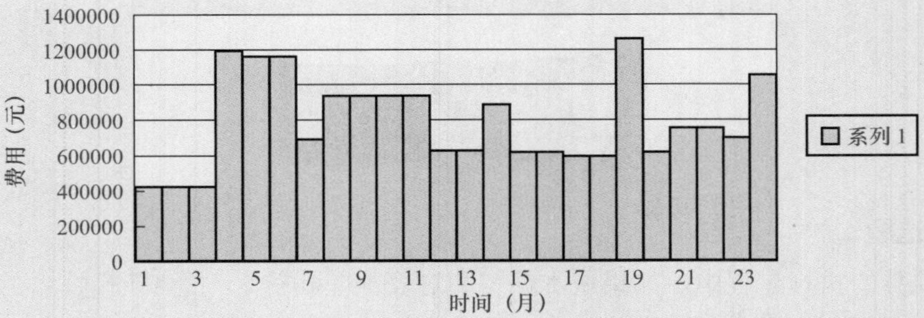

图 6-6 项目预算成本负荷图

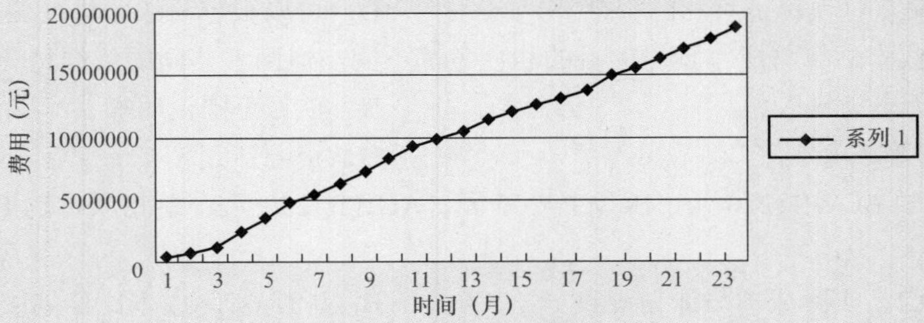

图 6-7 费用累积图

实用工具与模板

项目成本估算表

人工成本	WBS 编号及其名称	人数	所需时间	单位时间的工资标准	成本估算小计
	人工成本合计				
非人工成本		WBS 编号名称	单位成本	数量	
	材料费				
	设备费				
	差旅及通信费				
	管理费用				
	……				
	其他				
	非人工成本合计				
	不可预见费用				
	成本估算总计				

自测题

一、单选题

1. 在项目的执行过程中，如果成本偏差和进度偏差相等，则意味着（　　）。

A．成本偏差是进度偏差引起的　　B．进度偏差是成本偏差引起的

C．偏差对项目是有利的　　D．可以很容易纠正进度偏差

2. 虽然成本估算与成本预算的目的和任务都不同，但两者共同的依据是（　　）。

A．历史资料　　B．项目范围说明书

C．工作分解结构　　D．资源计划

3. 若已知 BCWS=220 元、BCWP=200 元、ACWP=250 元，则此项目的 CPI 和项目的成本绩效是（　　）。

A．0.2，实际成本与计划一致　　B．0.8，实际成本比计划成本低

C．0.8，实际成本超过计划成本　　D．1.2，实际成本比计划成本低

4. 若已知 BCWS=220 元、BCWP=200 元、ACWP=250 元。如果根据偏差分析法，则此项目的 SV 和项目状态是（　　）。

A．20 元，项目提前完成　　B．−20 元，项目比原计划滞后

C．−30 元，项目提前完成　　D．800 元，项目按时完成

5. 一种在不同项目阶段用于测量和监督项目成本实施情况的预算被称为（　　）。

A．工作分解结构　　B．项目进度

C．成本基准　　D．成本预算

6. 若已知 BCWS=220 元、BCWP=200 元、ACWP=250 元，则此项目的 CV 是（　　）元。

A．30　　B．50　　C．−30　　D．−50

7. 挣值分析法不能对（　　）进行控制。

A．项目范围　　B．项目进度

C．项目成本费用　　D．项目团队

二、多选题

1. 如果进度偏差与成本偏差是一样的，两者都大于 0，那么下列表述错误的有（　　）。

A．项目实际成本比计划低　　B．项目成本超支

C．项目进度滞后　　D．项目进度比计划提前

2. 编制项目预算的直接依据有（　　）。

A．费用估算　　B．资源计划　　C．工作分解结构　　D．项目进度计划

3. 下列关于参数建模法表述正确的有（　　）。

A．考虑了所有对成本影响的因素

B．用来建模的所参考的历史数据应该是很准确的

C．用来建模的参数容易进行定量化处理

D．模型对大型项目适用，经过略微调整后也对小型项目适用

4．如果项目制定更加详细的决策，就会导致增加项目的决策成本，但是也会减少项目的实施成本，在下列情况下制定更加详细的决策是可行的有（　　）。

A．增加的决策成本是 1000 元，但是减少项目的实施成本为 1200 元

B．增加的决策成本是 900 元，但是减少项目的实施成本为 800 元

C．增加的决策成本是 500 元，但是减少项目的实施成本为 600 元

D．增加的决策成本是 2000 元，但是减少项目的实施成本为 1800 元

5．在影响项目成本的因素中，下列表述正确有（　　）。

A．延长项目的工期会减少项目的成本

B．项目质量的要求越高，则项目的成本就会越高

C．项目完成的活动越复杂，则项目的成本就会越高

D．在项目所耗资源的数量和单价两个要素中，资源的数量对项目成本的影响较大

三、判断题

1．项目的成本包括人工成本、设备成本、材料成本、服务成本等。（　　）

2．可以无限使用的资源对项目成本的影响不是很大，所以对这类资源不用进行严格的跟踪管理。（　　）

3．在项目成本决策时，既要考虑制订更加精细的计划所增加的成本，也要考虑这样会减少的以后实施成本。（　　）

4．项目成本估算是项目成本预算的基础。（　　）

5．缩短项目的工作时间，往往以减少项目的成本为代价。（　　）

6．执行组织的全部管理费用应计入项目成本。（　　）

7．当一个项目按合同进行时，成本估算和报价的意思是一样的。（　　）

四、计算题

某公路修建项目，预算单价为 550 元 / 米。计划用 30 天完成，每天 150m。开工后 5 天测量，已完成 500m，实际付给承包商 35 万元。计算：

（1）费用偏差（CV）和进度偏差（SV）是多少？说明了什么？

（2）进度执行指数（SPI）和成本执行指数（CPI）是多少？说明了什么？

五、简答题

1．项目成本由哪几部分构成？

2．什么是成本预算？成本预算的作用是什么？它有什么特性？

3．成本预算计划如何编制？有哪些基本编制方法？

4．如何应用挣值分析法来控制项目的成本和进度？

5．项目成本控制有哪些方法？

六、案例分析题

邯钢 —— 项目成本逆向分解法

对邯钢而言，要挤出利润，首先需要确定合理先进、效益最佳化的单位产品目标成本。总厂分别对各生产单元下达了目标成本，对三轧钢分厂下达了吨材 1329 元的不赔钱成本指

标。三轧钢分厂面临着每吨成本高达 1649 元，而市场价只能卖到 l600 元，每吨亏损 49 元的情况。面对这一指标，分厂领导班子既感到有压力，又提不出完不成的理由。因为这既是从市场“倒推”出来的，又是由自己的历史水平和比照先进水平测算出来的，再下调就意味着邯钢要出现亏损。这样压力就变成了动力。面对新的成本目标，三轧钢分厂只能扎实工作，努力实现。

三轧钢分厂组成专门班子，将工段进行层层分解，将总厂下达的新成本，用“倒推”的办法，测算出各项费用在吨钢成本中的最高限额。比如各种燃料消耗、各项费用指标等，大到 840 多元（时价）1 吨的铁水，小到仅 0.03 元的印刷费、邮寄费，横向分解落实到科室，纵向分解落实到式段、班组和个人，层层签订承包协议，并与奖惩挂钩，使责、权、利相统一，使每个单位、每个职工的工作都与市场挂钩，经受市场的考验，使全厂形成纵横交错的目标成本管理体系。

三轧钢分厂为促使项目成本逆向分解法的高效运转，采用严格的奖惩机制。如三轧钢分厂制造成本低于目标成本，即形成成本降低额，作为计奖或不“否决”奖金的依据。在保证基本收入前提下，提升奖金在整个收入中的比例，奖金约占工资的 40% ～ 50%；设立市场核算效益奖，按年度成本降低总额的 5% ～ 10% 和超创目标利润的 3% ～ 5% 提取。结果，三轧钢分厂拼搏一年，不仅圆满实现了目标，而且扭亏为盈。

1．请谈谈邯钢实施项目成本逆向分解法的目的。

2．三轧钢分厂是如何实施新成本“倒推”办法，并实现扭亏为盈的？

3．如何实现项目成本逆向分解法的高效运转？其成效如何？

Chapter Seven

第七章

项目质量管理

知识学习目标：

- 理解项目质量管理的含义和主要内容
- 理解项目质量规划、项目实施质量保证、项目实施质量控制的依据
- 掌握项目质量规划、项目实施质量保证、项目实施质量控制的工具与方法
- 理解项目质量规划、项目实施质量保证、项目实施质量控制的结果

技能训练目标：

- 能够应用 QC 七大方法
- 能够编制项目质量管理计划

第一节　项目质量管理概述

一、项目质量管理的含义

项目质量是指项目管理、项目成果，以及项目产品或服务的质量，即项目的可交付成果能够满足客户需求的程度。为了满足客户需求，保证客户对项目结果满意，必须确定项目质量方针、目标和职责，并在质量体系中通过质量策划、质量控制、质量保证和质量改进等手段实现使其实施全部管理职能的所有活动。

项目质量管理就是要通过项目组织的质量战略计划、资源分配和其他系统性活动，对所有的质量要素进行严格的控制，并对这些控制活动从技术上和管理上进行系统有效的计划、组织、协调、审核和检查，最终满足客户对项目的质量要求。

项目质量管理的概念与质量管理的概念有许多相同之处，也有不同之处，不同之处是由项目的一次性、独特性等特性所决定的。质量管理是针对日常运作所进行的活动，日常运作是重复做某件事情并进行监控即可，但在项目中，由于只有一次做好的机会，不可能从结果中检验控制质量，因此必须在项目的早期强调质量保证和质量控制。

二、项目质量管理的主要内容

项目质量管理包括三个主要内容：项目质量规划、项目质量保证、项目质量控制，如图 7-1 所示。项目质量规划就是在项目生命周期内持续使用质量计划、质量控制、质量保证。项目质量管理通过实施质量保证和质量改进等措施来落实方针的执行，确保质量目标的实现。项目质量控制能够最大限度地使客户满意。

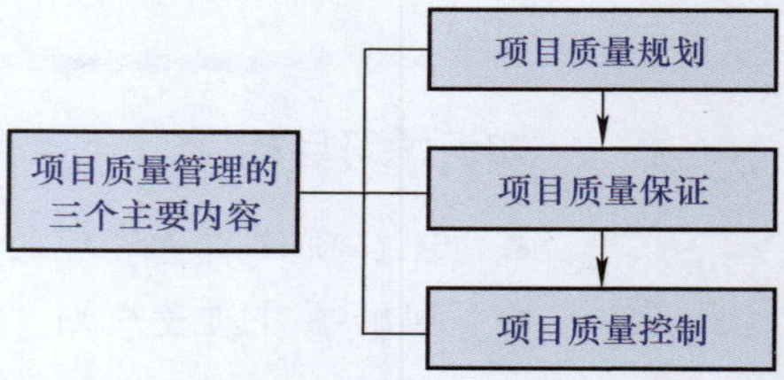

图 7-1　项目质量管理的三个主要内容

第二节　项目质量规划

项目质量规划是项目管理计划的一部分，是一种确定项目所要达到的质量标准，以及如何达到该质量标准的计划安排，也是对特定的项目、产品、过程或合同，规定由谁及何时应使用哪些程序和相关资源的文件。项目经理在项目启动时，就应该编制一份项目质量规划，确定每个独特项目活动的相关质量标准、有关规定和可能影响产品质量的技术要点，找出能够确保高效满足相关规定、标准的过程及方法，一并纳入项目的产品和管理项目所涉及的过程之中，保证项目的质量。

制定项目质量规划的目的在于识别组织内部和外部的所有客户，使组织能够对不断变化的客户需求做出反应，日常程序工作正常，并且可以满足质量目标。确保在项目计划期内按时完成项目。

项目质量规划的主要工作如图 7-2 所示。

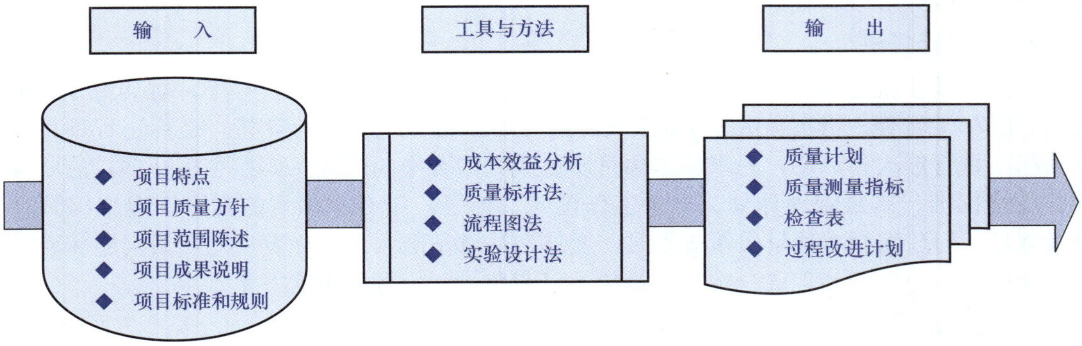

图 7-2　项目质量规划的主要工作

一、项目质量规划的输入：依据

1. 项目特点

不同类型、不同规模、不同特点的项目，其质量目标、质量管理运行过程及需要的资源各不相同，因此应针对项目的具体情况进行质量规划。

2. 项目质量方针

项目质量方针反映了项目总的质量宗旨和质量方向，提供了质量目标制定的框架，是项目质量规划的基础之一。它主要包括三个部分：项目设计的质量方针、项目实施的质量方针和项目完工交付的质量方针。项目团队应将此方针通知所有的项目当事人。

3. 项目范围陈述

项目范围陈述用来说明项目所有者的需要、项目的主要成果和项目的目标，是质量规划的关键依据。

4. 项目成果说明

对范围说明书中的项目成果进一步说明，通常包含更加详细的技术要求，以及可能影响质量规划的其他问题的细节。这是项目质量规划的必要依据。

5. 项目标准和规则

通过标准、规范、规程等，明确相关项目相应的质量要求，同时必须考虑对该项目可能产生影响的任何应用领域的专用标准和规范。

二、项目质量规划的工具与方法

项目质量规划的工具与方法主要有成本收益分析、质量标杆法、流程图法和实验设计法等。

1. 成本效益分析

在编制项目质量规划时，必须考虑项目质量成本与项目质量收益的平衡。为了取得较好的经济效益，需采用成本效益分析法，即一种将项目所涉及的全部成本和收益系统地进行权衡的过程。

一般来说，效益的表达式如下：

$$经济效益 = 收益 - 成本$$

由以上可知，如果经济效益 >0，即收益 > 成本时，该方案才具有可行性，项目投资的总经济效益或经济效率较好。

2. 质量标杆法

质量标杆法就是以领先组织或优秀项目为标准或参考，通过资料收集，对其进行分析、比较、跟踪学习等，将实际进行中或计划之中的项目做法与其进行比较，之后进行项目质量规划和质量管理改善活动，力求使本项目质量成为同类中的最优。如参照标杆项目的质量方针、质量标准、质量管理计划、质量工作说明文件等，结合本项目的实际情况来编制项目质量规划。但在编制本项目质量规划时，要特别注意基准项目实际发生的质量问题和教训，制订详细的应急计划和采取一定防范措施，以避免类似问题的再次发生。

3. 流程图法

流程图法由若干因素和箭线相连的因素关系图组成，表明了项目的工作流程及各活动之间的相互关系。其主要用于质量管理运行过程策划。它有助于明确项目质量管理的责任，有助于找出可能产生质量问题的工作环节及解决质量问题的对策。最常用的流程图有因果图（又称石川图或鱼骨图），详见本章第四节中的介绍。

4. 实验设计法

实验设计法是可用来找出对项目结果影响最大因素的一种分析方法。例如，计算资深工程师与青年技术人员不同组合方案下项目的成本和工期，常常可以从原先做过的项目的实例中确定出最优的解决方案。

三、项目质量规划的输出：成果

1. 质量计划

质量计划是质量规划的最重要结果之一，主要描述项目管理组应如何实施质量方针，是对特定的项目、产品、过程或合同，规定由谁及何时使用哪些程序和相关资源的文件。例如，在项目开始时，应从总体考虑编制一个保证项目质量的质量管理计划。随着项目的进展，编制相应各阶段较详细的质量计划，如项目操作规范。

质量计划是由一系列文件组成的。其主要内容有：项目总质量目标和具体目标；使用流程图等形式展示质量管理流程和各项活动；在项目的各个不同阶段，具体分配职责、权限和资源；项目实施中书面程序和指导书；对设计输入、设计输出、技术接口、设计评审和验证更改等环节进行质量控制程序文件；有关阶段试验、检查、检验和评审大纲；更新检验技术、研究新的工艺方法和设备、用户的监督、验证；对质量记录、培训、服务等的要求。

2. 质量测量指标

项目管理团队必须在质量保证过程和质量控制过程都用质量测量指标进行度量，从而达到测量某些可交付成果的目的。

3. 检查表

检查表是指用来核实项目质量规划的一系列表格，是用于对项目执行情况进行分析的工具。详见本章第四节中的介绍。

4. 过程改进计划

过程改进计划是项目管理规划的从属内容。它将详细说明过程分析的具体步骤，以便于确定浪费和非增值活动。

第三节　项目质量保证

一、项目质量保证概述

项目质量保证是为了提供信用，证明项目将会达到有关质量标准，通过经常性地对项目质量计划的执行情况进行评估、核查和改进的系统实施过程，以防缺陷的发生而提前采取措施，确保项目质量计划的顺利实施，使项目质量能够满足客户的要求。

项目质量保证应向项目团队、客户和其他项目干系人提供质量保证，其主要内容在于制定科学、合理、可行的质量标准；建立项目质量保证体系；定期评价总体项目执行情况，并开展有计划的质量改进活动，以确保各项质量要求达到预期的目标。

项目质量保证的主要工作如图 7-3 所示。

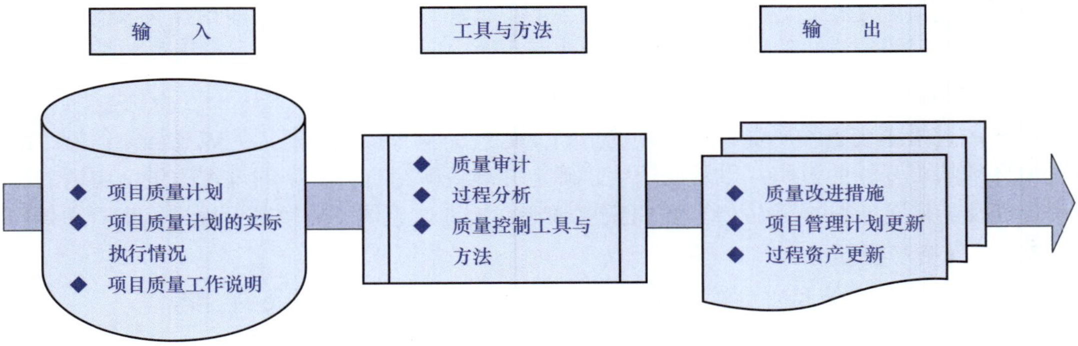

图 7-3　项目质量保证的主要工作

二、项目质量保证的输入：依据

1. 项目质量计划

项目的质量计划是用来保证项目产品或者结果符合范围的规范和需求，是有关项目质量保证工作的目标、任务和要求的说明文件。

2. 项目质量计划的实际执行情况

项目质量计划的实际执行情况提供了实际质量情况和相应的事实分析与评价报告，这也是项目质量保证工作的依据。

3. 项目质量工作说明

项目质量工作说明是指对于项目质量管理具体工作的描述，以及对于项目质量保证与控制方法的说明。这同样是项目质量保证工作的具体依据。

三、项目质量保证的工具与方法

编制项目质量规划所采用的工具与方法在项目质量保证中同样适用。除此以外，项目质量保证还可以采用质量审计、过程分析、质量控制工具与方法等。

1. 质量审计

质量审计是用于项目质量保证的一种结构化审核方法。质量审计能够找出可改进项目质量的问题，从而开展项目质量的改善与提高。质量审计可以是有进度计划的，也可以是随机的，可以由训练有素的内部审计人员进行，也可以由第三方（如 ISO 9000 认证中心）进行，然后将结果通知项目组织，以便开展项目质量的持续改进和提高工作。

2．过程分析

过程分析是指按照过程改进计划中列明的步骤，从组织和技术角度识别所需的改进，对遇到的问题、约束条件和无价值活动进行检查。过程分析包括根源分析，即分析问题或情况，确定促成该问题或情况产生的根本原因，并为类似问题制定纠正措施。

3．质量控制工具与方法

参考本章第四节的内容。

四、项目质量保证的输出：成果

1．质量改进措施

质量改进措施是指在进行质量保证活动（如审计和分析过程）后立即推荐采取的措施，从而提高实施组织的质量政策、过程和程序的效率和效力，会为所有项目利益相关者带来增值。

2．项目管理计划更新

质量改进措施会引发质量管理计划的更新。这些更新包括纳入已经完成过程，但持续改进时其循环须从头开始的过程，以及已识别、确定并准备就绪有待实施的过程改进。申请的项目管理计划及其从属计划的变更（修改、增添或删除），通过整体变更控制过程进行审查和处理。

3．过程资产更新

上述质量改进措施和质量管理计划更新，都将构成过程资产的更新内容。

第四节　项目质量控制

一、项目质量控制概述

项目质量控制是在项目的实施过程中，对项目质量的实际情况进行监督。它是质量管理的一部分，致力于使产品满足质量要求。项目质量控制的目的就是确保项目质量能满足有关方所提出的质量要求（如适用性、可靠性、安全性等）。项目质量控制的范围涉及项目质量形成全过程的各个环节。项目质量控制应贯彻预防为主与检验把关相结合的原则，在项目形成的每一个阶段和环节，都应对影响工作质量的人员、机器、材料、方法等因素进行控制，以便及时发现问题，使问题在早期得到解决，减少经济损失。

项目质量控制主要有七个步骤，如图 7-4 所示。

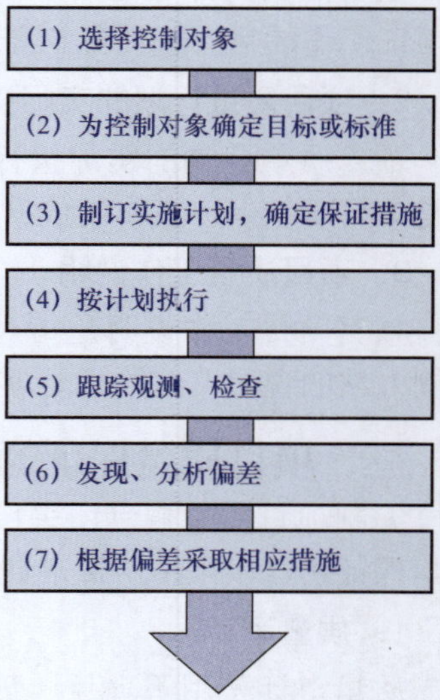

图 7-4　项目质量控制的七个步骤

上述步骤可归纳为项目质量控制的四个阶段：P（Plan）计划、D（Do）执行、C（Check）检查和 A（Action）处理。这四个阶段循环往复，是一种持续改进的方法，也称 PDCA 循环。

项目质量控制的主要工作如图 7-5 所示。

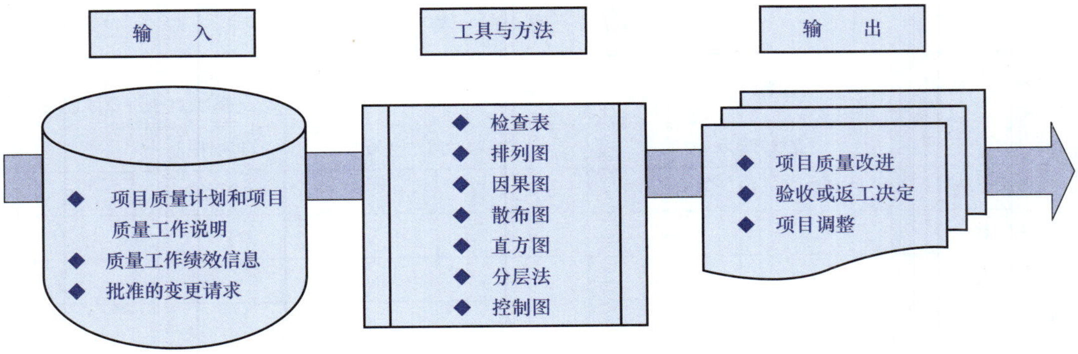

图 7-5　项目质量控制的主要工作

二、项目质量控制输入：依据

1. 项目质量计划和项目质量工作说明

项目质量计划明确了项目质量的最终要求。项目质量工作说明可以把项目质量的最终要求转变成项目质量控制的具体标准和参数。

2. 质量工作绩效信息

质量工作绩效信息反映了项目质量计划的实际执行情况，是项目质量控制最基本的依据。其包括技术性能值、项目可交付成果状态、需要的纠正措施、绩效报告，可用于质量审计、质量审查和过程分析等。

3. 批准的变更请求

批准的变更请求不仅需要对工作方法和进度计划等进行修订，而且需要对审定变更的正确及时绩效进行验证。

三、项目质量控制的工具与方法

在进行质量控制时，可采用的工具与方法有很多，主要是质量控制（Quality Control，QC）七大方法：检查表、排列图、因果图、散布图、直方图、分层法、控制图。这七大方法可以解决 95% 的项目现场质量问题，这七大方法在后来的品管圈（Quality Control Circle，QCC）活动中及其他现场质量改善活动中发挥了巨大作用。

1. 检查表

（1）检查表的定义。为了便于收集数据，使用简单易于理解的表格或图形，以便工作者做进一步分析或作为核对、检查、记录结果及状况，并加以统计整理数据，即称为检查表。

（2）检查表的应用。

1）利用检查表最容易取得有效数据。

2）可以用于自主检查时，验收时效。

3）可利用检查表建立工作中的标准表格文件。

4）可借用检查表培养自主检查的习惯。

（3）检查表的应用实例。检查表的应用实例见表 7-1。

表 7-1　检　查　表

班组：冲压班	件名：冲压件		件号：CGS171		起始时间 6 月 21 日—6 月 25 日	
检查人：×××	查检方式：全检		查检时间：全天		查检符合	√
不合格项	6 月 21 日	6 月 22 日	6 月 23 日	6 月 24 日	6 月 25 日	总计
弯曲	√ √	√	√ √ √	√	√ √ √	10
毛刺	√	√ √ √	√	√ √	√	8
起皱	√ √	√	√ √ √	√		7
划伤	√	√ √ √	√ √	√	√	8
曝漆	√	√ √			√	4
脏污	√ √ √	√	√	√ √	√	8
裂纹	√			√		2
合计	11	11	10	8	7	47
查检数	81	63	85	57	55	341

2. 排列图

（1）排列图的定义。排列图也称为重点管理图、ABC 图、主次分析图、帕累托图，最早是由意大利经济学家维尔弗雷多·帕累托（Vilfredo Pareto）提出的。排列图主要用于确定处理问题的顺序，其科学基础是“80/20 法则”，即 80% 的问题是 20% 的原因所造成的。它将影响项目质量的各种因素，按照出现的频数，从大到小的顺序排列在横坐标上，在纵坐标上标出因素出现的累计频数，并画出对应的变化曲线。在项目风险监控中，排列图可用于着重解决对项目有重大影响的风险、性能降低等问题，通过排列次序把它们突出表现出来，从而及时明确解决问题的途径和措施并首先加以解决的方法。

（2）排列图的应用。

1）可以决定改进目标，找出问题点，任何问题均可用排列图分析。

2）可作为降低不良、缺点、费用等的依据。

3）要符合管理上“80/20 原则”，针对占 80% 的重点项目采取措施。

4）在效果确认时，可采用排列图做改进前后的比较，评估改进效果。

5）用于整理书面报告或记录，使报告、记录一目了然。

6）可与因果图配合使用，使因果关系更明确。

（3）排列图的应用实例。排列图的绘制方法和实际应用如图 7-6 所示。

3. 因果图

（1）因果图的定义。因果图是借着许多人共同讨论，采用脑力激荡的方法，把某项、某类项目风险特性设定为待分析的主题，找出影响此主题结果的各种可能要因，然后将其中的要因列为次主题，再次讨论分析出原因，加以归类和分解，直至完全掌握该事物的因果关系。在分析过程中，所画的图看上去同一鱼骨，问题或缺陷（即后果）标在“鱼头”处，在鱼骨上长出鱼刺，上面按出现机会多少列出产生问题的可能原因，有助于说明各个原因是如何影响后果的，因此称为因果图、鱼骨图或特性要因图，此图为日本石川馨博士所发明，故又称石川图。

因果图的结构由特性、要因和枝干三部分组成。特性是期望对其改善或进行控制的某些项目属性，如时间、成本、质量等；要因是对特性施加影响的主要因素；枝干是因果分析图中的联系环节。把全部要因同特性连接起来的是主干，把个别要因同主干、各个要因连接起来的称为大枝、中枝、小枝和细枝。因果图的绘制方法，如图 7-7 所示。

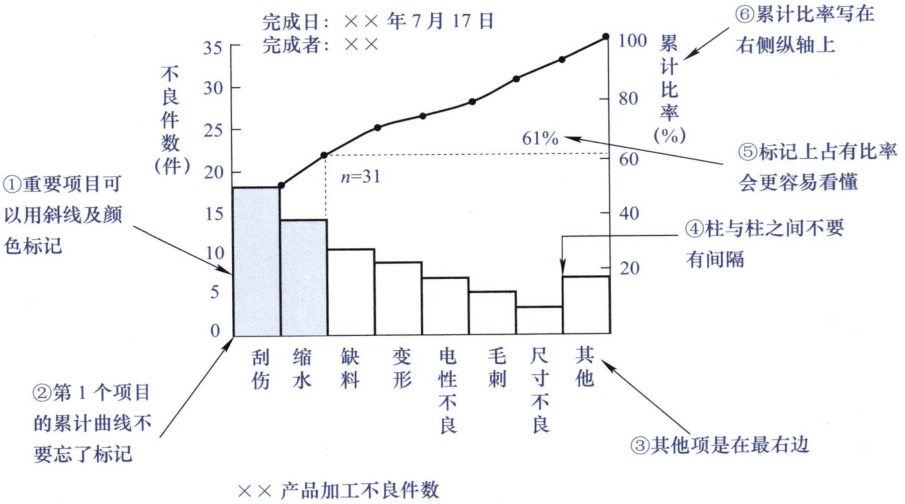

图 7-6　排列图的绘制方法和实际应用

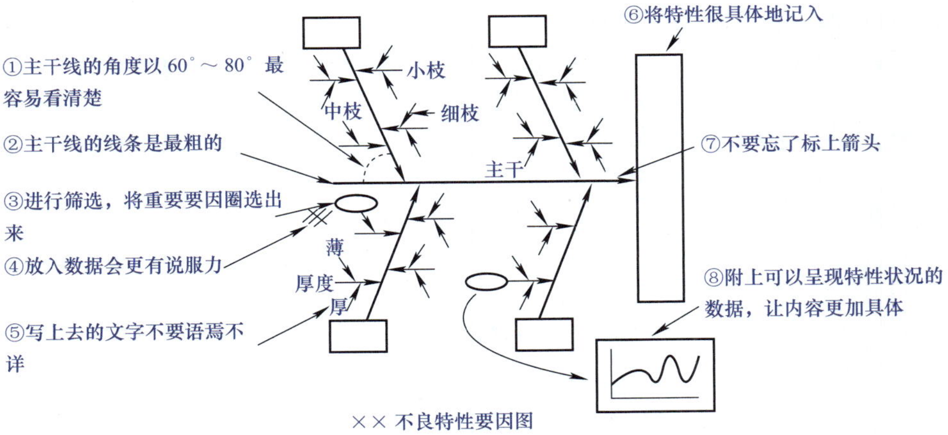

图 7-7　因果图的绘制方法

（2）因果图的应用。

1）与其他方法如检查表、排列图、直方图配合使用，能达到双重效果。

2）可应用在 5W（连问 5 次为什么）的源流管理训练与脑力激荡训练。

（3）因果图的应用实例。因果图的实际应用（生产计算机用 5 英寸硅片时发现生产率一直偏低，直接影响了公司的效率，从人员、机器、材料、方法、环境 5 大方面所展开因果图）如图 7-8 所示。

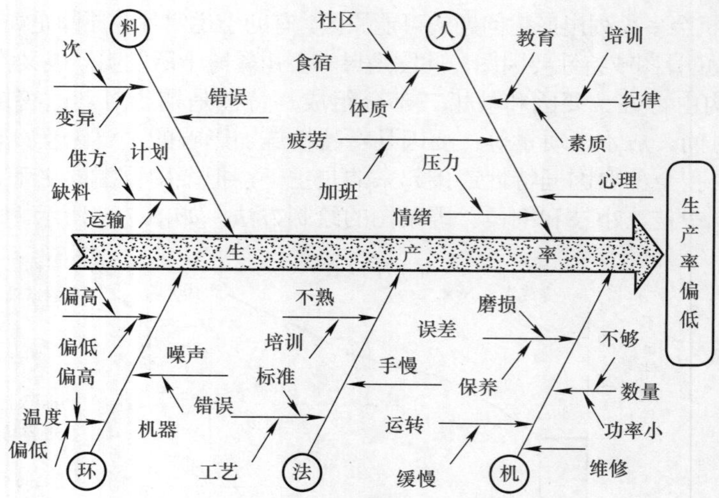

图 7-8　因果图的实际应用

4．散布图

（1）散布图的定义。散布图又叫相关图，是用来表示对应的变量与变量之间相互影响与相互作用范围的图表。这些变量之间往往存在着某种关系，或相互关联、制约，或在一定条件下可以转化。散布图多用来检查因果图中的特性结果及要因（原因）的关系，也可用来表示特性与特性之间的关系，目的是总结其变化规律进而采取措施实施管理。

（2）散布图的应用。

1）可以用来发现两组相关数据之间的关系，并确认两组相关数据之间预期的关系。

2）可以分析两组相关数据之间的关系，主要是确认其相关性质，即正相关或负相关；相关程度，即强相关或弱相关。点子云的形态可以反映出相关的性质和程度。

3）两个随机变量的关系可能有函数关系、相关关系和不相关三种状态。其中函数关系可以看作强相关的强度达到极限程度时的状态，故称为完全相关。当弱相关的程度达到极限时即为不相关。常见散布图的代表图形如图 7-9 所示。

4）对散布图可以进行定性分析，也可以进行定量分析。

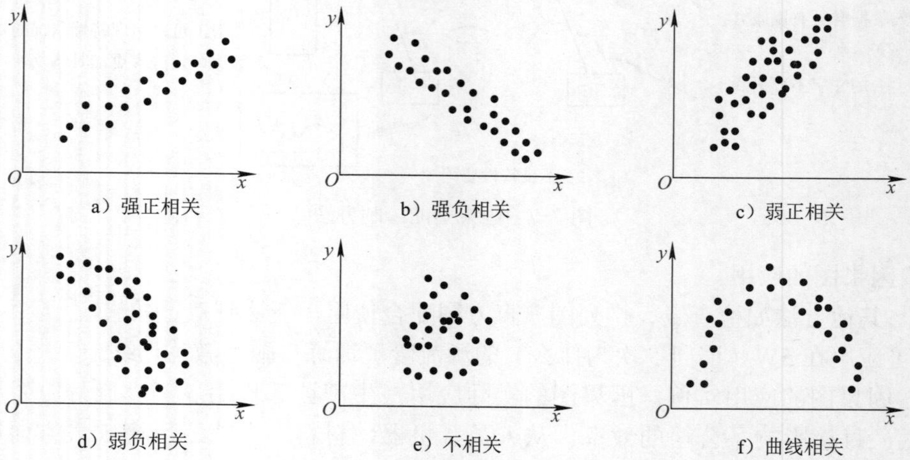

图 7-9　常见散布图的代表图形

（3）散布图的应用实例。如图 7-10 的分布情形所示，当电视机的使用年限越长，其画面清晰度也就越低。也就是说，电视机的清晰度与使用年限是有关系的。这种关系称为相关。而要检视此种相互关系，散布图是很有效的工具。

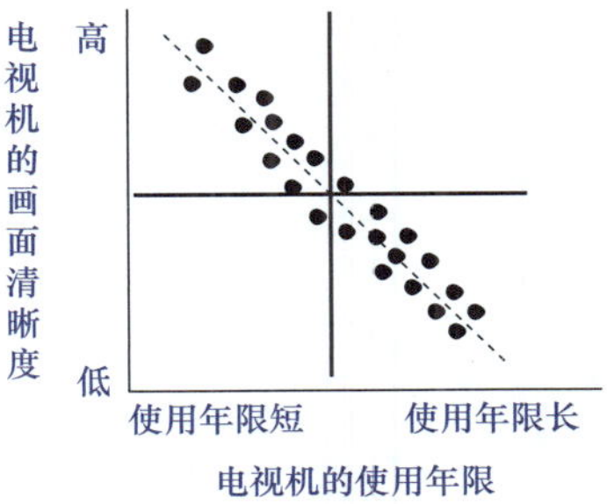

图 7-10　电视机的画面质量与使用年限的散布图

5．直方图

（1）直方图的定义。将所收集到的数据加以分组，沿着横轴以各组组界为分界，组距为底边，以各组出现的频次为高度，在每一组组距上画出一个矩形，依此画成的图形称为直方图。

（2）直方图的类型。直方图的常见类型如图 7-11 所示。

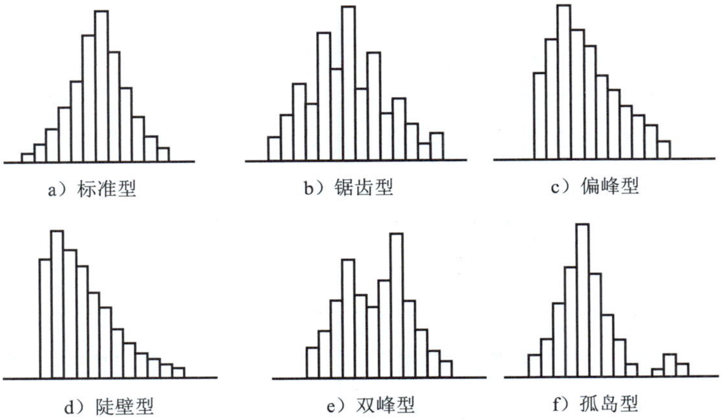

图 7-11　直方图的常见类型

1）标准型：左右对称，这是正常情况下的形状。

2）锯齿型：数据分组过多，或测量读数错误。

3）偏峰型：产品尺寸由于单侧公差，对操作者心理产生影响。

4）陡壁型：工序能力不足，进行了全数检验后的形状。

5）双峰型：均值相差较大的两种分布混在一起。

6）孤岛型：数据中混有另一分布的少量数据。

直方图与公差的比较。在加工零件时，有公差规定，将公差用两条线在直方图上表示出来，并与直方图的分布进行比较。图 7-12 所示的是四种典型情况。在评价总体时，可予以参考。

在图 7-12a）中，现在的状况不需要调整，因为直方图充分满足公差要求；b）直方图能满足公差要求，但不充分，这种情况下，最好少量减少波动；c）必须采取措施，使平均值接近公差中心；d）要求采取措施，以减少变差（波动）。

（3）直方图的应用实例。通过对直方图的观察分析，揭示质量状况，判断生产过程的稳定性，并根据具体情况采取积极的措施。

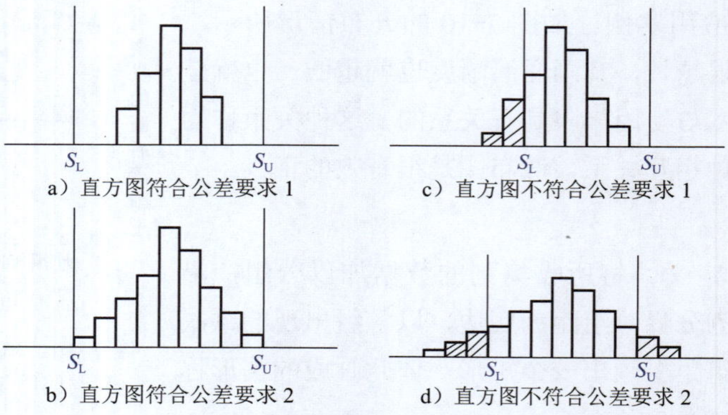

图 7-12　直方图与公差之间的关系

例 7-1

某车床加工制作直径（26.00+0.35）毫米的轴，试绘制该工序加工的频率直方图。

收集数据。从工序生产的零件中随机抽取几个样本检测（一般 n 取 50、100、200）。本例 n=50，测量结果见表 7-2。

表 7-2　数据表　　（单位：毫米）

测定值	33	35	32	44	18	33	27	13	33	20
	23	28	28	19	22	25	25	28	30	30
	36	22	21	21	29	34	25	18	48	34
	32	33	40	5	24	33	20	16	27	24
	35	38	26	23	39	17	28	25	37	11
L_a	48									
S_m	5									

1）分组。一般凭经验确定组数 K，本例 K=7。数据分组经验数值见表 7-3。

表 7-3　数据分组经验数值

样本的数量	适当的组数（K）	一般使用的组数（K）
50 ～ 100	6 ～ 8	10
100 ～ 250	7 ～ 12	
250 以上	10 ～ 20	

2）确定组距 h，即组与组之间的间距。

$$h=（L_a-S_m）/（K-1）$$

式中，L_a 是收集数据中的最大值；S_m 是收集数据中的最小值。在本例中，h=（48-5）/6=7.2 毫米 ≈7 毫米。

3）计算第一组的上、下界限值。

$$S_m \pm h/2=5 \pm 7/2 \text{ 毫米} =5 \pm 3.5 \text{ 毫米}$$

即 8.5 毫米或 1.5 毫米。

4）计算其余各组的上下界限值。第一组的上界限值就是第二组的下界限值，第二组的下界限值加上组距就是第二组的上界限值，其余依此类推。

5）计算各组的中心值 X_i。

$$X_i=（某组下界限值+某组上界限值）/2$$

6）统计各组内所含的频数 f_i，频数分布见表 7-4。

表 7-4　频数分布表

组　号	下/上界限值（毫米）	中心值 X_i（毫米）	频数记录	频数 f_i	u_i	f_iu_i	$f_iu_i^2$
1	1.5/8.5	5	1	1	–3	–3	9
2	8.5/15.5	12	2	2	–2	–4	8
3	15.5/22.5	19	11	11	–1	–11	11
4	22.5/29.5	26	16	16	0	0	0
5	29.5/36.5	33	14	14	1	14	14
6	36.5/43.5	40	4	4	2	8	16
7	43.5/50.5	47	2	2	3	6	18
	—	—	—	$\sum f_i=50$	—	$\sum f_iu_i=10$	$\sum f_iu_i^2=76$

7）计算平均值 $\overline{X}$。

$$\overline{X}=a+h（\sum f_iu_i）/\sum f_i=36.64（毫米）$$

式中，u_i 为各组简化中心值，计算公式为

$$u_i=\frac{X_i-X_{频数最高组}}{h}$$

8）计算标准偏差。

$$S=h\sqrt{\sum fu_i^2/\sum f_i-(\sum f_iu_i/\sum f_i)^2}=8.52（毫米）$$

9）画直方图。

以纵坐标为频数，横坐标为组距，画出一系列矩形即为频数直方图，如图 7-13 所示。

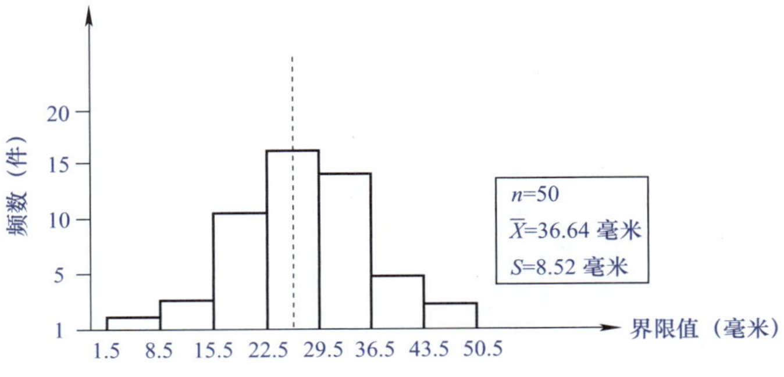

图 7-13　频数直方图

6. 分层法

（1）分层法的定义。分层法又叫分类法、分组法或层别法等。它是将性质相同的或可在同一条件下收集的数据归纳在一起，按相互关系进行分组，加以层别，以便进行比较分析的方法。分层法是一种最基本的质量管理方法，它经常和其他方法联合在一起使用。

（2）分层法的应用。

1）在收集数据或使用检查表时，必须先分层别才有意义，才能做进一步解析，才能获取更多信息。

2）分层法无固定的图形，必须和其他 QC 方法结合应用，如因果图、排列图、图表、直方图等，才能发挥作用。

（3）分层法的实例。某厂 8 月 19 日成品抽验不良分层，见表 7-5。

表 7-5　某厂 8 月 19 日成品抽验不良分层表

产品代号：MG-11　日期：8 月 19 日 本日产量：2.2 万只			
不良项	时　间		
	13:00	14:00	15:00
弯曲	4	5	4
毛刺	5	8	6
起皱	11	6	5
划伤	15	6	3
曝漆	1	0	2
脏污	2	1	1
小计	**38**	**26**	**21**

7. 控制图

（1）控制图的定义。控制图又称管理图，它是用来区分是由异常原因波动，还是由过程固有的原因引起的正常波动的一种有效的工具。它利用数理统计的基本原理，通过收集的有效数据建立控制图的控制界限，对引起品质变化的原因进行判断和管理，使生产处于稳定状态的一种时间序列图。由于它是美国人沃特•休哈特（Walter•Shewart）于 1924 年创立的，故也有人称之为“休哈特图”。

（2）控制图的原理。

1）正态分布的重要结论。通过对正态分布各相关范围内的概率计算，得到如图 7-14 所示的重要结论。

① 在 $\mu\pm\sigma$ 范围内的概率值为 68.26%；

② 在 $\mu\pm2\sigma$ 范围内的概率值为 95.45%；

③ 在 $\mu\pm3\sigma$ 范围内的概率值为 99.73%；

④ 在 $\mu\pm4\sigma$ 范围内的概率值为 99.99%。

2）控制图的设计原则。

① 3σ 原则，以 $\mu\pm3\sigma$ 设计控制图的控制界线，受控概率达 99.73%，同时还体现在 $\mu\pm3\sigma$

为控制界限时，是最经济的原则。

② 控制图以典型分布的分布中心 **μ** 为控制中心线，符号为 CL（Control Limit），如采样的平均值、极差平均值。

③ 控制图以典型分布的 **μ+3σ** 为控制上限，符号为 UCL（Upper Control Limit）。

④ 控制图以典型分布的 **μ–3σ** 为控制下限，符号为 LCL（Lowel Control Limit ）。

⑤ 在控制图中加入 **μ±σ**、**μ±2σ** 4 条线，将控制图划分为 6 个区域，以利于控制图的分析。控制图的基本图形如图 7–15 所示。

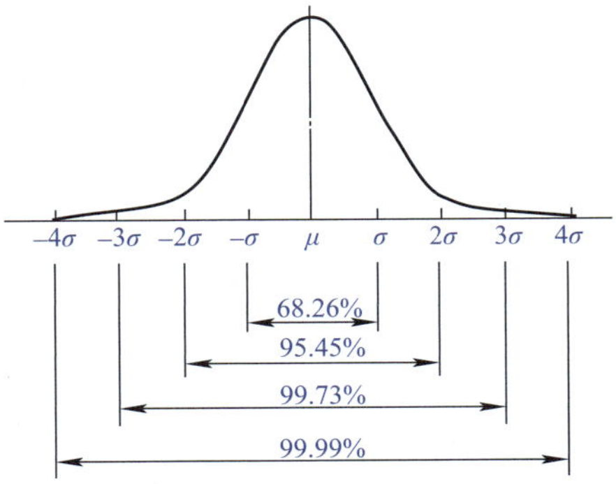

图 7–14　正态分布重要结论

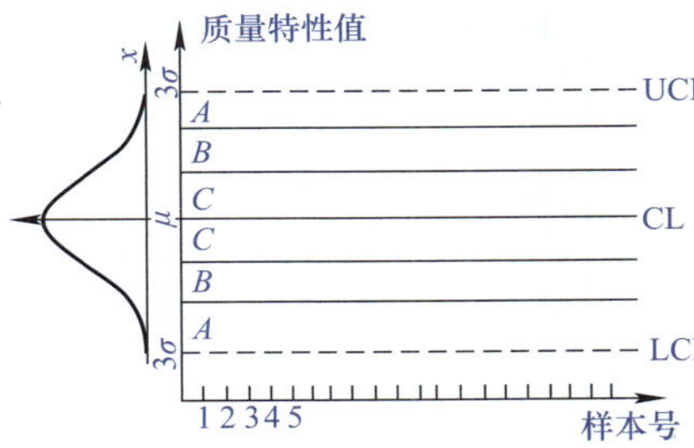

图 7–15　控制图的基本图形

（3）常用的控制图。

1）常用的控制图的种类见表 7–6。

表 7–6　常用的控制图的种类

数　据		布　分	控制图名称	代　号	备　注
计量值		正态分布	平均值—极差控制图	$\overline{X}$—R	适用范围广，灵敏度高，如用尺寸、重量、强度、纯度、收缩率等项目来管理品质时
			平均值—标准偏差控制图	$\overline{X}$—S	作用与$\overline{X}$—R 相同，但采样数据 n>10 或 12 时用 S 图代替 R 图
			中位值—极差控制图	$\overline{X}$—R	作用与$\overline{X}$—R 相同，用于简便判断，数据直接记入控制图，但精度不甚理想
			单值—移动极差控制图	$\overline{X}$—RS	作用与$\overline{X}$—R 相同，采样数据均匀，多抽样也无太大意义，但精度不甚理想
计数值	计件值	二项分布	不合格品率控制图	P	当需要通过不良率、合格率、报废率、交货延迟率等来管理品质时
			不合格品数控制图	P_n	当需要通过不良件数来管理品质时
	计点值	泊松分布	缺陷数控制图	C	从预先确定的单位中统计所有的不良件数，并以此来管理品质时
			单位缺陷数控制图	U	从非固定的试料中统计发生的不良件数，并以此来管理品质时

计量值是指质量特性值可以测取确定范围内的任何一个可能的数值，即数值的梯度变化可以被连续测取的数值，如压力、温度、几何尺寸等数值。

计数值是指数值的梯度变化不能以连续方式测量，而只能以个数或百分率来表示的数值。计数值可进一步分为计件值和计点值。计件值是指产品进行按件检查时所产生的属性，如一批产品中的合格数、不良品数等；计点值是指每件产品中品质缺陷的个数，如外观瑕疵点数、功能失效项目数等。

2）各种符号含义。

①n：采样数量大小，也可指数据量。

②k：采样的组数。

③X：采样的单位或单位特性值。每一个数值分别用X_1、X_2、…、X_n来表示。

④$\overline{X}$：采样的平均值。

$$\overline{X}=\frac{X_1+X_2+\cdots+X_n}{n}$$

⑤$\overline{\overline{X}}$：采样的总平均值。

$$\overline{\overline{X}}=\frac{X_{\bar{1}}+X_{\bar{2}}+\cdots+X_{\bar{n}}}{n}$$

⑥R：极差。一组采样数据中最大值与最小值的差。

⑦$\overline{R}$：R的平均值，也称极差平均值。计算方法同④。

⑧P：不良率。

P= 采样中的不良数 / 采样总数。

⑨P_n：不良个数，表示采样中的不良数。

⑩S：采样的标准偏差。标准偏差有时称标准差或称方差。

$$S=\sqrt{\frac{\left(X_1-\overline{X}\right)^2+\left(X_2-\overline{X}\right)^2+\cdots+\left(X_n-\overline{X}\right)^2}{n-1}}$$

⑪σ：总体的标准偏差。

按表 7-7 计算$\overline{X}$控制图和R控制图 CL、UCL、LCL。

表 7-7 计算$\overline{X}$控制图和R控制图

$\overline{X}$控制图	R控制图
UCL=$\overline{\overline{X}}+A_2\overline{R}$ CL=$\overline{\overline{X}}$ LCL=$\overline{\overline{X}}-A_2$	UCL=$D_4\overline{R}$ CL=$\overline{R}$ LCL=$D_3\overline{R}$

（4）控制图的判断准则。

1）控制图的判断原理。控制图对过程的判断是以小概率事件原理为理论依据的。所谓小概率事件原理，也称为小概率事件不发生原理。如果事件 A 发生的概率很小（如 1%），现经一次试验，事件 A 居然发生了，就有理由认为事件 A 的发生是异常的。

在统计技术应用中，首先应设置对异常判断的小概率α（如 0.01、0.05 等）。设置的小

概率 α 实际是判断错误的概率，称为风险度或显著水平。与风险度相对应的是置信度（$1-\alpha$），若 $\alpha=0.01$，则置信度 $1-\alpha=1-0.01=0.99$。

2）判稳准则。控制图中的描点在随机排列情况下，符合下列条件之一时即可判稳。

① 连续 25 个点，落在控制界外的点数为 0。

② 连续 35 个点，落在控制界外的点数小于或等于 1。

③ 连续 100 个点，落在控制界外的点数小于或等于 2。

3）判异准则。GB/T 17989.2—2020 里规定有 8 种判异准则模式，如图 7-16 所示。

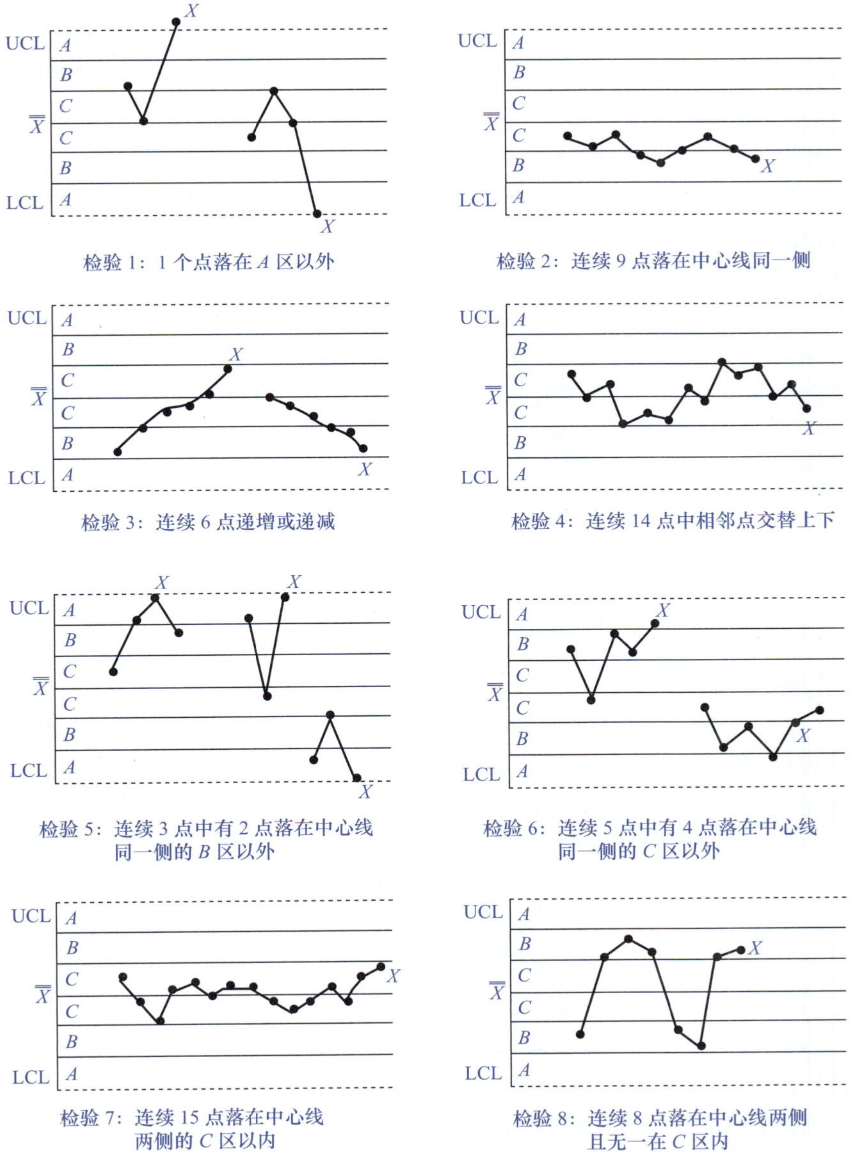

图 7-16　判断异常的检验准则

① 图 7-16 主要应用于产品的关键品质性能、中间特性、对后工序影响巨大的项目等。

②一般是品质管理部门的QA（Quality Assurance，品质保证，通过建立和维持质量管理体系来确保产品质量没有问题）、QC（Quality Control，品质控制，产品的质量检验，发现质量问题后的分析、改善和不合格品控制相关人员的总称）或初级管理人员通过图7-16进行测定和控制。

（5）用途。控制图可以直接控制生产过程，起到预防为主、稳定生产、保证质量的作用。其用途可归纳为：

1）可以用来判断工序过程的稳定性，进行质量诊断，即工序（过程）是否处于受控制状态。

2）可以在质量控制过程中体现预防为主的原则，防患于未然。在生产中防止不必要的过程调整，确定什么时候需要对工序（过程）加以调整，能够保证工序（过程）始终处于受控制状态。

3）通过比较改进前后的控制图，可以确认某过程的质量改进效果。

4）可以向管理人员提供过程的质量信息，为做出正确的管理决策提供依据。

（6）过程能力指数相关概念。

1）过程能力。过程能力也叫工序能力，是指受控状态下工序的实际加工能力，用B表示，通常$B=6\boldsymbol{\sigma} \approx 6S$。$6\boldsymbol{\sigma}$是质量特性值总体分布的6倍标准偏差$\boldsymbol{\mu}\pm 3\boldsymbol{\sigma}$，总体分布的另一个特征值是分布中心$\boldsymbol{\mu}$。

2）过程能力指数。过程能力指数也称工序能力指数，是指工序质量标准的范围与工序能力的比值，也即过程结果满足质量要求的程度，用C_P表示。

过程能力指数的表达式为

$$C_P=\frac{T}{B}=\frac{T_U-T_L}{6S}$$

式中 T——公差范围，即产品设计所规定的质量标准；

T_U——公差上限；

T_L——公差下限。

3）过程（工序）能力指数的评定及应用。过程能力指数的评定是指对过程能力能够满足质量标准的程度做出判断。其目的是对过程（工序）进行预防性处置，以确保生产过程的质量水平。理想的过程能力既要满足质量要求，又要符合经济性要求。过程能力指数评定标准见表7-8。

表7-8 过程能力指数评定标准

C_P	$C_P>1.67$	$1.67 \geqslant C_P>1.33$	$1.33 \geqslant C_P>1.00$	$1.00 \geqslant C_P>0.67$	$C_P \leqslant 0.67$
登记	特级	一般	二级	三级	四级
评价	过高	充分	尚可	不充分	不足

对不同过程能力状态，应在过程中采取不同的措施：对于特级（$C_P>1.67$）应放宽对尺寸的范围要求，降低设备、工装的精度要求；对于一级（$1.67 \geqslant C_P>1.33$）应适当降低对原材料的要求，改全数检验为抽样检验，或减少抽样检验的频次等；对于二级（$1.33 \geqslant C_P>1.00$）必须采取控制手段对过程实施监控，以便及时发现异常波动；对于三级（$1.00 \geqslant C_P>0.67$）应该分析工序能力不足的原因，制定措施加以改进，实施全数检验或增加检验频次；对于四级一

般应立即停产整顿，找出原因、采取措施、改进工艺，提高工序能力。

提高过程能力能够大幅度降低不合格品率、提高组织产品质量等级品率、有效地减少资源浪费，提高经济效益和增加社会效益。

例 7-2 控制图实例

某厂生产食用油，采用灌装机灌装，每桶标准重量为（5000±50）克，采用$\bar{x}-R$制图对灌装过程进行控制。现决定每桶抽取样本 n=5，共取 25 组，记入控制图表，见表 7-9。

表 7-9 控制图表

组 号	测 量 值					Σx_i	$\bar{x}$	R
	x_1	x_2	x_3	x_4	x_5			
1	47	32	44	35	20	178	35.6	27
2	19	37	31	25	34	146	29.2	18
3	19	11	16	11	44	101	20.2	33
4	29	29	42	59	38	197	39.4	30
5	28	12	45	36	25	146	29.2	33
6	40	35	11	38	33	157	31.4	29
7	15	30	12	33	26	116	23.2	21
8	35	44	32	11	38	160	32.0	33
9	27	37	26	20	35	145	29.0	17
10	23	45	26	37	32	163	32.6	22
11	28	44	40	31	18	161	32.2	26
12	31	25	24	32	22	134	26.8	10
13	22	37	19	47	14	139	27.8	33
14	37	32	12	38	30	149	29.8	26
15	25	40	24	50	19	158	31.6	31
16	7	31	23	18	32	111	22.2	25
17	38	0	41	40	37	156	31.2	41
18	35	12	29	48	20	144	28.8	36
19	31	20	35	24	47	157	31.4	27
20	12	27	38	40	31	148	29.6	28
21	52	42	52	24	25	195	39.0	28
22	20	31	15	3	28	97	19.4	28
23	29	47	41	32	22	171	34.2	25
24	28	27	22	32	54	163	32.6	32
25	42	34	15	29	21	141	28.2	27
合 计							746.6	686
							$\bar{\bar{x}}$=29.86	$\bar{R}$=27.44

（1）确定控制对象、采集数据。抽取样本 n=5，共取 25 组。已知 n=5 时，A_2=0.577，P_3=0，P_4=2.114。

（2）计算控制图表中的$\bar{x}-R$，求$\bar{\bar{x}}$、$\bar{R}$。

本例：$\bar{\bar{x}}=746.6\div25=29.86$，$\bar{R}=686\div25=27.44$。

（3）计算$\bar{x}$图和 R 图的控制界线。

$\bar{x}$图：$UCL=\bar{\bar{x}}+A_2\bar{R}=29.86+0.577\times27.44=45.69$

$CL=\bar{\bar{x}}=29.86$

$LCL=\bar{\bar{x}}-A_2\bar{R}=29.86-0.577\times27.44=14.03$

R 图：$UCL=D_4\bar{R}=2.114\times27.44=58.04$

$CL=\bar{R}=27.44$

$LCL=D_3\bar{R}=0\times27.44=0$

（4）画控制图并描点，如图 7-17 所示。

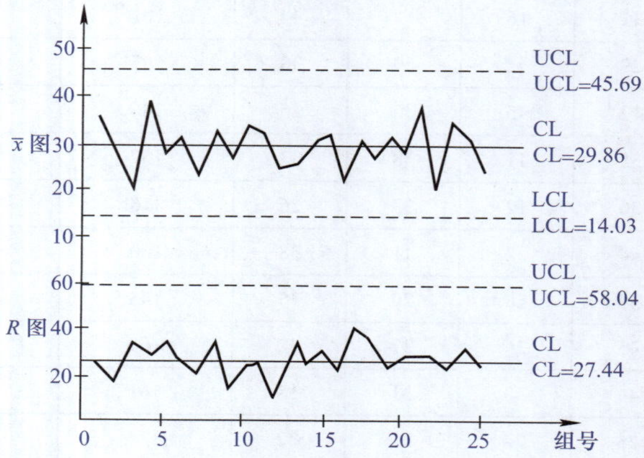

图 7-17　$\bar{x}-R$ 控制图

（5）对控制图进行分析判断。

若判异，则需执行“查明原因，采取措施，加以消除，不再出现，纳入标准”方针，并重新转入第 1 步收集数据。

若判稳，则转入下一步。本例根据判稳准则，并无异常，可判稳。

（6）计算过程能力指数，C_P 是否充分。

过程能力指数一般要求 $C_P\geqslant1$。若 $C_P\geqslant1$，则转入下一步。若 $C_P<1$，则需采取措施提高过程能力。

本例 $C_P=0.64<1$，故过程能力严重不足，需对灌装机进行技术改造。

（7）延长上述$\bar{x}-R$ 图的控制界线，以实现对过程的日常控制。

四、项目质量控制的输出：成果

1．项目质量改进

项目质量改进是项目质量控制最主要的成果，它主要采用质量改进建议和质量改进行动两个方法。项目质量改进建议是通过要求和倡导项目团队成员提出项目质量改进建议，从而更好地保证项目质量的一种方法。项目质量改进行动是根据项目质量改进建议而确定的具体工作方法。项目质量改进可以用于提高项目的效率和效果，给项目组织和项目客户带来更多的收益。

2. 验收或返工决定

通过对项目质量进行检验，决定是否接受项目的质量。如果项目质量达到了规定的标准，则验收合格；如果项目质量没有达到标准，则要对项目进行返工，直至达到标准。为此，项目团队应该采取有效的控制措施，避免返工。

3. 项目调整

项目调整就是根据项目质量控制中存在的较为严重的质量问题或项目的某项活动存在着严重的质量问题，对整个项目的影响较大，已经无法满足客户的质量要求，这时就需要对项目的活动随时进行纠错和预防，与客户协商调整项目的质量标准。项目调整一般是按照整体变更的程序来进行的。

经典案例分析与实践

某化工集团公司省重点技改项目质量管理

某化工集团公司省重点技改项目质量管理的特点是专门请著名建设公司全面质量管理办公室咨询指导，以全面质量管理的标准和整体工程创优良工程为目标进行管理，由项目经理总负责并设专门质量检验机构主管质量管理工作。从土建工程、设备及安装调试和产品试制三个方面进行全过程质量控制。设定各项质量管理计划，如土建工程、设备安装调试、使用保养、新产品试制定型及质量保证体系等。采用 PDCA 循环、计划、实施、检查、持续改进的质量管理方法和手段；按照建设单位要求、国家标准、行业标准制定项目质量标准并执行，制定各阶段验收规程、施工规程，并按规程检查。某化工集团公司省重点技改项目质量控制过程图如图 7-18 所示。

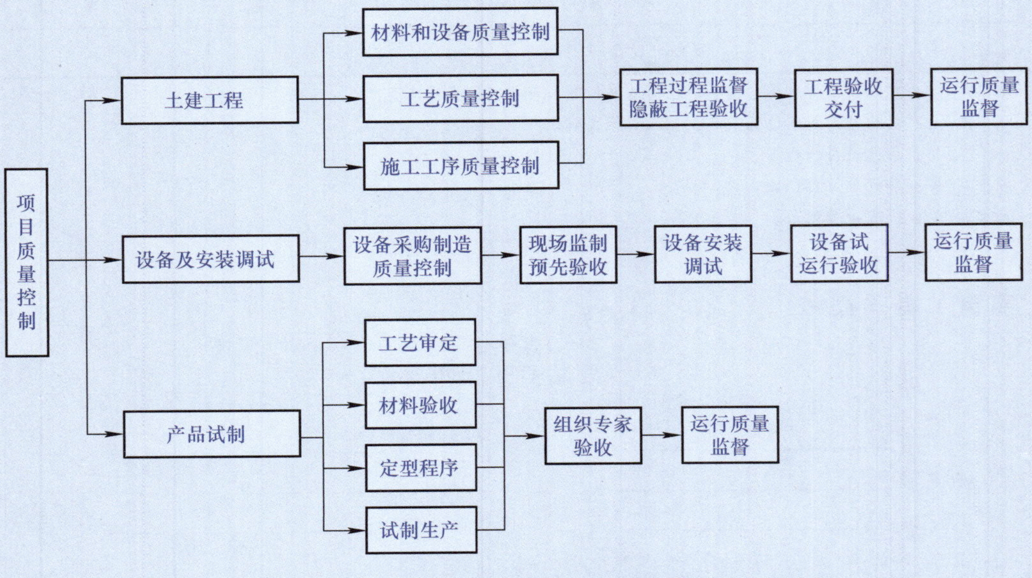

图 7-18 某化工集团公司省重点技改项目质量控制过程图

为了抓住影响整个项目质量的主要因素，事先对影响项目重要部位或薄弱环节质量的原因进行分析，并提出相应的措施，以便进行预控。因此，在工程中设立质量控制点，由质量控制部门进行检查认可和签证。如果控制点不通过，其检查认可和签证是无效的。表 7-10 给出了部分控制点的内容及其检查等级。与此同时，还采用分阶段控制和分析等方法，找出偏差，采取纠偏措施。

表 7-10　质量控制点的设置与检查等级

分项工程	质量控制点	控制方法	检查等级
土建工程	基坑	测量	Ⅲ、Ⅴ
	方位	检查、检验	Ⅱ
	垫铁放置	检查	Ⅲ、Ⅴ
	预留孔洞	测量	Ⅲ、Ⅴ
	基础尺寸	检查、检验	Ⅱ、Ⅴ
	地脚螺栓	检查、检验	Ⅱ
	钢筋混凝土	检查、检验	Ⅲ
设备安装工程	设备 / 材质检查	检查	Ⅱ
	电器安装	检查、调试	Ⅰ、Ⅴ
	水暖安装	检查、调试	Ⅰ、Ⅴ
	设备安装	检查、调试	Ⅰ、Ⅴ
产品试制工程	工艺审定	检查、检验	Ⅳ
	材料验收	检查、检验	Ⅳ
	试制生产	检查、检验	Ⅰ、Ⅴ

注：1. Ⅰ：建设单位、总承包商和承包商质量控制人员共同检查确认。
2. Ⅱ：总承包商和承包商质量控制人员检查确认。
3. Ⅲ：承包商自行检查。
4. Ⅳ：建设单位自行检查。
5. Ⅴ：提交检查记录。

实用工具与模板

质量管理计划

项 目 名 称 ____________________　　编　制　者 ____________________

项 目 经 理 ____________________　　日　　　期 ____________________

项目发起人 ____________________　　最新更新日期 ____________________

1. 质量角色和责任（描述所需要的角色与角色相对应的责任）

2．项目的主要交付结果（描述合同规定的交付结果，以及重大里程碑事件）

3．项目交付结果所接受的标准（详细列出客户提出的相关质量标准或者产品测试的验收标准）

4．质量保证计划（描述用于实施质量保证活动的项目责任人、工作程序、作业指导书、测试标准和流程、工具和技术、持续改进措施等）

5．质量控制措施（描述用于实施质量控制活动的过程、程序、方法、措施、工具和技术等）

6．质量提高方法（描述用于实施质量提高活动的过程、程序、方法、工具和技术等）

7．质量责任者（确定与产品测试、过程评审、质量检验等项目质量相关的责任人）

自 测 题

一、单选题

1．建立质量保证程序的主要目的是（　　）。

A．完成检查表　　B．程序调整　　C．质量改进　　D．质量管理计划

2．下列方法中，能找出发生次数少，但对项目质量影响程度大的方法是（　　）。

A．趋势分析　　B．质量检查表　　C．控制图　　D．帕累托图

3．项目经理组织实施了一个外部供应商的项目，发现可交付成果质量存在问题，想要查找原因，具体的标准记录在（　　）。

A．质量测量指标　　B．质量管理计划

C．采购合同　　D．采购工作说明书

4．下列属于质量控制范畴的是（　　）。

A．确定记录的质量要求或标准

B．确定工作是否持续改进

C．提出措施建议、消除不合格属性的根本原因

D．确定项目活动是否符合组织和项目政策的过程和程序

5．能描述由不同的原因相互作用所产生的潜在问题的方法是（　　）。

A．趋势分析　B．因果图　C．控制图　D．帕累托图

6. 下列（　　）是控制质量的最佳描述。

A．监测具体的可交付成果以确定它们是否符合相关的质量标准

B．在常规基础上评估项目的整体绩效

C．采取措施以提高项目的有效性和效率

D．识别哪种质量标准与项目有关

7．范围确认和质量控制之间的区别是（　　）。

A．范围确认关注工作结果的可接受性，质量控制关注工作结果的正确性

B．范围确认关注工作结果的正确性，质量控制关注工作结果的可接受性

C．范围确认关注确保变更是有益的，质量控制关注所有工作结果是正确的

D．没有区别

8．项目会议不成功，分析上次会议失败的原因，以及确定成功举行本次会议的步骤，项目经理应该使用的工具和技术是（　　）。

A．因果图　B．直方图　C．控制图　D．帕累托图

9．某关键项目处于测试阶段，并落后于进度，测试团队测试出缺陷，并将其报告给测试经理。这些缺陷归因于 11 项需求中的 4 项需求，由于项目落后进度，项目经理对未解决的缺陷担心，项目经理应该使用（　　）。

A．直方图　B．帕累托图

C．鱼骨图　D．快速跟进或者赶工

二、多选题

1．项目质量管理的主要过程有（　　）。

A．质量规划　B．质量保证　C．质量控制　D．质量持续改进

2．质量规划的输入依据是（　　）。

A．项目质量方针　B．项目范围陈述　C．项目成果说明　D．项目特点

3．项目经理在质量规划过程中应注意的问题是（　　）。

A．质量策略　B．范围说明　C．产品说明　D．标准和规划

4．关于质量管理与项目管理的关系叙述正确的有（　　）。

A．项目质量管理与项目管理是相辅相成的

B．项目质量管理是项目执行与控制的重要组成部分

C．两者都需注重顾客的满意程度

D．两者都应认识到项目执行过程中预防胜于检查

5．（　　）属于项目质量控制的输出结果。

A．项目质量改进　B．验收或返工决定

C．项目调整　D．过程分析

6．质量控制的主要工作内容包括（　　）。

A．预防和检查　　B．静态调查和动态调查

C．确定因素和随机因素　　D．误差范围和控制界限

7．项目质量保证的工具和方法有（　　）。

A．过程分析　　B．质量审计　　C．控制图　　D．直方图

三、判断题

1．项目质量管理的概念与质量管理的概念不同之处是由项目的一次性、独特性等特性所决定的。（　）

2．项目的质量应由项目经理负全责。（　）

3．项目质量规划的实际执行情况是项目质量控制的最基本依据。（　）

4．实施质量控制的工具和方法有查检表、帕累托图、因果图、直方图、控制图等。（　）

5．使用流程图法有利于及时发现问题，以减少项目风险。（　）

6．工作绩效信息是实施质量控制最基本的依据。（　）

7．项目质量保证的结果主要就是项目质量改进与提高的建议。（　）

四、简答题

1．项目质量管理的概念与质量管理的概念有哪些相同与不同之处？

2．项目质量管理包括哪几个主要过程？

3．质量规划的工具和技术包括哪些？项目经理在质量规划过程中应注意哪些问题？

4．项目质量保证输入的依据有哪些？

5．项目经理如何在实施项目质量控制中有效使用质量控制的工具和方法？

6．如何做好项目质量控制的输出结果？

五、案例分析题

用排列图分析表 7-11 所列的从一个印制电路板生产线收集到的数据。

1．画出排列图。

2．你能从中得出什么结论？

表 7-11　部件问题情况表

缺　陷	缺陷发生数
部件有问题	235
部件未插牢	156
黏合剂过量	650
装错半导体	87
线路板尺寸不当	197
标错固定孔	23
最后测试中的电路问题	85

Chapter Eight

第八章

项目采购管理

知识学习目标：

- 理解项目采购管理的定义和类型
- 理解项目采购规划、项目选择供应商、项目采购合同管理和项目采购合同收尾的依据
- 掌握项目采购规划、项目选择供应商、项目采购合同管理和项目采购合同收尾的工具和方法
- 理解项目采购规划、项目选择供应商、项目采购合同管理和项目采购合同收尾的结果

技能训练目标：

- 能够应用经济订货量分析
- 能够制订采购管理计划

第一节　项目采购管理概述

由于项目采购支出为项目总投资的50%以上，一旦采购这一工作环节出现失误，不仅会影响项目的顺利进行，而且还会导致项目的失败，因此项目领导者必须在项目的实施过程中对项目采购进行精心管理。

一、项目采购管理的定义和类型

为了保证项目的进展，从项目外部获取物料、工程和服务等各种资源所进行的整个采办过程就是项目采购管理。

项目采购主要有以下三类：①按项目采购形态分为有形采购和无形采购，其中有形采购包括货物采购和工程采购，无形采购包括服务采购；②按采购的方式分为招标采购和非招标采购；③按项目采购主体分为个人采购、家庭采购、企业采购和政府采购。项目采购的类型如图8-1所示。

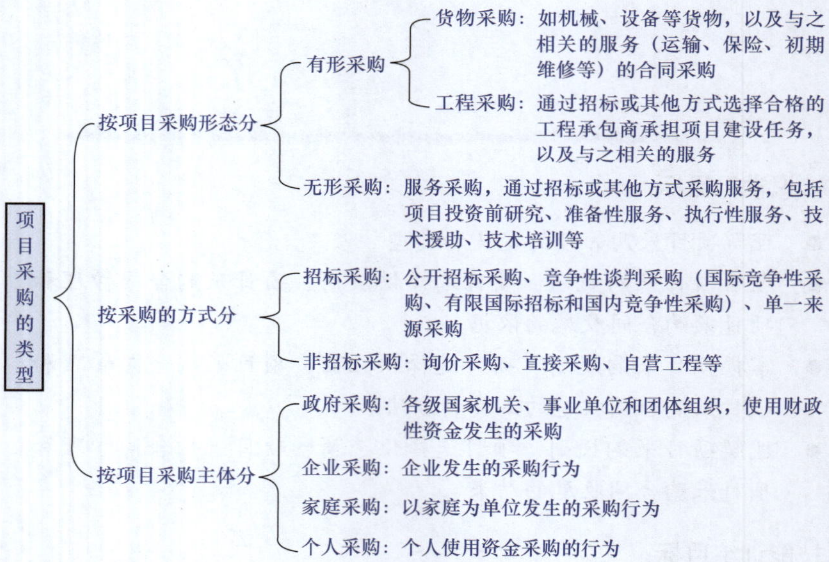

图8-1　项目采购的类型

二、项目采购管理的过程

项目采购管理就是以最低的成本及时地为项目提供满足其需要的物料、工程和服务，以实现项目的成本、进度和质量等目标。

项目采购管理是由以下一系列具体的管理工作过程组成的，如图8-2所示，即项目采购管理的过程包括：项目采购规划、项目选择供应商、项目采购合同管理和项目采购合同收尾。

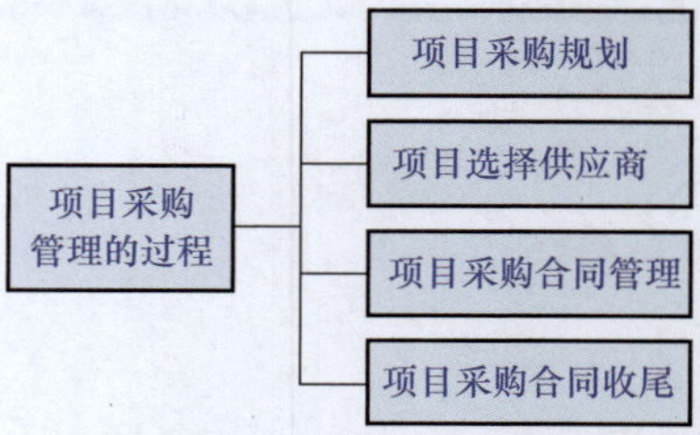

图8-2　项目采购管理的过程

第二节 项目采购规划

项目采购规划可以通过从项目组织的外部获取资源从而最大限度地满足项目需求，它是整个采购过程中的第一步。其包括项目采购方式、采购成本、时间的安排、各种采购的相互衔接，以及与项目的进度计划和业绩报告相协调等。

项目采购规划主要确定采购的对象及其品质、项目的采购方式、采购的预测成本、采购的时点和时期、采购的数量、采购地点、合适的供应商；使整个采购过程进行协调管理，以使采购产品、服务的质量与使用性能都符合项目的要求。

项目采购规划的主要工作如图 8-3 所示。

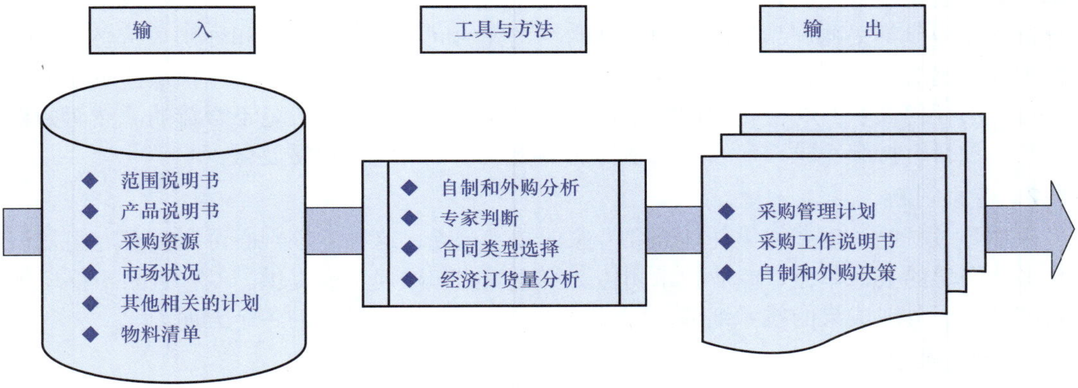

图 8-3 项目采购规划的主要工作

一、项目采购规划的输入：依据

1. 范围说明书

范围说明书说明项目目前的界限范围，它提供在采购计划编制中必须考虑的有关项目需求、制约因素和假设条件。项目采购规划还要考虑一些项目的制约因素，如项目的资金充裕度、要求交付日期和可用的技术资源等，同时还要考虑假设条件，如项目所需采购资源的价格是稳定的。

2. 产品说明书

项目产品说明书对项目可交付成果的功能、质量标准、特性等相关情况进行了描述，提供了所需的原材料、机器设备、工艺等的质量和技术要求，应以此作为编制采购规划的依据。

3. 采购资源

项目组织在进行采购活动的过程中，也要耗费一定的资源，如在检验供应商提供的样品时，因自己没有能力检测样品，就需要邀请相关的专家进行试验测试。

4. 市场状况

编制项目采购规划时必须考虑到市场能够提供何种产品和服务、供应商提出的价格，以及适用的合同条款等。

5. 其他相关的计划

在编制项目采购规划时，还要考虑一些项目计划的输出，其中包括：初步成本和进度计划估算、质量管理计划、资金流预测、工作分解结构、项目进度计划、风险登记册、活动费用估算和计划的人员配备等。

6. 物料清单

物料清单是采购部门确定采购规划的最重要的依据，也是计划部门确定物料需求计划的依据。

二、项目采购规划的工具与方法

1. 自制和外购分析

此法可用来分析项目组织所需资源和服务是通过自制还是外购获得，从而使某种产品成本更低，这是很普通的管理工具。自制或是外购分析都包括间接成本和直接成本，其中外购分析时还应包括采购产品的成本和管理购买过程的间接费用。自制和外购分析必须反映执行组织的长远规划和项目的当前需要。例如，决定购置某项固定资产（包括从建筑吊车到个人计算机的任何项目）与租赁此项固定资产相比较，在成本上一般是不合算的，然而如果组织对某一项目有持续需求，那么结入项目的购货成本就可能比租赁要低。

2. 专家判断

评估该过程的依据或成果往往需要专家的技术判断，这种专家判断可由具有专门知识、来自多种渠道的其他单位、专业技术团体、实业集团和顾问个人提供。专家判断不仅适用于采购产品、服务或成果的技术细节，而且也适用于采购管理过程的各个方面。

3. 合同类型选择

不同类型的采购应采用适合其特点的合同。合同一般分成三大类：

（1）固定总价或者总价合同。此类合同为既定产品、服务或成果的采购设定一个总价。固定总价合同包括对达到或超过既定项目目标（如进度目标等）的奖励措施，适用于已明确定义需求，且不会出现重大范围变更的情况。

（2）成本补偿合同。此类合同为向卖方支付为完成工作而发生的全部合法实际成本（可报销成本），外加一笔费用作为卖方的利润。成本补偿合同常常包括对达到或超过既定的项目目标（如进度目标等）的奖励，适用于工作范围预计会在合同执行期间发生重大变更的情况。

（3）工料合同（T&M，时间和手段合同）。兼具成本补偿合同和总价合同的某些特点的混合型合同。其在项目需求范围不明确的时候比较灵活，可随时更换供应商。适用于在无法快速编制出准确工作说明书的情况下扩充人员、聘用专家或寻求外部支持，且用在时间紧，任务重的情况。

4. 经济订货量分析

经济订货量分析通过建立经济订货量模型，对要采购的产品进行分析，确定采购批量和采购时间，使订货成本和库存成本之和最小。订货成本、库存成本和订购量的关系如图 8-4 所示。

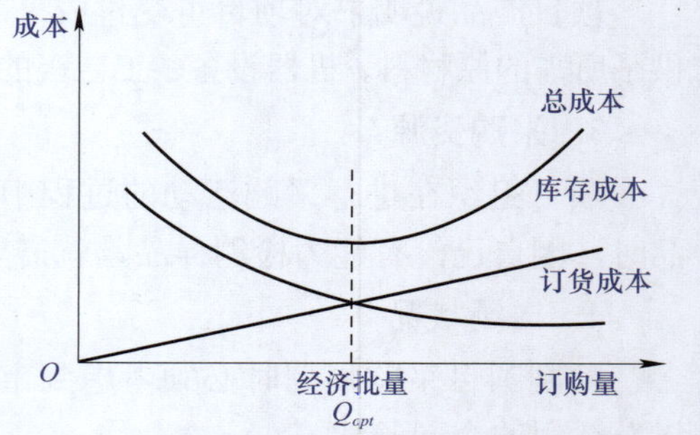

图 8-4　订货成本、库存成本和订购量的关系

为了求解最优订购量，需要根据对库存模型的假设，而后得到如下成本的变量与效益指标之间建立函数关系。

年总成本 = 年采购成本 + 年订购成本 + 年持有成本

即

$$TC=DC+\frac{D}{Q}S+\frac{Q}{2}H \tag{8-1}$$

式中　TC——年总成本；

D——需求量（每年）；

C——单位产品成本；

Q——订购批量（最佳批量称为经济订购批量 EOQ 或 Q_{opt}）；

S——生产准备成本或订购成本；

H——平均库存水平下单位产品的年持有和存储成本（通常，持有成本以该产品单价的百分比表示，例如 $H=iC$，式中 i 是持有成本的百分比）。

然后确定订购批量 Q_{opt} 以使总成本最小。在图 8-4 中，总成本最小的点出现在曲线上斜率为零的地方，即总成本对 Q 求导数，并令其等于零。

$$\frac{dTC}{dQ}=0+\left(\frac{-DS}{Q^2}\right)+\frac{H}{2}=0$$

$$Q_{opt}=\sqrt{\frac{2DS}{H}} \tag{8-2}$$

因为该模型假定需求和提前期都不变，即不需要安全库存，则订货点的库存储备量 R 可简单用式（8-3）表示。

$$R=\bar{d}L \tag{8-3}$$

式中　$\bar{d}$——日平均需求量（常数）；

L——用天表示的提前期（常数）。

例 8-1　定量订货的计算实例

生产企业每年需要用 1000 件的 A 零件，现已知该零件的保管费用为 4 元，同时已知每次订货成本为 5 元，假定每年有 250 个工作日，订货提前期为 10 天，试求其经济订货批量、订货点的库存储备量。

解：根据式（8-2），经济订货批量为

$$Q_{opt}=\sqrt{\frac{2DS}{H}}=\sqrt{\frac{2\times1000\times5}{4}}=50（件）$$

根据式（8-3），订货点的库存储备量为

$R=\bar{d}L=$（1000/250）×10=40（件）

三、项目采购规划的输出：成果

1．采购管理计划

采购管理计划应规定从制定采购文件到合同收尾的整个采购过程。例如，采购合同类型、开展重要采购活动的时间表、需要的标准采购单证、与采购有关的相关方角色和职责、用于管理合同的采购测量指标、确定合同工作说明书的格式和形式、需要编制独立估算并把独立估算作为评价标准、可能影响采购工作的制约因素和假设条件、风险管理事项、司法管辖权和付款货币等。

一个采购管理计划可以是正式的或非正式的、详细的或框架性的。它是整个项目计划中的一个辅助因素。

2．采购工作说明书

采购工作说明书详细地规定了采购项目，描述了将采购的产品、服务或成果，以便让潜在的卖方确定是否有能力提供这些项目。采购工作说明书中可包括规格、数量、质量、性能参数、履约期限、工作地点和其他需求，应尽可能清楚、完整和简洁。它应包括任何所必需的附带劳务描述，例如与采购物品相关的绩效和销后技术支持。在采购过程中，应根据需要对采购工作说明书进行修订和改进，直到成为所签协议的一部分。对于服务采购，可能会用“工作大纲”这个术语。

3．自制和外购决策

自制或外购决策用于确定某项工作是由项目团队自行完成，还是从外部采购，其应考虑全部相关成本，包括直接成本与间接成本。由项目团队对产品、服务或成果采用自制或外购决策形成文档，其包括为应对识别的风险而决定购买保险或履行保函。

第三节　项目选择供应商

项目选择供应商过程包括接受建议书（或投标书），应用选择供货商的评价标准，选定一个或多个可接受的合格供应商。在供方选择决策过程中，除了成本或价格以外，还可能需要评价能否按时交货、损失的可能数量折扣和相关替换及维护等许多其他因素。

项目选择供应商的主要工作如图 8-5 所示。

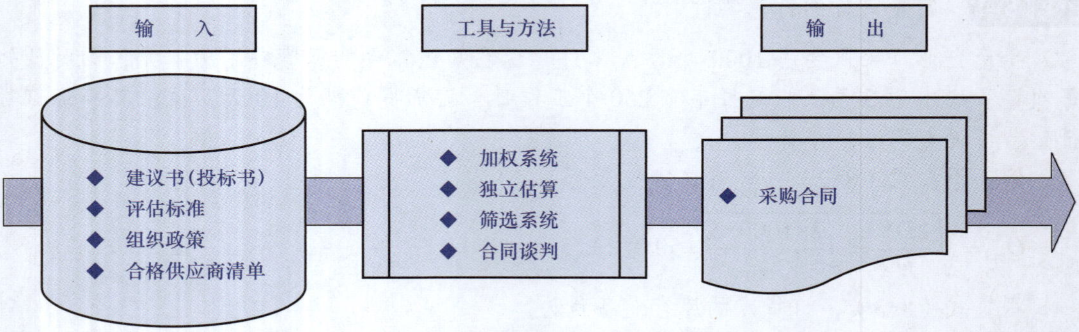

图 8-5　项目选择供应商的主要工作

一、项目选择供应商的输入：依据

1．建议书（投标书）

根据采购文件包编制的供应商建议书构建一套评估机制，用于评估基本信息，以选择一个或多个投标人。

2．评估标准

为了评估供方的能力及其产品质量，评估标准中可包含供应商以前生产或提供的产品、服务或成果的样品，也可以包括对供应商履约历史的审查。

3. 组织政策

项目采购中涉及的组织通常应有影响建议书评估的正式政策。

4. 合格供应商清单

合格供应商清单列明的供应商将被邀请提供报价或建议书。

二、项目选择供应商的工具与方法

1. 加权系统

加权系统是一种把定性数据加以量化的方法，目的是尽量减少人为偏见对供方选择的影响。大多数加权系统的运用步骤如图 8-6 所示。

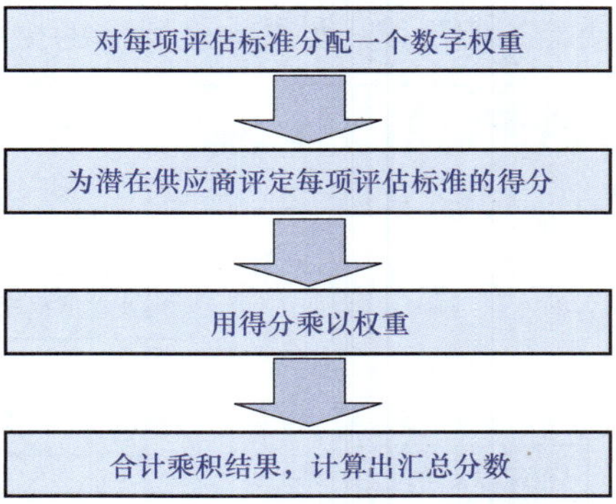

图 8-6 加权系统的运用步骤

2. 独立估算

对许多采购项目，采购组织可以编制自己的独立估算，或者让第三方准备一个独立估算，用以核对卖方报价价格。这里的独立估算通常称为“合理成本”的估算。如果独立估算与卖方报价相比较有明显差异，则表明工作合同说明不恰当或者可能的卖方对工作合同说明书有误解或有漏项。

3. 筛选系统

筛选系统是为一项或多项评估标准设立的最低的绩效选择系统，该系统可以应用加权系统和独立估算。例如，首先要求潜在的卖方推荐的项目经理具备项目管理专业人员（PMP）资格，然后才能进一步考虑其建议书的其余部分。

4. 合同谈判

合同谈判是在合同签署以前，就合同本身和要求加以澄清并达成一致意见。在可能的范围内，最终合同文本应能反映所有双方达成一致意见的协议。谈判的主题一般包括责任和权利、适用的条款和法律、技术和经营管理方法、专有权利、技术解决方案、付款方式及其价格等。

对于复杂的采购项目，合同谈判可能是独立的输入（如一份关于存在的问题或未定事项的清单）和输出（如谅解备忘录）过程。合同谈判过程以买卖双方签署合同而结束，最终合同可以是卖方修订的要约或买方提出的反要约。

三、项目选择供应商的输出：成果

供方选择的结果是选定合格卖方并签署关于货物或服务交付的法律协议，即双方认可的正式采购合同。采购合同也称采购协议、分包合同、采购订单，使卖方有义务提供规定的产品，并使买方有义务付款。签订一份或数份采购合同文本，作为采购合同管理的重要依据。

四、项目选择供应商的实施——招标采购

1. 招标投标采购概述

采用招标投标这种采购方式，必须具备能够开展公平竞争的市场经济运行机制，促成交易的优质完成，与此同时必须存在招标采购项目的买方市场，有条件以招标方式从多家竞争者中选择中标者。

根据《中华人民共和国招标投标法》，招标的基本内容包括：招标主体、招标项目的审批、招标人必须有招标项目的资金保障、招标方式、资格审查的内容、对投标人字根审查的方式、招标文件的内容、法定强制招标的项目、自行招标、招标代理机构、招标文件的澄清或者修改等。

2. 招标投标的一般程序

招标投标活动一般分为四个阶段，即招标准备阶段、投标准备阶段、开标评标阶段和决标签约阶段。如图 8-7 所示的招标投标阶段、工作步骤及其工作内容。

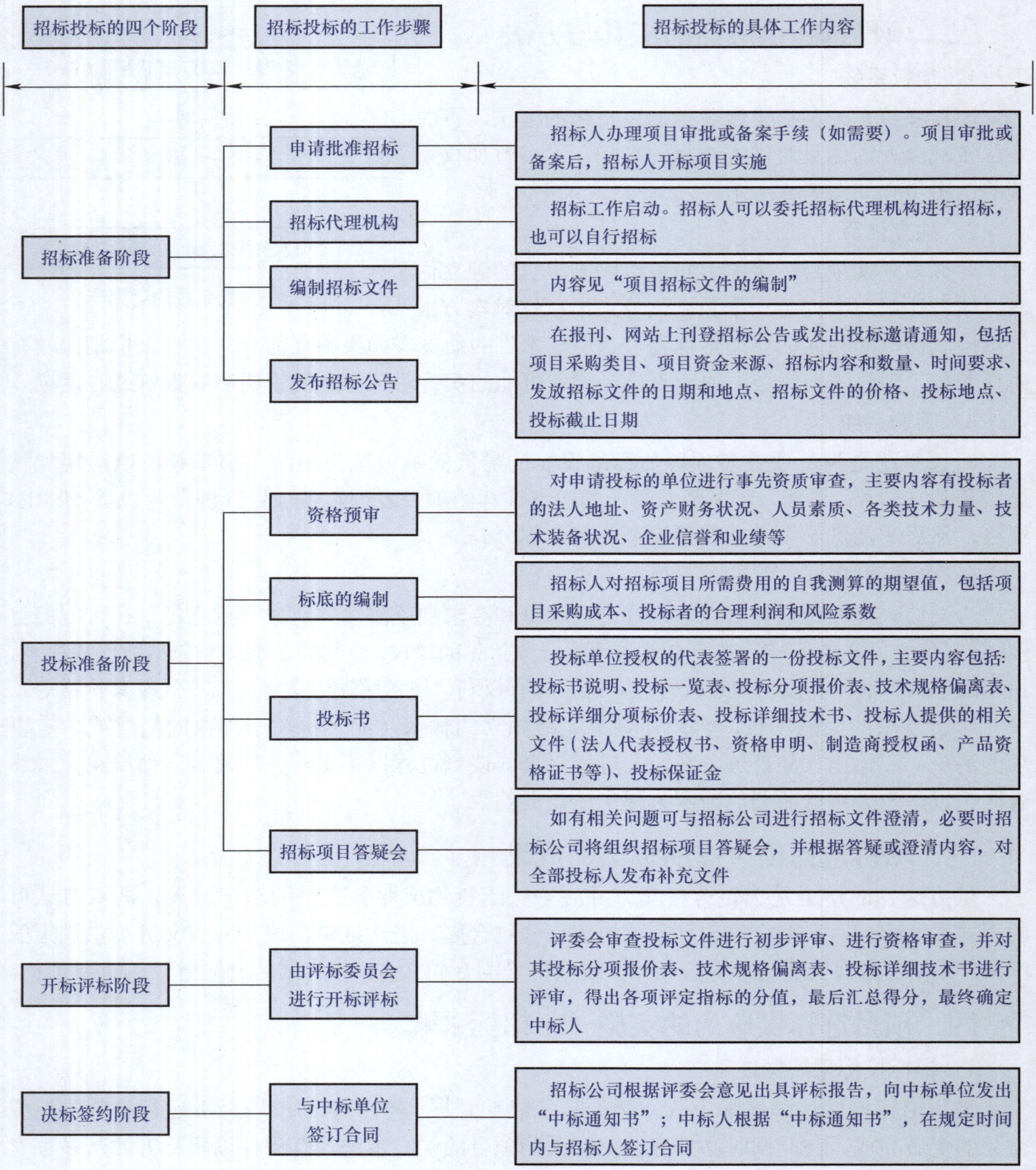

图 8-7　招标投标的阶段、工作步骤及其工作内容

3．项目招标文件的编制

项目招标文件又称项目标书，是招标人告知投标人所有的邀约邀请要件，招标文件的作用还在于阐明需要采购的货物、工程数量、规格、要求及服务项目的性质，并说明采购项目的技术要求、标准和规范；告知评标办法及中标条件；编制投标文件的要求；指导投标者送交投标书的程序等。它是表明工程招投标双方责权利关系的书面文件，也是指导投标工作所必需的文件。

编制招标文件需要遵循合法性、公平性和可操作性的原则。招标文件一般包括以下主要内容。

（1）招标邀请书、投标人须知。其内容包括：项目概况；招标方式、合同类型及招标原则；投标单位的资格要求；投标文件要求；投标费用；对施工组织设计的要求；项目质量和进度的明确要求；对投标书递交的要求；投标保证金或投标保函；投标截止日期；开标时间、评标与定标的基本原则等。

（2）招标范围及报价要求。其内容应明确投标人自行承担的部分；确定由投标人承担总包责任、发包人指定分包的部分；还要确定需要承包人配合由发包人平行发包的部分；说明报价计量计价的依据、计价的方式与计价规则。

（3）合同条款。其内容包括通用条款和专用条款。在国际工程中，通用合同条款有国际咨询工程师联合会（FIDIC）编制的《土木工程施工合同条款》；英国咨询工程师协会编写的《海外工程合同条款》；欧洲开发基金（EDF）编写的《欧洲开发基金建筑条款》等。专用合同条款主要包括基本条款（当事人的权利与义务、承包方式、合同语言、通知、保密等）；主要条款（有关的工作范围、内容，价格的变更、支付和结算，建设工期和工程要求等）；保证条款、法律条款和其他条款等。

（4）工程技术规范、图样和勘察资料。工程技术规范包括承包商施工中的质量要求、验收标准、材料的品级和规格、施工技术规范，以及计量与支付的规定等。如果是特殊土建工程及其设备，还要附上图样和勘察资料，如一份施工图样或者一份说明项目范围内的地形、地貌、地质、水文、气象、沿线的交通运输及建筑材料分布情况的文件。

（5）投标书格式和投标保证书格式。其内容包括投标单位、投标项目（名称）、投标总报价、投标有效期等。

（6）评标办法。评标办法中应包括总则、评标内容和评定标准、评标过程的保密、投标人对投标文件的澄清和说明、开标的程序、中标人应符合的条件等。

（7）工程量清单。工程采购招标文件须包含工程量清单。工程量清单的主要内容为依据设计图样和技术规范，进行项目划分及工程量整理两项工作，以便确定需要完成的工程量的资料。

（8）投标文件要求。其内容包括投标文件的商务部分要求和技术部分要求。商务部分要求应包括工程量清单计价原则和工程量清单报价说明。技术部分要求应包括对施工组织设计和安全环保组织设计的详细要求。

（9）资格审查需要的报表。投标人应根据投标要求提供相应的报表。

（10）其他方面的格式。其形式有双方签署的协议书格式、履约保证金格式、预付款保函格式等。

第四节 项目采购合同管理

项目采购合同管理是确保买卖双方履行合同要求的过程。项目采购合同管理包括在合同关系中应用适当的项目管理过程，并把这些过程的输出集成到项目的整体管理中。项目采购合同管理有利于监控供应商或承包商的成本、进度计划和技术绩效；有利于检查和核实分包商产品的充分性；有利于保证变更能得到批准，并让所有应该知情的人员获知变更；有利于建立卖方执行进度和费用支付的联系。

项目采购合同管理的主要内容包括：①合同处理：合同清单、单价、工程量、税利及合同信息等。②合同变更处理：变更清单、单价、变更量、变更净值及变更原因。③工程进度款支付：各支付项的清单、单价、数量、税利、保留金，以及各支付项的本期完成值和上期末累计完成值。④物资采购合同：材料清单、单价和数量、材料生产厂家、材料存放地点、材料单据号、材料预付款等。⑤物资到货记录（可选内容）：到货物资的数量、时间日期、单据和存放地点。⑥材料款预付及折扣。⑦与采购合同管理相关的项目管理过程，包括对承包商工作的管理、采购质量管理、采购合同变更管理、解决合同纠纷、支付管理等。

项目采购合同管理的主要工作如图 8-8 所示。

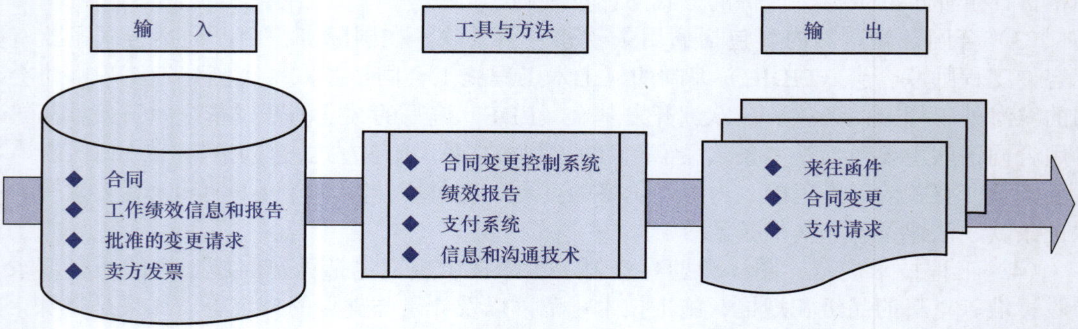

图 8-8　项目采购合同管理的主要工作

一、项目采购合同管理的输入：依据

1. 合同

合同已在前文阐述，此处不再赘述。

2. 工作绩效信息和报告

作为项目计划实施的一部分，应收集整理与卖方绩效相关的文件，包括按照合同条款由卖方制定的技术文件和完成的可交付成果、满足质量标准的程度、已发生的成本和将要发生的成本和卖方绩效报告等。

3. 批准的变更请求

批准的变更请求包括对合同条款和条件的修改。与采购相关的任何变更，在通过控制采购过程实施之前，都需要以书面形式记录下来，并取得正式批准。例如，不满意卖方的工作，中止合同的决定可作为变更请求处理。在卖方和项目管理层不能就变更补偿达成一致时，可以作为索赔、争议和申诉的文件。

4. 卖方发票

卖方必须就已完成工作的付款要求及时按时段递交发票并申请支付。发票要求包括必要的支持文档，并应在合同中规定。

二、项目采购合同管理的工具与方法

1．合同变更控制系统

合同变更控制系统确定合同修改的过程，包括文书工作、跟踪系统、争议解决程序和批准变更所需的审批层次。合同变更系统应与总体变更控制系统相统一。

2．绩效报告

绩效报告应对照协议，对质量、资源、进度和成本绩效进行测量、比较和分析，以审查合同工作的绩效，其中包括确定工作包提前或落后于进度计划、超出或低于预算的情况，以及是否存在资源或质量问题。其为管理层提供关于卖方在实现合同目标效率方面的信息。合同绩效报告应与项目绩效报告相统一。

3．支付系统

对卖方的付款通常由实施组织的应付账目系统处理，该系统必须包括项目团队进行必要的审查和批准。具有许多或复杂采购需要的大型项目可以开发自己的支付系统。

4．信息和沟通技术

使用信息和沟通技术可以实现合同档案管理系统、支付系统、索赔管理、检验审核、绩效审核或绩效报告的自动化，来提高合同管理的效率，并在买卖双方之间实现电子数据交换。

三、项目采购合同管理的输出：成果

1．来往函件

在采购中，买卖双方关于合同内容和条件的沟通都需要有文字记录。例如，对不满意绩效、合同变更或澄清的警告。

2．合同变更

合同变更的结果（同意或者不同意）都需要通过项目计划和项目实施来反馈。在合同变更后，要适当地更新项目计划和其他有关文档。

3．支付请求

如果项目具有自己的内部支付系统，需要注明“已付”。如果项目应用外部支付系统，需要向相关部门发出付款请求。

第五节　项目采购合同收尾

项目采购合同收尾类似于管理收尾，它涉及产品核实（所有的工作是否圆满完成）和管理收尾（更新记录以反映最终结果，将更新后的记录进行归档以供将来的项目使用）。

项目组织和承包商按照合同履行完各自的义务后，合同就此终止。合同一旦签订就不能随意终止，但是由于不可抗的原因提前终止除外，如一项建筑工程的地皮被征用，导致项目终止，或者当合同纠纷交由仲裁机构或法院裁决时，合同被判决终止。当项目采购合同已经完成或因故终止时，就需要进行项目采购合同收尾。

项目采购合同收尾的主要工作如图 8-9 所示。

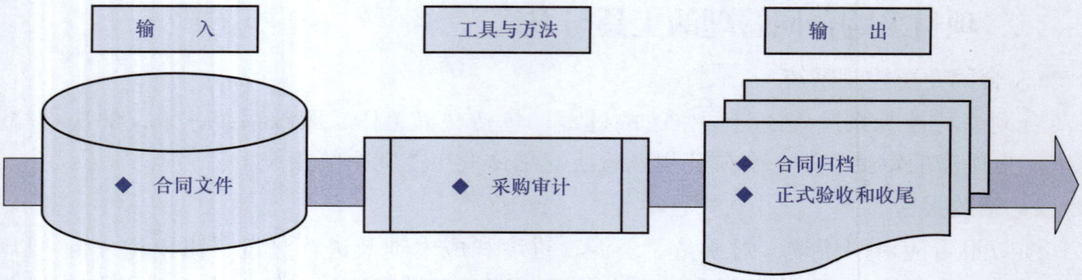

图 8-9　项目采购合同收尾的主要工作

一、合同收尾的输入：依据

项目采购合同收尾的依据主要是合同文件。它泛指与合同双方有关的所有文件，主要包括：合同本身以及附带的所有支持性进度计划、申请和批准的合同变更、任何卖方编制的技术文档、卖方绩效报告、发票和项目组织的支付记录和承包商的发货单等财务文档，以及任何与合同有关的检查结果。

二、合同收尾的工具与方法

采购审计是甲方对自己整个采购过程的审计，是合同收尾的主要方法，应该在采购合同中明确规定与审计有关的权利和义务。采购审计是根据有关的法律和标准，对从采购计划的编制到合同管理及合同收尾的整个采购过程所进行的结构性审查。采购审计的目的在于识别项目组织采购过程中的成功和失败事项，确认是否存在违法现象，以便吸取经验和教训。采购审计表见表 8-1。

表 8-1　采购审计表

项目名称		项目负责人	
项目审计者		审计日期	
卖方绩效审计	项目方面	好的成功方面	需改进的方面
	项目范围		
	项目质量		
	项目进度		
	项目成本		
	其他		
采购管理过程审计	采购管理过程	跟踪情况	使用工具和方法的情况
	采购规划		
	采购实施		
	采购管理		
	采购结束		
好的成功实践的说明			
需要改进的领域说明			

三、合同收尾的输出：成果

1. 合同归档

它是整个项目记录的一部分，是对项目采购过程中的所有合同文件的最终项目记录。

合同归档要加以整理并建立一套完整的索引记录，以便日后备查。

2．正式验收和收尾

对采购的工程、货物和服务进行最后验收，并解决所有项目进展中遗留的合同问题，以及确认合同已经完成时，最终给承包商付款，并且可以移交。负责合同管理的人员和组织应给卖方发出合同已完成的正式书面通知，从而确认合同的终止。

经典案例分析与实践

国际水电 EPC 项目采购管理案例

采购是 EPC（Engineering Procurement Construction，包含设计、采购、施工）一体化管理的重要组成部分，采购费用占总合同额的比例高达 40%～60%。以下通过分析典型国际水电 EPC 项目案例——××水电 EPC 项目 B 采购管理的主要问题，提出如何提升国际水电 EPC 项目采购管理能力。

1．采购管理难点

（1）国内外标准差异。项目要求机电设备参照澳大利亚产品标准，而国内机电供应商对澳大利亚产品标准基本不了解，机电设备制造难以满足标准要求。压力容器必须严格按照 ASME 的标准执行，采购难度加大，采购周期延长，生产成本增高。消火栓、灭火器、灭火毯等消防物品，因其特殊要求，我国的产品难以满足项目的消防标准。项目初期从国内采购了一批电缆和电线，其颜色与××国际电网标准规定的颜色不同，导致无法使用电网供电，只好采用柴油发动机供电。为应对台风，澳大利亚产品标准对屋顶和建筑结构有特殊要求。因不熟悉澳大利亚产品标准，施工至相应部位时，才发现需从澳大利亚或新西兰购买特殊材料，造成工期延误。

（2）全球化采购。××市场较小、工业不发达，大部分材料与设备无法在当地采购，即使当地市场能够采购，价格也往往高出国内价格三至四倍。除水泥外，主要物资都需要从国内或第三国市场采购，存在诸多风险。例如，国内外采购法律法规的协调问题。

2．采购管理策略

（1）合同管理。将 EPC 总承包合同相关章节作为永久机电设备招标文件技术部分的附件，对供应商加以约束。

（2）成本控制。对于合同中明确规定了供应商的设备，仍然邀请与规定供应商实力接近的供应商投标，并将投标价格作为与合同规定供应商进行合同谈判的依据。

（3）质量控制。聘请设备制造咨询公司，全程参与招标文件的审核、评标和合同谈判，并负责设备监造过程中的设备检验、出厂验收等。

（4）技术风险管理。注重与业主/咨询工程师沟通，变更水轮发电机组的加权平均效率要求，降低履约风险。

（5）全球化采购。关注采购市场动向，选择在材料供应充足、经济发展稳定、市场价格较低、交通运输方便，以及汇率合适的时间进行采购。例如，说服业主/咨询工程师同意从国内进口炸药以替代从澳大利亚的进口，采购成本显著降低。

（资料来源：张亚坤等，国际水电 EPC 项目采购管理案例研究，项目管理技术，2017，（10）：88-92）

实用工具与模板

采购管理计划

项目名称______________ 项目经理______________ 制定日期______________

项目编号______________ 采购部门______________ 更新日期______________

客户名称______________

1．采购责任人（描述包括采购姓名、制订采购计划、批准情况，以及寻找内外部供应商等）

2．采购文件（列出所有标准采购表格、文件及其与采购相关的政策和程序，包括文件标号与保存地点等）

3．采购要求（描述需要采购的产品或服务，特别是时间、价格、质量性能、包装与运输、保险方面等的特殊要求）

4．合同类型和约定（描述识别合同类型以及费用的标准，投标方必须满足的约定的或保证的需求）

5．合同的进度计划（描述定义合同的进度计划与项目进度计划整合一致，包括里程碑和时间提前进度）

6．采购约束和假设（描述采购过程中相关的约束和假设并形成文档）

7．合同风险（描述风险的识别、分析和跟踪与项目风险管理整合一致）

8．绩效报告（描述合同的绩效报告与项目状态报告整合一致，包括范围、质量、交付期、成本和其他方面等）

自 测 题

一、单选题

1．买方向卖方提供了项目工作说明书，项目经理召开投标人会议，这是在（　　）过程。

A．实施采购　　B．规划采购　　C．控制采购　　D．结束采购

2．下列表述错误的是（　　）。

A．项目采购绝大多数是通过非招标采购进行的

B．非招标采购一般适用于单价较低、有固定标准的产品

C．非招标采购主要包括询价采购、直接采购和自营工程

D．项目采购绝大多数是通过招标采购进行的

3．客户提供了一份清晰的工作说明书，承包商按照规定完成了工作，但是客户对结果不太满意。这时，合同被认为（　　）。

A．是完整的，因为承包商很满意

B．是不完整的，因为客户不太满意

C．是完整的，因为承包商满足了合同的要求

D．是不完整的，因为客户可以做得更好

4．下列有关招标采购的表述错误的是（　　）。

A．手续烦琐，耗费时间也较多，不够机动灵活

B．投标者可能把手续费等附加费用转移到购买的投标项目的价格中去

C．可能发生抢收标、围标等现象

D．可以出现贪污贿赂行为

5．项目经理买进了价格更高的设备，虽然不符合合同的成本要求，但性能更好，项目经理应该（　　）。

A．交付该设备　　B．提出变更请求，并获得发起人批准

C．上报发起人，因为超出了项目范围　　D．用合同规定的设备

6．项目经理开始一个新项目，获得一份报告，显示在上一个项目中发生的采购相关的情况。这份报告出自（　　）。

A．采购审计　　B．记录管理系统　　C．归档合同　　D．协商解决

7．规划采购的工具包括（　　）。

A．储备分析　　B．自制或外购分析

C．投标人会议　　D．供应商投标分析

8．某客户要采购某种物料2000件，该物料每件年单位储存成本为4元，每次订货费用为10元，则经济订货量为（　　）件。

A．120　　B．80　　C．90　　D．100

9．某项目需一种零件，若自制，单位产品变动成本12元，并需增加一台6000元的专用设备。若外购，购买量大于2000件时，14元／件；购买量小于2000件时，15元／件。当需要量大于3000件时，应（　　）。

A．自带　　B．外购

C．外购、自制均可　　D．外购、自制各一半

10．在已签订的合同范围中不包括下水道，但客户口头通知增加下水道任务，项目经理应该（　　）。

A．修改计划　　B．提交变更请求　　C．分析影响　　D．索赔

11．合同收尾就是按合同要求对项目进行（　　）。

A．验收、付款、移交　　B．收集合同资料、整理合同资料

C．合同遗留问题处理　　D．合同结算

二、多选题

1. 项目采购管理过程包括（　　）。

A. 项目采购规划　　B. 项目评审管理

C. 项目合同管理　　D. 项目选择供应商

2. 编制项目采购计划的工具和技术有（　　）。

A. 自制或外购分析　　B. 工作分解结构（WBS）

C. 关键路径法（CPM）　　D. 短期租赁或长期租赁比较

3. （　　）是有效的合同管理的一个重要元素。

A. 持有投标保函　　B. 使用合适的合同类型

C. 使用合同变更控制系统　　D. 建立工作说明书

4. 供方选择的工具和技术有（　　）。

A. 独立估算　　B. 合同谈判　　C. 筛选系统　　D. 加权系统

5. 经济订货批量基本模型的假设条件有（　　）。

A. 项目组织现金充足　　B. 物料陆续入库

C. 不允许缺货　　D. 物料单价不变，不考虑现金折扣

6. 项目采购规划编制应注意（　　）。

A. 采购的物料的使用性能要符合项目的要求

B. 采购计划要明确规定采购的物料衔接问题

C. 采购计划要对整个采购过程进行协调管理

D. 采购数量应尽量多，以备项目的不时之需

7. 合同管理的工具和技术有（　　）。

A. 绩效报告　　B. 支付系统

C. 筛选系统　　D. 合同变更控制系统

8. 项目组织在进行独立估算时，如果与供应商的报价差异较大，其原因有（　　）。

A. 供应商对采购方的需求考虑不充分

B. 供应商对采购方的需求的误解

C. 项目定义的范围不恰当

D. 只有 A 和 B

三、判断题

1. 按项目采购形态不同分为有形采购和无形采购，其中有形采购包括货物采购和服务采购，无形采购包括工程采购。（　）

2. 项目采购规划的输入依据有范围说明书、产品说明书和绩效报告。（　）

3. 大部分采购不需要竞争，直接签订合同就可以了。（　）

4. 外购分析应包括采购产品的成本和管理购买过程的间接费用。（　）

5. 费用补偿合同对一个明确定义的产品规定一个固定总价格。（　）

6. 供方选择主要考虑价格因素。（　）

7. 经济订货量是使购买成本和库存成本之和最小时的订货量。（　）

8. 合同变更处理包括变更清单、变更单价、变更量、变更合同清单等。（　）

9．只有当合同双方都履行完各自的义务时，合同才能终止。（　　）

四、简答题

1．项目采购有哪三种类型？

2．项目采购规划包括哪些内容？

3．简述合同工作说明书的内容及其要求。

4．合同类型选择可以分成哪几类？

5．供方选择时应考虑哪些因素？

6．非招标采购的主要过程有哪些？

7．简述合同谈判的内容及其主要问题。

8．如何运用自制或外购分析的方法？

五、案例分析题

A电子公司的采购管理策略

A电子公司按照供应链管理的思想，与供应商建立战略合作伙伴关系，通过双方公开价格和成本构成，不断调整成本结构、缩短供应商的供货周期，提高供应链的柔性，降低库存水平、管理费用，加快资金周转速度。

A电子公司对企业所有的商品采购包括厂家都是按照采购系统来进行管理。企业每年都要对这个系统的供货商进行评估，促进了供应商社会化服务体系的完善；对于关键零部件、重要零部件，在设计前期就选定供应商，并让各工厂及供应商参与进来，这样准确地把握最终客户的真正需求，也可以提前根据客户的需求进行前期准备。

A电子公司通过电子商务等手段实现了部门内部的网络化，并且实现了与供应商之间的网络化管理。为了实现利益的最大化，目前所采取的是集中采购办法，这样既固定了60多家供应商，也降低了成本和采购人员的数量，实现利益双赢的目的。

1．A电子公司采购管理策略的特点有哪些？

2．你从以上先进采购管理经验中得到哪些启示？

Chapter Two

第九章

项目人力资源管理

知识学习目标：

- 理解项目人力资源管理的含义和目标
- 理解项目人力资源规划、项目人员组织、项目团队管理的依据
- 掌握项目人力资源规划、项目人员组织、项目团队管理的工具与方法
- 理解项目人力资源规划、项目人员组织、项目团队管理的结果

技能训练目标：

- 掌握职务与岗位分析
- 能够编制人力资源计划

第一节　人力资源管理概述

人力资源管理不仅包括对人力资源的获取、配置与利用，也包括人力资源的开发。为此，要最大限度地调动组织成员的积极性和创造性，充分发挥组织成员的潜力，把组织成员的全面发展作为实现组织目标的一个重要内容。

一、人力资源管理的含义

人力资源管理是指以从事社会劳动的人和有关的事的相互关系为对象，通过组织、协调、控制、监督等手段，谋求人与事，以及共事人之间的相互适应，实现充分发挥人的潜能，把事情做得更好这一目标所进行的管理活动。作为一个组织的人力资源管理部门，其主要工作涉及对工作人员的招聘、录用、选拔、任用、考核、奖惩、晋升、使用、培训、工资、福利、社会保险等方面的工作。也就是运用现代化的科学方法，对与一定物力相结合的人力进行合理的组织、协调、培训、调配等工作，使人力、物力经常保持最佳的比例，同时对人的思想、心理和行为进行恰当的引导、控制和监督，以充分发挥人的主观能动性，做到事得其人，人尽其才，人事相宜，以实现组织目标。

二、人力资源管理的目标与职能

人力资源管理的最终目标是促进组织目标的实现。人力资源管理部门具体的目标是建立员工招聘和选择系统，最大限度地挖掘每个员工的潜质，留住那些通过自己的工作绩效帮助组织实现目标的员工，确保组织遵守政府有关人力资源管理方面的法规和政策。

现代人力资源管理具有三大基本职能（3P 管理）：岗位（Position）管理、绩效（Performance）管理和薪酬（Pay）管理。岗位管理是所有人力资源管理的基础，当然也是绩效管理、薪酬管理的基础；绩效管理是 3P 中的难点；薪酬管理是人力资源管理成败的关键。

（1）岗位管理其实就是对企业员工成长的舞台的设计和管理，包括岗位分析、岗位设计和岗位评估三个部分。岗位分析必须建立在对公司现有的岗位和流程进行优化（岗位设计和流程设计）的基础上，岗位分析的结果形成岗位说明书。

（2）绩效管理是一个包括计划、组织实施、控制与绩效改进（绩效管理的重点）的全过程的管理。绩效管理已经不仅是人力资源管理的职能，而且是企业战略管理的组成部分。

（3）薪酬管理是企业管理成功与否的关键。薪酬管理要考虑很多因素，比如企业发展的阶段、支付能力、所处的竞争环境等，而决定员工薪酬水平的主要因素有四个，即市场、岗位、知识技能和绩效。

三、人力资源管理的工作内容

项目人力资源管理就是要充分发挥参与项目的人员的作用，包括所有与项目有关的人员——项目负责人、客户、为项目做出贡献的个人。项目人力资源管理的工作内容包括项目人力资源规划、项目人员组织、项目团队管理，如图 9-1 所示。

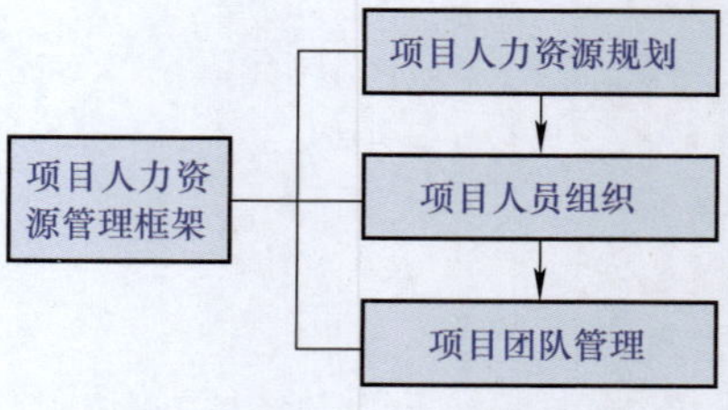

图 9-1　项目人力资源管理框架

第二节　项目人力资源规划

项目人力资源规划是组织战略规划的一个组成部分，通过预测人力资源供需状况，以确保组织的人力资源供给与组织对人力资源的需求保持一致；充分利用、挖掘现有人力资源的潜力，确保组织在需要时把合适的员工安排到合适的职位上。项目人力资源规划包括确定书面计划并分配项目任务、职责以及报告关系。任务、职责和报告关系可以分配到个人或团队。这些个人和团队可能是执行项目的组织的组成部分，也可能是项目组织外部的人员。内部团队通常和专职部门，如工程部、市场部或会计部有联系。

项目人力资源规划的主要工作如图 9-2 所示。

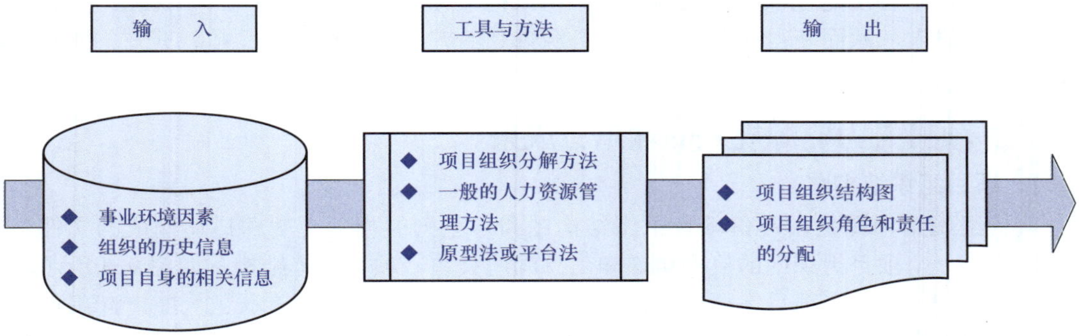

图 9-2　项目人力资源规划的主要工作

一、项目人力资源规划的输入：依据

项目人力资源规划的主要依据包括三大类：一是事业环境因素，二是组织的历史信息，三是项目自身的相关信息。

1. 事业环境因素

事业环境因素是指项目团队相关组织和项目所处的环境，包括项目发起组织的情况、项目团队成员所在组织的情况、项目将涉及的组织的情况、项目环境情况、技术情况、人际情况、后勤保障的情况和政治性的情况等。项目人力资源规划所需要参照的组织文化和结构的事业环境因素包括项目所处的宏观（国家级的）、中观（行业级的）和微观（企业级的）的环境情况，以及项目所涉及的经济、技术、市场、地理位置等因素。

2. 组织的历史信息

项目实施组织已完成项目的历史信息和组织的各种规章制度和要求等，为项目的人力资源管理提供了重要依据。这些组织的历史信息包括：组织在以往实施项目的过程中所保留的有关人力资源计划的相关资料（包括组织结构图和岗位描述等）、在以往项目人力资源管理过程中所积累的经验与教训，以及人力资源配备管理计划等。

3. 项目自身的相关信息

必须收集与分析项目自身的相关信息，如项目的工作任务（项目工作分解结构和项目活动清单）、项目的人员需求（项目总体人员需求和项目各类人员的需求预测数据，以及能力和素质要求数据等）、项目进度计划及项目限制因素（项目实施组织的组织结构限制、各种劳动法或工会规定的限制、项目管理团队的能力和偏好限制、项目关键工作人员的要求等）。

二、项目人力资源规划的工具与方法

1. 项目组织分解方法

这种方法是以项目工作分解结构（WBS）为依据，根据完成项目各个工作包所必需的责任和义务，通过进一步分析获得一份项目组织分解结构（OBS），最终确定项目组织结构的分解方法。这是一种被广泛采用的结构化项目组织分析与设计方法。

2. 一般的人力资源管理方法

项目人力资源管理部门可以使用一般的人力资源管理的原理和方法，进行项目人力资源日常运营组织的规划与设计。

3. 原型法或平台法

原型法或平台法是把以前完成项目的组织结构作为“原型”或“平台”，通过一定的“增删”和“改进”，从而获得新项目的人力资源规划的方法。这种方法简单、有效，而且可以节省很多人力资源规划工作。

三、项目人力资源规划的输出：成果

1. 项目组织结构图

项目组织结构图是由一份项目组织结构图和一系列的相关说明和描述构成的文件，它全面描述了一个项目组织中的权力传递和信息沟通关系。项目矩阵结构图如图 9-3 所示。在一个组织内同时有几个项目需要完成，又需要每一个项目具有不同专长的人在一起工作才能完成，因此项目矩阵结构图能满足这一特殊需求，即既有按管理职能设置的纵向组织系统，又有按产品、项目、任务等划分的横向项目组织分解结构。

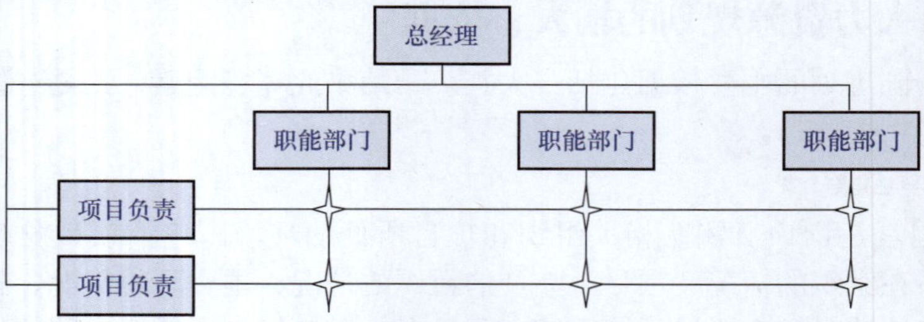

图 9-3　项目矩阵结构图

2. 项目组织角色和责任的分配

项目组织角色和责任的分配包括项目利益各相关主体之间角色和责任的分配和项目团队成员之间角色和责任的分配。其中项目经理的角色和责任是最为重要的。其可以使用责任分配矩阵来加以描述，这种责任分配矩阵的基本格式见表 9-1。

表 9-1　责任分配矩阵的基本格式

活　动	成　员				
	Ⅰ	Ⅱ	Ⅲ	Ⅳ	Ⅴ
需求分析	I	R	I	A	I
系统设计	C	A	C	I	R
系统开发	C	A	C	I	R
系统测试	R	I	I	A	I

注：R= 有责、A= 负责、C= 征求意见、I= 通报。

第三节　项目人员组织

项目人员组织就是要获得所需的人力资源（个人或团队），并将其分配到项目中工作。项目经理应保证所利用的人力资源能符合项目的要求。

项目人员组织的主要工作如图 9-4 所示。

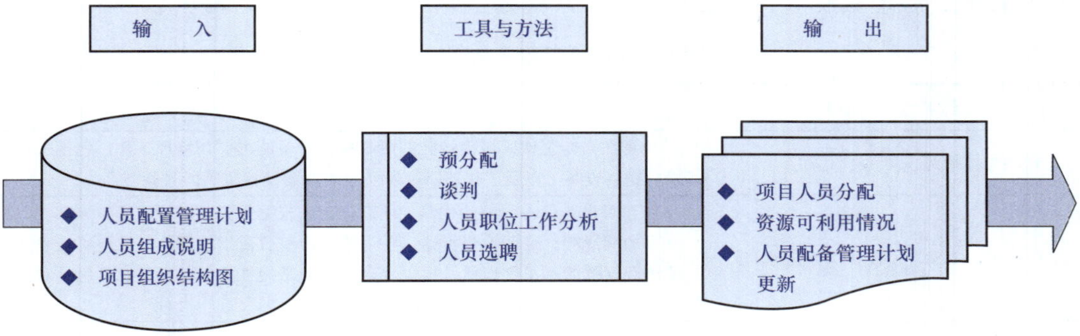

图 9-4　项目人员组织的主要工作

一、人员组织的输入：依据

1. 人员配置管理计划

人员配置管理计划包括项目人员配置的要求。

2. 人员组成说明

当项目管理小组能够影响或指导人员分配时，它必须考虑可能利用的人员的素质、工作经验、个人兴趣、个性、合作性等。

3. 项目组织结构图

项目组织结构图，见上文的说明。

二、人员组织的工具与方法

1. 预分配

预分配是指在竞标过程中承诺分配特定人员进行项目工作，或因项目需要有技能的特定人员，或在项目章程中已经规定了某些人员的工作分配。

2. 谈判

项目管理团队首先要与负责项目的人事经理谈判，以保证项目在规定期限内获得匹配的工作人员；其次，需要与实施组织中其他项目管理团队谈判，以争取稀缺或特殊人才得到合理分配。

3. 人员职位工作分析

人员职位工作分析是指全面地收集某一工作岗位的有关信息，对该工作从工作内容（What）、责任者（Who）、工作岗位（Where）、工作时间（When）、怎样操作（How），以及为什么要这样做（Why）六个方面开展调查研究，然后再将该工作的任务要求和责任、权力等进行书面描述，整理成文，进而形成“工作说明书”的系统过程。

工作说明书为人员招聘提供了具体的参考标准，工作分析则提供了需要招聘人员的工作岗位。之后，招聘与甄选到合适的人员成为组织人力资源管理的一项重要工作。工作说明书主要包括两个方面：一是工作描述，对岗位的名称、职责、工作程序、工作条件与环境等进行说明；二是岗位要求，说明该岗位的员工所应具备的资格条件，如经验、知识、技能、心理素质等各项要求。例如，检修工职务与岗位分析见表 9-2。

表 9-2 检修工职务与岗位分析

工作名称：检修工	具 体 内 容
工作的总体描述	负责在一定工作区域内运转的所有机器设备的维护和修理工作，包括公司车辆、销售设备，以及工作场所中所使用的机器设备的养护服务
关键职责（40%）：设备保养任务	保存对机器设备所做的保养的所有记录。根据保养时间要求更换零部件，以及添加润滑剂。定期检查机器设备上的量器和负荷指示器，以发现可能表现设备出现问题的不正常现象。根据要求完成非常规性的保养任务，可包括对执行维护任务的操作工进行有限监督和培训任务
关键职责（40%）：设备维修任务	要求对设备进行检查并提出报废或修理某一零部件的建议。如果设备需要被修理，则检修工需要采取必要的措施来使该零部件恢复正常工作，包括使用各种手工工具和设备来对零部件进行部分或者全部重组
关键职责（8%）：测试与批准任务	确保所有要求完成的保养和维修工作全部完成，并且确认、批准按照设备生产商所提供的说明书来进行保养和维修
关键职责（8%）：库存保持任务	保持设备保养和维修所需要的库存零部件，负责以最低的成本采购令人满意的零部件
非关键职能（4%）	上级分配的其他任务及其工作态度、制度执行等

4. 人员选聘

人员选聘是指组织所需人员的招聘与甄选，是根据组织中存在的一个或多个职位的空缺，以及必须做出的人力资源结构的调整，通过各种信息途径寻找、筛选和确定工作候选人，以充足的数量和满意的质量来满足组织的人力资源需求的过程。它必须以科学的人力资源计划为依据。

由于受组织经营性质、规模、所属行业，以及具体岗位要求等因素的影响，不同组织的人员选聘程序不尽相同，但大多数包括以下基本流程：①编制人员招聘计划；②设定人员选聘标准；③正确选择选聘渠道；④进行人才测评与甄选；⑤录用与培训上岗；⑥人员选聘工作评估。

在进行了科学的人力资源规划之后，为保证人员招聘工作有序、高效地进行，还应编制具体的招聘计划。人员招聘计划必须包括以下内容：

（1）招聘人数。应聘者的数量往往多于实际招聘的人数。这是由于一些应聘者可能对于该工作没有兴趣，也可能资格不够，或者两个原因兼而有之。

（2）招聘标准。招聘标准就是确定录用什么样的人才。在确定招聘标准时，不仅要考虑组织自身的需要，同时还要考虑社会的供给实际，以及特定人员的个性要求（职业倾向、求职愿望、待遇要求等），也要考察应聘人员的品德、专业、自信、竞争力和敬业精神，并尽可能地用一些量化指标或专门的工具和方法来进行衡量。其内容包括：年龄、性别、学历、工作经验、工作能力、个性品质等。

（3）招聘程序及进度安排。成立招聘工作小组，拟订招聘简章，选择招聘渠道，发布招聘信息，收集处理应聘资料，并规定人力资源测评的步骤和方法。

（4）招聘经费预算。除了参与招聘工作的有关人员的工资以外，还需要进行广告费、考核费、差旅费、电话费、通信费、工具费等相关费用的测算。

三、人员组织的输出：成果

1．项目人员分配

项目人力资源管理部门将招聘的团队成员分发给项目经理处，并插入项目组织机构图内。

2．资源可利用情况

资源可利用情况记录了项目团队中的每名成员在项目中可工作的时间，以消除每个成员在时间安排上的冲突，包括休假时间和承诺给其他项目的时间。

3．人员配备管理计划更新

由于很难完全符合项目人员配备的要求，或者因晋升、退休、疾病、绩效问题和变化的工作负荷等其他原因，必须对人员配备管理计划进行更新。

第四节 项目团队管理

项目团队管理就是将一个个独立的团队成员变成一个坚强有力的团体，有效提高项目团队成员的工作技能和团队成员之间的信任感和凝聚力，以便达到团队协作效果和提高团队生产力，从而能够顺利达到项目的既定目标。

项目团队管理的主要工作如图 9-5 所示。

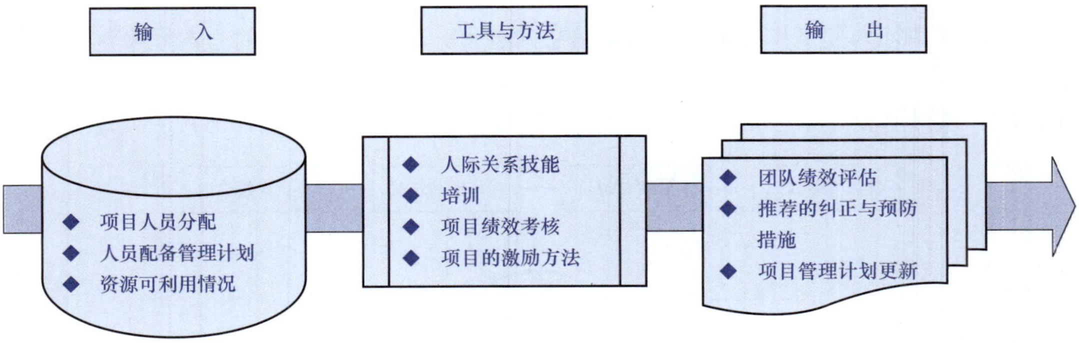

图 9-5 项目团队管理的主要工作

一、项目团队管理的输入：依据

1．项目人员分配

项目人员分配就是首先从项目团队成员清单开始，根据项目任务和成员技能情况分配项目人员并制定相应的分配文件，为项目监控过程的项目团队成员评估提供保障。

2. 人员配备管理计划

人员配备管理计划列明了项目团队成员在项目中工作的时间段，以及相关培训计划和项目团队管理计划。根据不断进行的团队绩效评估和其他形式的团队管理，可在计划中加入奖励、反馈、额外培训和惩戒措施。

3. 资源可利用情况

资源可利用情况说明了项目团队成员能够参加团队建设活动的时间。

二、项目团队管理的工具与方法

1. 人际关系技能

项目团队管理者通过了解项目团队成员的感情和后顾之忧，预测其行动，并尽力帮助解决问题，这样可以大大减少项目管理团队的麻烦并促进合作。

2. 培训

为了使项目团队成员具备完成各自任务所需的知识、技能和能力，可以通过培训提高团队成员完成项目工作的效率。项目管理者可以为项目团队成员提供在职培训、指导和辅导等不同方式的培训，具体培训方法有课堂培训、在线培训、计算机辅助培训等。培训旨在提高项目团队的能力、管理或者技术技能，同时也是鼓舞团队成员士气、留住人才的有效方法。

项目人员培训的过程一般包括培训需求分析、确立培训目标、选择在职培训或脱产培训方式、评价培训的效果等，以利于增强培训效果。

3. 项目绩效考核

项目绩效考核作为项目人力资源管理的重要环节和核心内容，通过对项目成员的工作实绩进行评定，帮助项目成员认识实际工作中的问题和不足，促进他们不断改进；同时在考核过程中发现项目成员的工作潜力，以开发其潜能，促进项目成员全面发展。

项目绩效考核是指按照一定的标准，利用科学的方法，收集、分析、评价和传递有关项目成员的工作行为和工作结果等方面的信息的过程。项目绩效考核的基本程序包括制订绩效计划、进行持续沟通、实施绩效评价、提供绩效反馈，以及指导绩效改进五个环节，如图 9-6 所示。项目绩效考核通常应定期进行，每月、每季度或每年对员工进行正式的绩效考核。

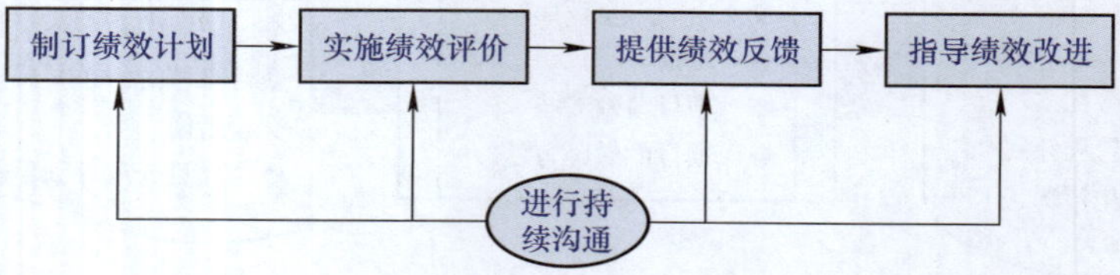

图 9-6　绩效考核的过程

（1）绩效考核的过程。

1）制订绩效计划。制订绩效计划是绩效考核过程的起点，是员工与直接上级或经理就工作职责、工作任务及其有效完成的标准，以及员工个人的发展确定目标、达成共识的过程。绩效计划中绩效标准的确定非常关键，即组织期望员工所能达到的绩效水平，这需要上级与员工达成共识。

2）进行持续沟通。进行持续沟通是绩效考核管理的重要环节，它贯穿于整个项目绩效考核管理过程。项目经理或主管应对工作进展情况、潜在的障碍和问题、可能的解决措施等与员工进行全面的交流和沟通，保证员工顺利完成工作任务并达到应有的绩效水平，为员工接受最终评价结果奠定了基础，可以避免绩效评价结果偏离员工的自身期望。

3）实施绩效评价。绩效评价的实施是绩效考核管理活动的核心环节，是对员工在一定期间内的工作绩效进行的识别和评定，具体来说包括：①绩效考核前的各项组织准备工作，如宣传发动工作、工作日程安排、考核主体与客体的选择、考核工具的准备、绩效考核测量方法的选择等；②根据人力资源部门制定的绩效考核周期（如季度、半年、一年等），所有员工对自己在考核期间的企业制定的工作目标的工作业绩完成情况及工作态度表现、工作能力强弱等进行自我总结、评价；③相关部门领导根据日常工作的完成情况、考勤情况、管理日志等各方面进行客观、公平公正的打分，对工作期间表现出的弱点提出相应的建议，并交由该部门的最高领导进行审核。如果一个员工由双重直接主管领导，由其主要业务直接主管负责协调另一业务直接主管对其进行考核。

4）提供绩效反馈。绩效考核结束后，上级或主管应就绩效考核结果与员工进行沟通，使之明确绩效的不足或改进方向，以及个人特性和优缺点，员工可以保留自己的意见，但必须在考核表上签字；同时组织必须建立正规的绩效反馈制度，设立“投诉”制度，允许员工对自己的考核结果有疑问，一定期限内有权向上级主管或考核委进行反映或申诉。然后相关人员对产生异议的评价结果进行复核，以纠正评价中由主观或客观原因造成的偏差，保证评价结果的公平性和公正性。

5）指导绩效改进。最后，由企业人力资源部门收集、汇总所有员工的考评结果，编制考核结果一览表，送达企业最高领导层审批，并将考核结果反馈给员工，指出有待改进的问题和方向，从而提高员工的知识和技能水平。

（2）绩效考核方法。

1）排队法。排队法是指将被考核员工按照工作业绩的好坏进行一定次序的排列，以区别员工的业绩水平。排队法又可以分为直接排队法和间接排队法两种。直接排队法指的是将员工按照业绩水平由好到差地进行排列，即先列最好的，然后是次好的，再到一般的、较差的和最差的。间接排队法是先挑出来业绩最好的员工，然后找出业绩最差的员工，之后分别排列好的和差的，按一左一右挑选，依次向下进行，直到全部排完。两种排队方法如图 9-7 所示。

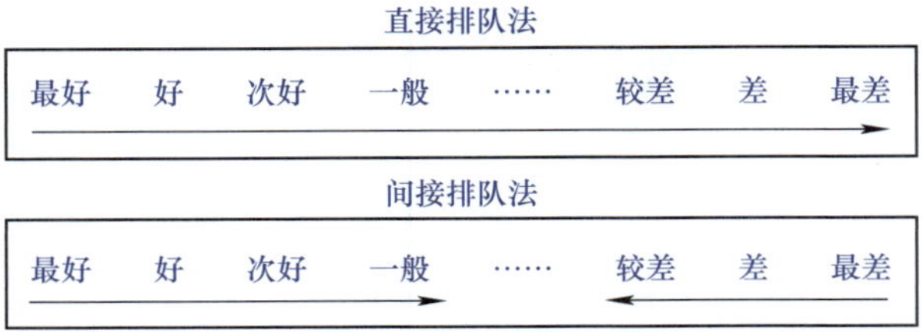

图 9-7 两种排队法

2）360 度绩效评估法。360 度绩效评估法又称全方位考核法，最早由被誉为“美国力量象征”的典范企业英特尔首先提出并加以实施。它是常见的绩效考核方法之一，其特点是评价维度多元化（通常是 4 或 4 个以上），适用于企业管理人员的考核，尤其是中高级别管理人员的考核。

这种方法的优点是比较全面地进行评估，易于做出比较公正的评价，同时通过反馈可以促进工作能力提升，有利于员工培训和人才选拔，也有利于提升团队的工作效率。它的缺点是因为对各方面进行评估，所以工作量比较大；也可能存在非正式组织，影响评价的公正性；还需要员工有一定的知识参与评估。360 度绩效评估法主要用于两类评估，如图 9-8 和图 9-9 所示。

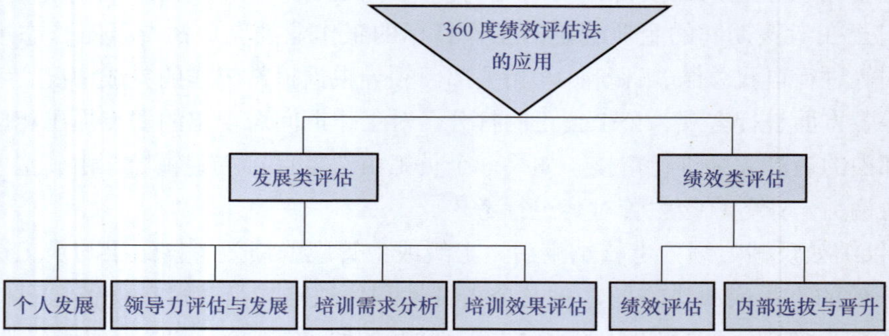

图 9-8　360 度绩效评估法的应用（一）

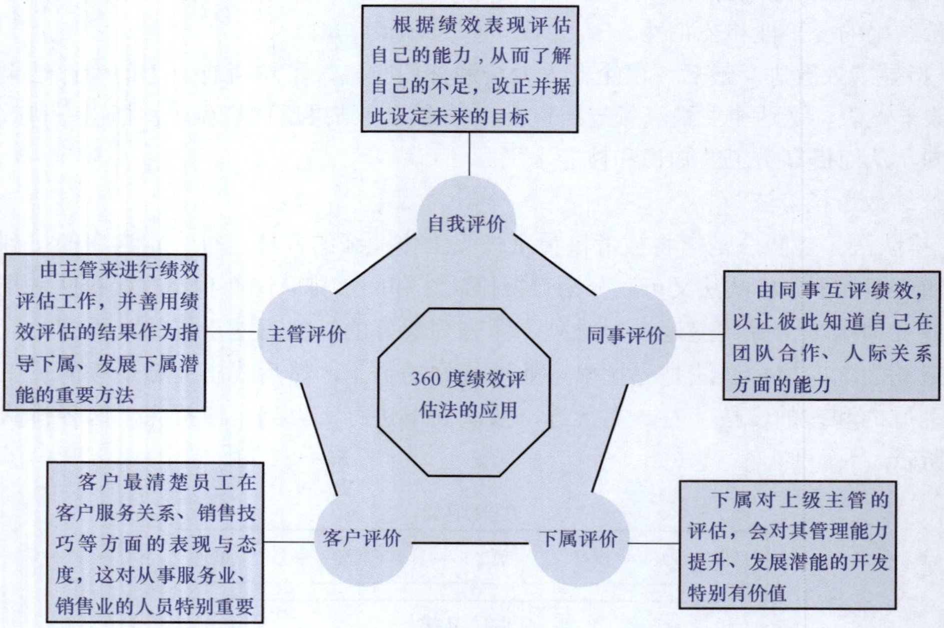

图 9-9　360 度绩效评估法的应用（二）

该方法是指员工通过自我评价、主管评价、同事评价、下属评价、客户评价等来了解自己的工作绩效，了解各方面的意见，清楚自己的长处和短处，最终达到提高自己的目的。

360 度绩效评估法的运用步骤如图 9-10 所示。

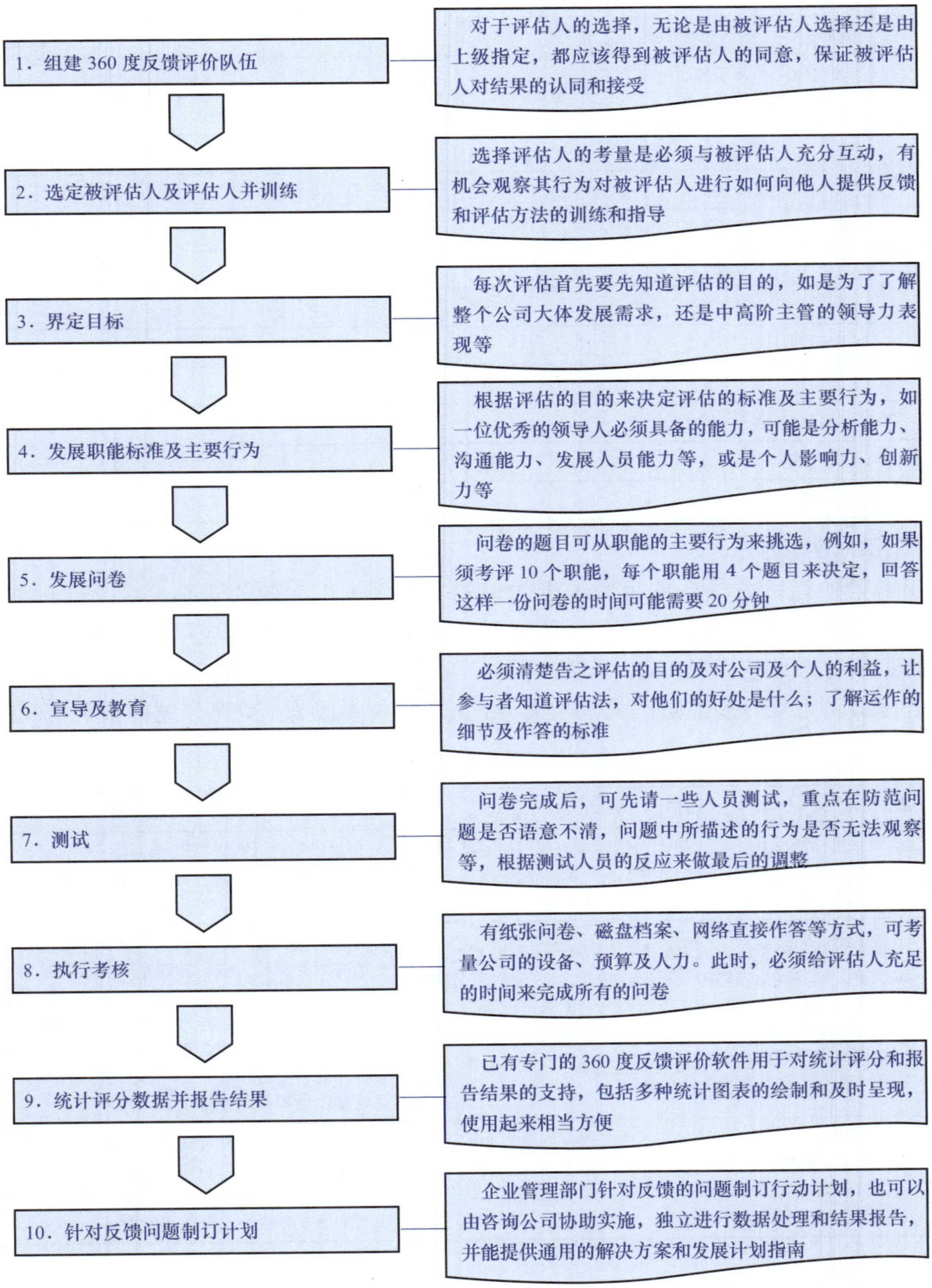

图 9-10　360 度绩效评估法的运用步骤

（3）团队绩效评估。对团队及其成员进行绩效评估，必须从职业道德、决策执行、技术绩效、人际能力、冲突管理等方面进行考核与评价，见表 9-3。

表 9-3 团队及其成员绩效评估表

项目名称		考核人		考核日期	
考核内容		好	一般	差	改进措施
职业道德					
技术绩效	项目范围				
	项目质量				
	项目进度				
	项目成本				
人际能力	沟通				
	合作				
冲突管理					
决策制定					
领导与执行能力					
开发领域					
其他说明					

4. 项目的激励方法

采用有效的激励方法是项目领导者的重要工作之一。有效的激励，必须通过适当的激励方式与手段来实现。激励方法因人不同而不同，激励的方法及其应用见表 9-4。事实证明，对某位员工堪称最佳的激励方法，可能对另一位员工完全失效，甚至收到负面效果。因此，公司在进行员工管理时要注意因人因事而异，采取多种激励方式，充分发挥激励机制的作用。

表 9-4 激励的方法及其应用

激励方法	内　容	实际应用
目标激励法	目标激励是让员工把个人目标与企业目标等结合起来，即给员工确定一个远期目标，以目标激励员工树立雄心壮志、努力工作，从而实现目标	企业开展的“四型”班组活动—— 创建学习型、管理型、创新型、和谐型班组，就是一种激励人心的目标激励法
奖惩激励法	对员工的奖励方式大致有三种：奖金、晋升和赏识。员工的需要是多样的，不仅有物质方面的需要，还有精神方面的需要。员工既希望从企业获得改善物质生活的应得报酬，又希望感受到管理者的关怀、友爱和信任，得到精神上的激励，得到施展身手、表现自我的机会、享受被赏识的快乐	根据员工的特点，以薪酬形式为重点的工资激励制是最有效的激励方式。赏识是对完成任务的员工表示感谢，同时赠予相应的礼物。它将精神物质奖励融为一体，使员工得到应得的报酬。例如，分配一项工作，在做之前班组长可以告诉员工：“这项工作很重要，我认为把它交给你最好。你做完后会得到300元奖金。”这就是奖金和赏识并用
情感激励法	情感激励法就是通过上下级之间、同事之间的感情沟通，使管理者和员工在思想感情上、任务目标上，做到同心同德、协调一致，提升企业的凝聚力，从而激发员工努力工作的热情	人本管理、柔性化管理体现的就是情感激励。情感激励必须突出真诚，讲求关爱、体贴。如在员工生日时按员工的喜好送给员工一份小礼品，当员工在工作中遇到麻烦时给员工鼓励和安慰等
榜样激励法	榜样的力量是无穷的。项目主管本人首先要做好榜样，要严于律己，以身作则。同时在树立榜样时应当注意榜样要来自员工，要具有广泛的群众基础，事迹要真实、实事求是，不能有半点夸大，否则会走向反面	某油田在一次创业中培育和发展了“宁要一个过得硬，不要九十九个过得去”和“五毫米精神”为主要内容的“自觉从严，好字当头”的行为文化。其在二次创业中又提出“建设精品工程，塑造精彩人生”的行为文化。坚持传思想，让传统作风在员工心目中扎根；坚持帮技术，让员工掌握过硬的技术本领；坚持带作风，强化员工的优质服务意识；努力打造更多的精品工程，给全国工业企业树立了榜样

（续）

激励方法	内　　容	实际应用
荣誉激励法	荣誉激励——“正强化”激励的方法，主要是表扬和奖励。对员工要多做表扬，尤其是公开的表扬。它能使人找回尊严和自信。国外的统计资料表明，对员工采取表扬、奖励的“正强化”激励法，效果很好，而采用公开指责批评法，效果往往不好	某粮库评选荣誉的等级分为四级：“标兵仓”是展示企业形象和管理水平的“窗口库”，“红旗仓”作为粮食保管规范化和岗位练兵的“演示库”，“标准仓”是应该达到的“标准库”，“警示仓”是作为企业管理的短板，除给予必要的惩戒外，要帮助查找原因
关怀激励法	项目主管应当主动关心员工，了解其工作积极性不高的原因，努力帮助他们解决困难，使他们深深感到集体的温暖，从而激发高度的工作主动性与责任心。因此，对职工的婚丧喜事、生病住院、家庭纠纷、天灾人祸等，要关心重视，可以做必要的家访工作	某公司创立“四个必访”制度：职工生病时必访、职工家属生病住院时必访、家庭有矛盾时必访，职工家有红白喜事时必访。这种激励比日常的一般物质与精神奖励效果往往要好得多，似春风化雨，滋润着员工的心
培训激励法	对优秀者给予培训的机会。培训是最好的福利，给骨干和优秀员工培训，提升他们的知识水平和技能，这是员工激励长期有效的方法	按照计划对员工进行岗位培训、现有骨干的多技能培训。将员工送高等学校深造；安排员工到本企业培训中心或外派到培训机构接受培训
工作激励法	①给员工提供一份良好的工作。项目主管要善于指导员工在工作中成长，还要给他们提供学习新技能的机会，要确保员工得到相应的工具，以便把工作做到最好 ②给员工制造机会。让员工有更多机会做富有挑战性的工作，是激励他们的一种好方法 ③以工作业绩为标准提拔员工。制定公正科学的提拔员工的标准和方法	在拥有领先技术的公司工作，一般都会士气高涨。如果拥有本行业最先进的设备，员工也会引以为荣。如果员工能自豪地夸耀自己的工作，这夸耀中就有着巨大的激励效果 公司应该制定一整套从内部提拔员工的标准，按照这个标准，提拔那些工作真正有业绩的员工，这会大大激励员工
语言激励法	语言激励法的目标是挖掘员工的潜力，以便他们创造更好的业绩，并通过将员工的个人目标与企业战略结合在一起来提高企业业绩。语言激励法使用广，不受限制，达到的效果却立竿见影，任何时候都能进行。语言激励既包括赞扬，又包括批评	①赞扬。当员工出色地完成工作时，班组长要及时表示语言上的祝贺，既要表现得及时，又要说得具体。这种祝贺代表赏识和认可，这会进一步激发员工努力工作的欲望。许多公司非常重视团队协作，通过开会庆祝，鼓舞员工士气，目的是让团队成员知道自己工作出色 ②批评。任何人都不喜欢被批评。但如果批评得当，不仅不会令人丧气，反而还会激发员工的斗志，使员工为达到目标而不断鞭策自己努力工作，发挥最大的潜能

三、项目团队管理的输出：成果

1．团队绩效评估

为了有效提高项目团队的效率，应对项目团队管理进行评估，评估的主要内容包括通过成员技能改进使其更快地完成所分配的任务，人际关系得到改善使团队成员密切配合，团队成员流动率降低等。

2．推荐的纠正与预防措施

推荐的纠正与预防措施包括改变人员配备、提供额外的培训、采用奖励和惩罚措施、制定预防措施方案等。

3．项目管理计划更新

经批准的变更请求和纠正措施都会导致项目管理计划的更新。其更新内容包括：项目成员的新角色、额外培训和奖励等。

经典案例分析与实践

计算机软件开发项目人力资源计划

项目组在编制项目人力资源计划时，要依据项目特点，做好项目人力资源管理计划。本项目所涉及的人力资源主要有工程师、管理人员两种类型。在项目的不同阶段，各种类型的人员所需数量是不同的。开发项目的成功需要有一个好的开发组，而组成一个高效的开发组就必须有合理的人员构成。按照项目工作进度计划，结合历史信息，根据公司人力资源情况，项目组对项目工作分解结构所得的项目单元所需的人力资源进行了详细的计划，同时做出了项目人力资源计划（表 9-5）、项目人力资源负荷图（图 9-11）和累积图（图 9-12）。

表 9-5　项目人力资源计划

任务名称		资源名称	工作量（工时）	工期（天）	每天工作量（工时）	每天人数	每两周工作量（工时）
100	招标有形市场计算机管理系统						
110	用户需求调研						
111	招标业务培训	设计工程师	400	10	40	5	400
112	用户需求调研	设计工程师	400	10	40	5	400
113	用户需求分析	设计工程师	400	20	24	3	240
114	用户需求确认	设计工程师	160	10	16	2	160
120	开发环境准备						
121	设备选型	设计工程师	240	10	24	3	240
122	设备采购	管理人员	400	10	40	5	400
123	设备到货	管理人员	240	10	24	3	240
124	环境搭建和调测	开发工程师	400	10	40	5	400
130	系统设计						
131	概要设计	设计工程师	800	20	40	5	400
132	数据库设计	设计工程师	400	10	40	5	400
133	详细设计	设计工程师	200	30	40	5	400
140	系统开发						
141	数据库开发	开发工程师	800	20	40	5	400
142	招标准备模块开发	开发工程师	640	20	32	4	320
143	开标、评标模块开发	开发工程师	640	20	32	4	320
144	决标、签约模块开发	开发工程师	480	20	24	5	240
145	文档管理模块开发	开发工程师	240	10	24	3	240
150	系统测试						
151	联调测试	测试工程师	400	10	40	5	400
152	用户测试	测试工程师	400	10	40	5	400
160	系统试运行	测试工程师	400	10	40	5	400
161	用户培训	开发工程师	240	10	24	3	240
162	试运行维护	开发工程师	2000	50	40	5	400
	小计		—	—	—	—	—

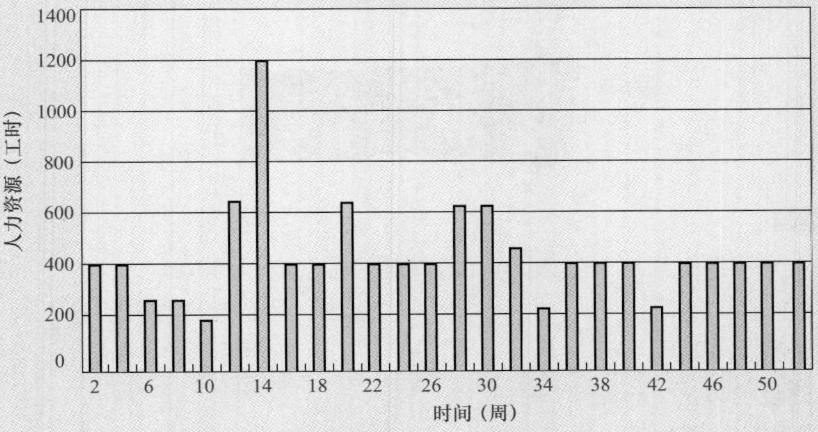

图 9-11　项目人力资源负荷图

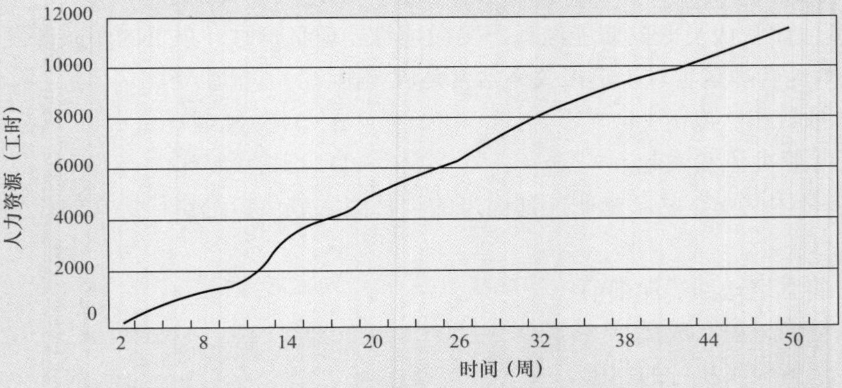

图 9-12　项目人力资源累积图

实用工具与模板

人力资源计划

项目名称＿＿＿＿＿＿　项 目 经 理＿＿＿＿＿＿　制定日期＿＿＿＿＿＿

项目编号＿＿＿＿＿＿　项目发起者＿＿＿＿＿＿　更新日期＿＿＿＿＿＿

客户名称＿＿＿＿＿＿

1. 项目所需人员（描述人员需求预测、人员角色、职责和资质要求等）

2. 项目缺口人数获取措施（描述人员是从内部调配还是从外部招聘）

3. 项目成员培训需求（描述成员需要掌握的所有设备、技术或公司流程所需要的培训内容、时间安排等）

4. 项目规则、标准和政策（描述已被使用的所有规则、标准和政策，并说明如何执行等）

5. 项目安全事项（描述所有的安全规则、设备、培训或流程等）

6. 项目奖惩措施（描述所有奖惩条例、流程或限制条件等）

自 测 题

一、单选题

1．项目人力资源管理比一般人力资源管理更强调（　　）。

A．协作性　　B．团队建设与灵活性

C．有效性与效率　　D．采用科学的方法

2．团队建设的方法之一是（　　）。

A．单位部门评价法　　B．目标管理

C．业绩考评表　　D．人际关系法

3．当具体团队成员既向职能经理，又向项目经理负责时，项目的团队开发常常会变得很复杂，有效地管理这种双重汇报关系常常是应该由（　　）负责。

A．项目团队成员　　B．项目经理

C．项目业主和发起人　　D．职能经理

4．在项目团队中，从某个职能部门来的项目团队成员拒绝执行定义的计划工作，项目经理应该（　　）。

A．将其遣送回职能部门

B．更换该团队成员

C．了解他不执行的原因

D．坚持遵从既定的计划过程

5．公司的某个重要项目需要一个专业领域的专家加入项目团队工作，而公司的这名专家居住在国外，无法现场加入团队，项目经理应（　　）。

A．将另一名可用的专家引入项目团队

B．使用电子通信工具将这名专家纳入项目团队

C．汇报高级管理层，请其帮忙解决

D．审查人员配备管理计划

二、多选题

1．绩效考核的主要方法包括（　　）。

A．问卷调查法　　B．目标管理法

C．排队法　　D．关键事件法

2．下列表述正确的是（　　）。

A．内部招聘要花费大量的人员培训费用

B．内部招聘可供选择的范围有限

C．外部招聘要花费很多的时间和费用

D．内部招聘的人员能为项目组织带来创新思想

3．项目人力资源管理工作的内容包括（　　　）。

A．项目人力资源规划　　B．项目团队分析法

C．项目团队管理　　D．项目人员组织

4．激励法主要有（　　　）。

A．目标激励法　　B．奖惩激励法

C．情感激励法　　D．榜样激励法

5．高效项目团队的特征是（　　　）。

A．对项目目标的清晰理解

B．每位成员的角色和职责界定明确

C．队员之间缺乏沟通

D．团队的士气高

三、判断题

1．项目人力资源管理的特点主要是由项目的特点来决定的。（　　）

2．项目人力资源管理要随着项目生命周期的不同而进行相应的调整。（　　）

3．工作说明书为人员招聘提供了具体的参考标准。（　　）

4．资源可利用情况记录了项目团队经理在项目上可工作的时间。（　　）

5．如果项目团队成员配备合理，就会减少项目的成本。（　　）

6．项目团队建设应该从项目小组成立后马上开始。（　　）

7．团队绩效评估的主要内容之一是通过成员技能改进从而使其更有效地完成所分配的任务。（　　）

8．榜样激励法就是对职工要多做表扬，尤其是公开的表扬。（　　）

四、简答题

1．什么是人力资源管理？它与其他资源管理相比有哪些特点？

2．项目人力资源管理规划的内容有哪些？

3．简要说明人员招聘计划的内容。

4．什么是项目绩效考核？其主要内容是什么？

5．如何对应聘者进行甄选？

6．如何进行项目组织角色和责任的分配？

7．举例说明激励的方法。

8．绩效评估的主要内容有哪些？

9．如何对项目团队成员进行有效的激励？

10．你认为激励在团队建设中有何作用？并以实例加以说明。

五、案例分析题

某机械制造集团公司项目人力资源管理

李某第一次担任项目经理，没有受过项目管理的正规培训，公司里也没有人指导他如何做一名合格的项目经理，更没有人在项目进展的过程中对项目阶段性成果进行检查，这

就导致很多问题他都没有考虑到，不知道如何制定完成项目的甘特图，也不知道如何制订项目的风险管理计划，在项目采购管理、质量管理等方面也没有得到业务部门的有力支撑，导致项目问题频发。

项目经理李某开始迅速组建项目团队，由于是矩阵式组织结构，需要各个业务部门派人兼职参与项目中，即项目成员非专职于一个项目，而是同时负责其他工作。李某每周都会以会议或邮件的形式给项目成员分配下周的工作计划要求，并会在例会上，或者随时一对一的进行检查，但无一例外，每次检查都没有一次性按时完成的，都是经过两三次的催促才能完成一项任务。项目进度也因此而一拖再拖。

由于这些项目成员都听他们部门领导的话，于是李某就逐一向有问题的成员领导反映问题，去求助，希望能够得到各个部门领导的支持，希望通过其部门领导的权力来帮助他督促这些成员的工作，提高他们在项目中的业绩，从而扭转项目延期的状况。沟通的结果却让李某没有想到，不但没有得到部门领导的支持，还被某些部门领导训斥了，批评李某不会管理，派给他那么优秀的项目成员竟然管理不好，还举了他的员工在某个项目中表现很好的例子。也有的领导倒了一肚子的苦水，抱怨今年的指标设置得不合理，给他定了一个根本完不成的指标，弄得整个部门都没有士气。

1．请说明该机械制造集团公司在项目人力资源管理方面存在问题的主要原因是什么？

2．你认为应该从哪些方面来解决这些问题？

Chapter ten

第十章

项目沟通管理

知识学习目标：

- 理解沟通的含义和作用
- 掌握项目团队有效沟通的方法及途径
- 理解项目沟通规划、项目信息发布、项目绩效报告、项目利害关系管理的依据
- 掌握项目沟通规划、项目信息发布、项目绩效报告、项目利害关系管理的工具和方法
- 理解项目沟通规划、项目信息发布、项目绩效报告、项目利害关系管理的结果

技能训练目标：

- 掌握项目各阶段冲突的解决策略
- 能够编制项目沟通管理计划

第一节 项目沟通管理概述

在任何组织中，信息的传递都是非常重要的。信息传递可以把组织抽象的目标和计划转化成激发员工行动的语言，使员工明白应该做什么和怎么做才有利于组织目标的实现。沟通可使一个组织紧密团结，朝着共同的目标前进。

一、沟通及其作用

1．沟通的含义

沟通是指信息从发送者到接受者的传递过程，目的是激励或影响人的行为。在组织内部，有员工之间的交流、员工与工作团队之间的交流、工作团队之间的交流；在组织外部，有组织与客户之间的交流、组织之间的交流。

2．沟通的作用

为了使他人履行职责完成不同的工作和任务，管理者需要花大量的时间与他人进行沟通。据专家统计，一个优秀的项目经理通常花在沟通上的时间占 75% ～ 90%。这意味着他的管理工作基本上体现为沟通工作，管理能力绝大部分取决于他的沟通能力。因此，有效的沟通是十分重要的，项目经理不仅自己要学会沟通，而且要促使组织成员学会沟通。只有当项目组织的所有成员在项目组织成员之间，以及与项目组织外部的人能有效沟通时，这个项目组织才能更好地运行，才可能赢得竞争优势。

沟通在项目中的作用主要有以下几点：

（1）沟通是协调项目各个成员、各个要素，使项目成为一个整体的凝结剂。项目经理的工作就是对项目组织的各个局部进行沟通，在项目组织内部和外部传达思想、观念、态度、感情和交换信息，使项目组织成员知道项目组织正在进行的活动，并创造项目组织成员参与管理决策的机会。

（2）沟通是项目经理激励成员、实现领导职能的基本途径。沟通是项目组织综合运作和实现各项管理职能的手段。借助沟通，项目组织的统一目标分解下达到各个部门，才能有效地制订实施项目的计划，才能实现领导、指挥和激励项目成员，才能有效地组织人力、物力、财力去完成项目经理组织的各项任务。

（3）有效沟通可以解决冲突、协调行动、提高效率、促进变革与创新。沟通能够改变信息接收者的行为，有助于建立和改善项目组织内部人际关系。能够使项目组织的各级领导和下属之间、组织的员工之间、团体之间加深了解、增进团结，是改变人们行为和调动人们积极性的重要手段。

（4）沟通也是项目组织与外部环境之间建立的桥梁。沟通有助于形成项目组织文化和树立项目组织形象。建立项目组织文化，培养项目组织成员良好的价值观、项目组织意识和行为规范等，离不开沟通的协调作用。同时，通过沟通，有助于促使项目组织树立良好的形象和信誉，对外建立和发展广泛的公共关系。

二、项目沟通的过程

沟通简单地说就是传递信息的过程。在这过程中至少存在着一个信息发送者和一个信息接受者。项目沟通过程如图 10-1 所示。

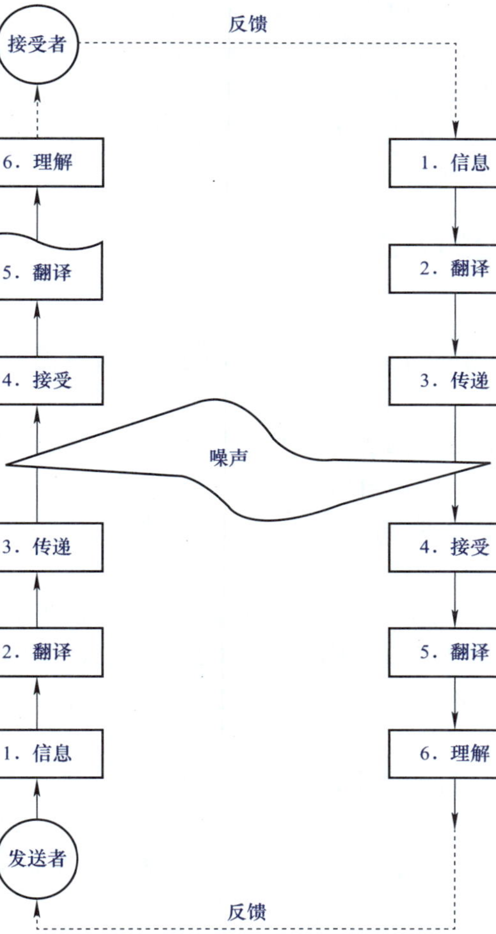

图 10-1　项目沟通过程

（1）发送者需要向接受者传送信息或者需要接受者提供信息。这里所说的信息包括想法、观点、资料等。

（2）发送者将这些信息译成接受者能够理解的一系列符号。例如，如果媒体是书面报告，符号的形式应选择文字、图表或者照片。发送者在发出信息时要保证发出的信息符合约定、没有错误、不会被误解，并且能够完整地将信息发出去。

（3）将上述信息传递给接受者。由于选择的符号种类不同，传递的方式也会不同。传递的方式可以是书面的（信、备忘录等），也可以是口头的（交谈、演讲、电话等），甚至还可以通过身体动作来进行（手势、面部表情、姿态等）。

（4）接受者接受这些符号。接受者根据这些符号传递的方式，选择对应的接受方式。例如，这些符号是口头传递的，接受者就必须仔细地听，否则符号将会丢失。

（5）接受者将这些符号译为具有特定含义的信息。由于发送者翻译和传递能力的差异，以及接受者接受和翻译水平的不同，信息的内容经常被曲解。

（6）接受者在接受信息时要明确地知道他应该用哪种方式来接受信息，确保对信息的解读不会出现偏差，并且要保证所接受到的信息是完整的。

（7）发送者通过反馈来了解想传递的信息是否被对方准确无误地接受了。

一般地，由于沟通过程中存在许多干扰和扭曲信息传递的因素（通常将这些因素称为噪声），使沟通效率大为降低。因此，发送者了解信息被理解的程度是十分必要的。图 10-1 中的反馈，构成了信息的双向流动。

三、项目信息传递的方式

1．按照方法划分

项目组织中最普遍使用的沟通方式有口头沟通、书面沟通、非言语沟通及电子媒介沟通等。

（1）口头沟通。口头沟通是指运用口头表达进行信息交流活动，如谈话、游说、演讲、小组讨论、聊天，以及传闻、小道消息等。口头沟通是人们经常使用的方式，绝大部分信息是通过口头传递的。对项目经理而言，如果项目组织中的重要决策通过口头方式进行传送，则信息失真的可能性相当大。

（2）书面沟通。书面沟通是指用书面形式所进行的信息传递和交流，如通知、文件、报刊、备忘录等。书面沟通具有提供记录、可供参考和法律防护依据的作用。对于复杂或长期的沟通来说尤为重要。但是书面沟通要比口头沟通花更多的时间，效率偏低。另外，书面沟通不具备快速有效的反馈机制。

（3）非言语沟通。在人际沟通中，非言语沟通最为主要的是体态言语和语调。体态言语包括手势、面部表情和其他身体动作。面部表情、手部动作，以及其他肢体动作能够清楚地传达一个人的情绪或者性情。事实上，任何口头沟通都包含非言语的信息，非言语的信息对沟通具有非常大的影响。

（4）电子媒介沟通。在信息经济时代，组织对互联网、局域网、管理信息系统、通信技术等新技术的广泛应用，使电子媒介得到极大的普及，特别是电子邮件，在商界被广泛地应用，以至许多职员和管理者也因此成为远程办公者。电子媒介的发展，已经深刻地改变了组织的结构和人们的沟通方式。

四种沟通方式的比较见表 10-1。

表 10-1　四种沟通方式的比较

沟通方式	举例	优点	缺点
口头	交谈、讲座、讨论会、电话	比较灵活、速度快，双方可以自由交换意见	传递中经过的层次越多，信息失真越严重，核实越困难
书面	报告、备忘录、信件、文件、内部期刊、布告	持久、有形，可以作为资料长期保存，可反复查阅、核实	效率低　缺乏反馈
非言语	声、光信号，体态、语调	信息内容丰富、灵活	传递距离有限、界限含糊、只可意会不可言传
电子媒介	传真、电视、网络、电子邮件	快速传递、信息量大、远程传递、一份多人、廉价	单向传递，但无表情

2. 按照项目组织系统划分

按照项目组织系统，沟通可分为正式沟通和非正式沟通。一般来说，正式沟通是指以企业正式组织系统为渠道的信息传递。非正式沟通是指以项目非正式组织系统或个人为渠道的信息传递。正式沟通和非正式沟通在项目组织中都存在，且各有其优缺点，两者的比较见表 10-2。

表 10-2　正式沟通和非正式沟通比较

沟通方式	优　点	缺　点
正式沟通	沟通效果好，比较严肃、慎重，约束力强，易于保密，可以使信息沟通保持权威性	依靠组织层层传递，较刻板，沟通速度慢，存在信息失真和扭曲的可能
非正式沟通	沟通形式灵活多样，直接明了，沟通速度快，效率较高，容易及时了解正式沟通难以提供的“内幕消息”，可以满足组织成员的心理需要	难控制，传递的信息不确切，容易失真，可导致小集团、小圈子，影响组织的凝聚力和稳定

在项目管理中要认识非正式沟通的存在，并利用非正式沟通为己服务。

3. 按照方向划分

按照方向，沟通可分为下行沟通、上行沟通和平行沟通。

下行沟通是指上级将信息传达给下级，是由上而下的沟通。例如，将项目目标、计划方案等传达给基层，发布组织消息，对组织面临的一些具体问题提出处理意见等。这种沟通方式的目的在于：让员工明确组织的目标与有关工作方面的指示，了解工作及其任务的关系，给成员提供关于程序和实务的资料等。

上行沟通是指下级将信息汇报给上级，是由下而上的沟通。上行沟通有两种形式：一是层层传递，即依据一定的项目组织原则和项目组织程序逐渐向上反映；二是越级反映，它指的是减少中间层次，让项目最高决策者与一般成员直接沟通。

平行沟通是指同级之间的横向信息传递，这种沟通也称为横向沟通。平行部门之间的沟通，可以有效地减少各部门之间发生矛盾和冲突。

4. 按照是否进行反馈划分

按照是否进行反馈，沟通可分为单向沟通和双向沟通。单向沟通是指发送者和接收者之间的地位不变更（单向传递），一方只发送信息，另一方只接收信息，即双方无论是在情感上还是在语言上都没有反馈的信息传递。例如，做报告、发布指令等。双向沟通是指有反馈的信息传递，是发送者和接受者之间进行信息交流的沟通。例如，交谈、协商等。单向沟通和双向沟通的比较见表 10-3。

表 10-3　单向沟通和双向沟通的比较

因　素	结　果
时间	双向沟通比单向沟通需要更多的时间
信息理解的准确程度	在双向沟通中，接受者理解信息发送者意图的程度大大提高
接受者和发送者的自信程度	在双向沟通中，接受者和发送者都比较相信自己对信息的理解
满意	接受者比较满意双向沟通，发送者比较满意单向沟通
噪声	由于与问题无关的信息较易进入沟通过程，双向沟通的噪声比单向沟通要大得多

四、影响有效沟通的主要障碍

（1）语言上的障碍。当双方都听不懂对方的语言时，尽管也可以通过手势或其他动作来表达信息，但其效果将大为削弱。即使双方用的是同一语言，有时也会因理解问题而造成误解。

（2）信息含糊或混乱。信息含糊是指信息发送者没有准确地表达清楚所要传递的信息，以至于接受者难以正确理解。信息混乱是指对同一事物有多种不同的信息。例如，指令前后不一，令出多门等。这些都会使信息接受者不知所措。

（3）知识经验水平的限制。当发送者与接收者在知识水平上相差太大时，在发送者看来是很简单的内容，而接收者却由于知识和经验水平太低理解不了，因而接收者不能正确理解发送者的信息含义。

（4）等级观念的影响。不同地位的人在组织中拥有不同的权力，即使是同样的信息，人们在接受的过程中首先关注的是“这是谁说的”，其次才是信息的内容，这就使信息传递的效果大不一样。

（5）小集团的影响。非正式组织出于自身集团内利益的考虑，可能会扭曲信息、掩盖信息甚至是伪造信息，使信息变得混乱而不真实。

（6）环境干扰。嘈杂的环境会使信息接受者难以全面、准确地接受信息发送者所发出的信息。例如，交谈时的距离、场合、当时的情绪等。

（7）沟通渠道的选择。信息沟通的各种渠道都有各自的优缺点，如果不考虑本组织机构的实际情况和具体要求，随便选择沟通方式和渠道，势必会造成信息沟通的障碍。

（8）不合理的组织结构的影响。如果组织机构过于庞大，中间层次太多，不仅容易使信息传递失真、遗漏，还会浪费时间，影响信息传递的及时性和沟通效果，最终影响工作的效率。

总之，造成项目内外部机构及人与人之间沟通障碍的因素很多，因此在项目沟通管理中，应该采取一切可能的方法消除这些障碍，使项目组织机构及人之间的沟通渠道能够准确、迅速、及时地交流信息。

五、项目团队有效沟通的方法及途径

在项目组织管理中，可以采用各种沟通方法，如面对面的谈话、电话交流、小组会议、传真、电子邮件、告示版等。所有这些沟通方法都可以用来传递口头或书面信号。但由于沟通方法各有其特点，沟通成本及沟通效果也差异较大，因此不同项目组织在沟通方式的选择上也就不同。

项目团队有效沟通的方法及途径如下：

1．建立沟通渠道

沟通渠道是指建立制度性的信息通道，如项目定期例会制度、合理化建议箱、表格化管理等。例如，定期例会制度是一种面对面进行交流的方式，可以有效地进行信息沟通，以便及时了解项目工作中的问题，有效处理项目组织活动中的各种人际关系。采用开会的方法，可以为提供沟通信息、交流思想、统一认识提供场所和机会。

2．提倡个别交谈

个别交谈是指在项目组织内或在项目组织外，人们利用正式的或非正式的方式，同下属或同级人员进行个别交谈，交流意见的一种方式。由于这种方式是建立在相互信任的基础上，可以不受任何约束，耐心听取对方的意见。例如，能用手势、幽默的语言和表情，营造一种十分融洽的谈话气氛，这对双方统一思想、认清目标、体会各自的责任和义务有很大的好处。

3. 加强平行沟通，促进横向交流

日常的协调应尽量鼓励平级之间的沟通。可以定期举行由各部门负责人参加的工作会议，其主题是允许他们汇报本部门的工作、对其他部门的要求等，以便加强横向合作。

4. 建立信息沟通网络，拓宽沟通渠道，保证信息的畅通无阻和完整性

项目组织应考虑减少因组织机构重叠、层次过多而造成的信息失真现象，建立项目有效高速运转的信息网络系统。此外，在利用正式沟通渠道的同时，可开辟高级管理人员至低级管理人员的非正式的直通渠道，以便于信息的传递。

5. 保证沟通质量

保证沟通质量最有效的手段是鼓励信息反馈，消灭晕轮效应、虚假合意之类的无效沟通。用量化的信息代替那些“挺好、不错、还行”之类的含糊其辞。

六、项目经理有效沟通的技巧

掌握沟通技巧及沟通的方式对管理者及管理工作非常重要。在管理工作中，优秀的沟通者常用的有效沟通技巧主要有以下几点。

（1）提高自身的表达能力。在沟通中，为做到正确运用语言文字，需要注意以下几个具体问题：

1）多使用对方在感情上容易接受的语言文字，多使用陈述性语言来表明自己的观点，避免评论性、挑战性的语言文字。

2）正确地运用文字语言，使用对方易懂的语言，意思要明确，条理要清楚，不要模棱两可，以免使人产生误解。

3）语言文字要通俗，尽量避免专业性术语，措辞恰当，通俗易懂。

4）要使用精确的表达，做到言之有理，论之有据，条理清楚，而且要使接收者从沟通的语言或非语言中得到所期望的信息。

（2）积极倾听。有效的沟通始于积极倾听。如果项目经理只专注于如何表达自己，很可能忽视倾听或回应其他人提出的意见。积极倾听在于通过给出肯定的答复或提出后续问题来表明你正在关注对方所说的话。一个善于沟通者会使用各种聆听风格，密切关注对方所说的内容，并让对方感到被倾听。表 10-4 列出了一些倾听的要点，有助于项目经理做到听清内容、注意要点、理解含义和记住要点。

表 10-4 倾听的注意事项

要	不 要
1. 表现出兴趣	1. 争辩
2. 全神贯注	2. 打断
3. 该沉默时必须沉默	3. 从事与谈话无关的活动
4. 选择安静的地方	4. 过快地或提前做出判断
5. 留适当的时间用于辩论	5. 草率地给出结论
6. 注意非语言暗示	6. 让别人的情绪直接影响你
7. 当你没有听清楚时，请以疑问的方式重复一遍	
8. 当你发觉遗漏时，直截了当地问	

（3）创造一个相互信任，有利于沟通的小环境。项目经理在沟通时，要考虑到沟通的一切环境问题，包括沟通的背景、社会环境、人的因素，以及过去沟通的情况等，以使沟通的信息得以配合环境情况。因此信息交流要选择合适的时机。对于工作上重要的信息，适合在办公室等正式的地方进行交谈；而对于思想或感情方面的沟通，则适合在比较随便、休闲的场合下进行。

（4）注重非言语沟通。在面对面的沟通中，除了口头信息之外，有效的沟通还依赖于非言语线索。因此，项目经理要时刻注意面对面交谈的细节问题，要给予对方合适的表情、肢体语言和语气、态度等非言语信息，并使之与所要表达的信息内容相配合，以提高信息传递速度和演讲技巧。如轻松的谈话应面带微笑，严肃的话题应该庄重认真，否则言语信息与非言语信息不一致，就会影响沟通的效果。

（5）沟通准备。项目经理事先要有系统地思考、分析和明确沟通的信息、沟通的目的。沟通内容事先尽可能取得其他人的意见，与他人商议，并考虑接收者可能受到哪些人的影响。

（6）信息的追踪与反馈。信息沟通后必需设法取得反馈，以弄清对方是否已了解，是否愿意遵循，是否采取了相应的行动等。

（7）言行一致地沟通。项目经理必须以自己的行动支持自己的想法和说法，而且更有效的沟通是“行”重于“言”。

（8）沟通时要着眼于现在与未来。大多数沟通均要切合当前的实际情况和需要。同时，沟通也应与长远目标相配合，以利于项目成功实施。

第二节　项目沟通管理框架及其内容

项目沟通管理包括四个主要内容：项目沟通规划、项目信息发布、项目进展绩效报告、项目利害关系管理，如图 10-2 所示。

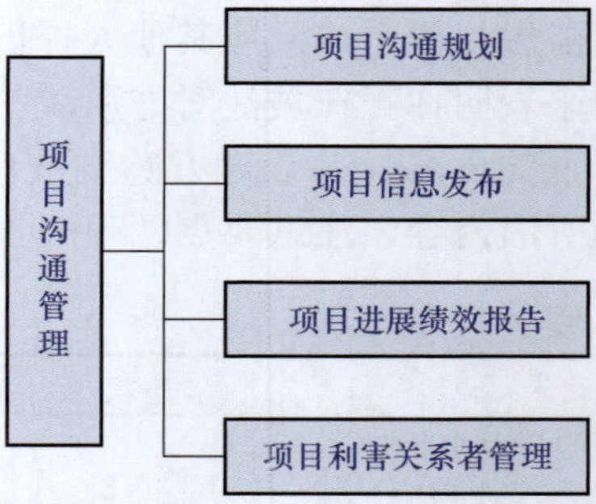

图 10-2　项目沟通管理的主要内容

一、项目沟通规划

项目沟通规划的过程包括决定项目利害关系者的信息与沟通需求，即包括谁需要哪些信息、何时需要、如何得到相关的项目信息等。在项目的整个过程中，认识项目的组织结构对项目的沟通要求有重大影响，对其结果定期进行检查，并根据需要进行修改，以保证它的继续适用性。为此，项目沟通规划是项目成功的重要因素。

项目沟通规划的主要工作如图 10-3 所示。

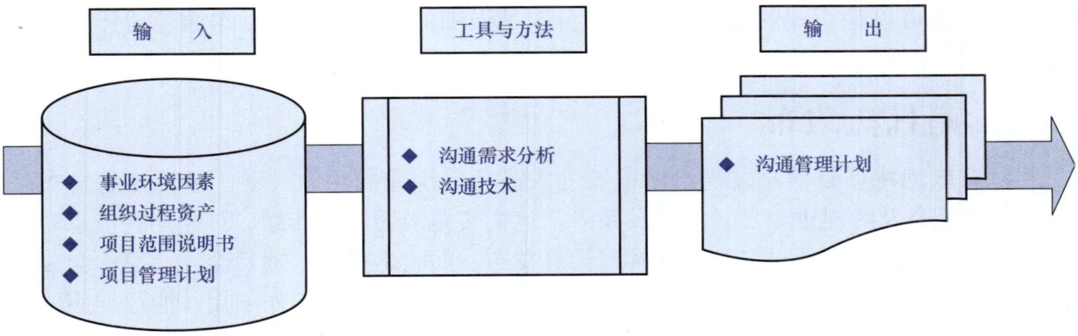

图 10-3　项目沟通规划的主要工作

1．项目沟通规划的输入：依据

（1）事业环境因素。在制定项目章程时，任何一种以及所有存在于项目，并对项目成功有影响的组织事业环境因素与制度都必须加以考虑。其中包括组织的文化与组成结构，政府或行业标准，现有的基础设施和生产设备，现有的人力资源与人事管理，公司工作核准制度，商业数据库（如标准的费用估算数据、风险数据库等）等。

（2）组织过程资产。在制定项目章程及以后的项目文件时，任何一种有用于项目成功的资产，所有参与项目的组织，所有的正式或非正式的方针、程序、计划和原则，以前项目中吸取的教训和学习到的知识，如完成的进度表、风险数据和实现的价值数据等，都应加以考虑，这将提供相关沟通问题的决策和结果。

（3）项目范围说明书。为了在项目利益相关者之间就项目范围达成共识，必须在范围定义过程中进行利益相关者分析，为未来的项目决策者提供文档化的项目范围说明书。

（4）项目管理计划。项目管理计划包括与沟通规划相关的日期和制约因素，以便为项目提供背景信息。

2．项目沟通规划的工具与方法

（1）沟通需求分析。沟通需求分析可以得出项目利益相关者的信息需求的总和。在沟通时，可以将所需信息类型、格式与该信息价值分析相结合，以定义沟通需求。项目沟通通常所需要的信息有项目组织和项目利益相关者的责任关系，涉及项目的学科、专业、行政部门、专长，项目所需人员的推算以及应分配的位置，项目在何地、涉及多少人等方面的后勤物流信息，外部信息需求（如与媒体或承包商的沟通）。

（2）沟通技术。在项目利益相关者之间传递信息所能使用的技术和方法可能差异很大。例如，简短的谈话到冗长的会议、简单的书面文件到即时查询的进度计划和数据库。可能影响项目沟通的技术因素有信息需求的即时性、技术的可用性、预期的项目人员、项目工期的长短、项目环境等。

3．项目沟通规划的输出：成果

项目沟通规划的成果是形成一份沟通管理计划。沟通管理计划是一个文件，它提供、收集和归档沟通的结果，详细说明哪种方法将被用来收集和存储各类信息。沟通管理计划包括：利害关系者的沟通要求；要发布信息的格式、内容、详细级别、使用的约定、定义等；信息接收的个人或组织；传达信息所需的技术和方法；沟通频率、更新和细化的方法等。

沟通管理计划可以是正式的或非正式的，可以是详细的或提纲式的。沟通管理计划是整个项目计划的一部分。

二、项目信息发布

及时有效地将项目信息发送给所需要的人是项目沟通成功的关键。项目信息发布是指将所需要的信息及时提供给项目利害关系者，包括实施沟通管理计划、对预期的信息索取要求做出反应。对此可以通过多种方式实现信息发布，如状态报告、项目会议、复审会议等。信息发布参考制订的项目计划和项目沟通管理计划，针对项目的工作结果，通过相应的沟通技能、信息收集和检索系统、信息发布系统来生成相关的组织过程资产更新，如项目记录、项目报告和经验教训记录。

项目信息发布的主要工作如图 10-4 所示。

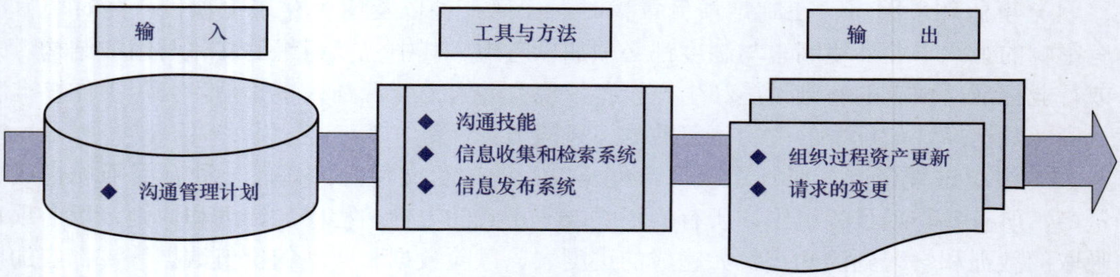

图 10-4　项目信息发布的主要工作

1. 项目信息发布的输入：依据

项目信息发布的主要依据是沟通管理计划。沟通管理计划的描述请参考前文的内容。

2. 项目信息发布的工具与方法

（1）沟通技能。沟通技能是用来交换信息的技巧，即采用适当的人员按照沟通管理计划，在适当的时间获得适当的信息，以便接收者能正确地接收和理解信息。沟通有多种方式，具体包括书面与口头，项目内外，正式的（信函、报告、指示等）和非正式的（备忘录、特别安排的谈话等），垂直的（组织内上下级之间）和水平的（同级别之间），语言沟通和非语言沟通等。

（2）信息收集和检索系统。信息收集和检索系统通过手工归档系统、电子数据库、项目管理软件等多种方式收集和检索信息。

（3）信息发布系统。信息发布系统是指在项目整个生命期内，即时收集信息并与项目利害关系者共享信息。项目信息可以用多种方式发布，如项目会议、传真、电子邮件、电话信箱留言、电话、网络会议、硬件拷贝文档分发、共享访问的网络数据库和项目管理内联网等。

3. 项目信息发布的输出：成果

（1）组织过程资产更新。组织过程资产更新包括经验教训记录、项目记录、项目报告、利害关系者的反馈和通知。例如，有关信息发布和记录下来的各种经验教训，函件、备忘录以及项目描述文件，问题登记簿、项目收尾报告和其他知识领域的成果等。

（2）请求的变更。项目信息发布过程的变动会引发项目管理计划和沟通管理计划相应的修改，这时可通过对整体控制变更过程进行审查和处理。

三、项目进展绩效报告

项目进展绩效报告是一个综合报告，或者报道特殊情况的专题报告。它主要是收集并发布绩效信息，并向利害关系者提供为达到项目目标如何使用资源的信息的过程。项目进展绩效报告包括范围、进度计划、费用和质量信息，以及风险和采购信息。

项目进展绩效报告的主要工作如图 10-5 所示。

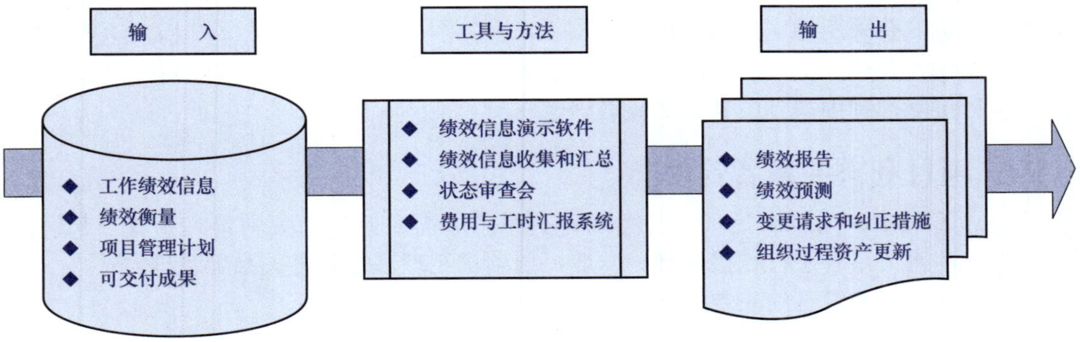

图 10-5　项目进展绩效报告的主要工作

1. 绩效报告的输入：依据

（1）工作绩效信息。在项目实施过程中收集有关可交付成果、完工情况和已完工作的工作绩效信息，将之融入绩效报告。

（2）绩效衡量。将实际交付成果、完工情况与原定计划完成情况进行比较，得出相应的工作绩效情况结果。

（3）项目管理计划。项目管理计划提供了绩效衡量基准信息，即整合了项目的范围、进度和费用参数，项目的技术和质量参数，以此衡量项目绩效和偏差，从而执行项目管理控制。

（4）可交付成果。可交付成果是指在某一过程、阶段或项目完成时，由项目发起人、客户或项目经理所规定必须产出的任何独特并可核实的产品、成果或能力。

2. 绩效报告的工具与方法

（1）绩效信息演示软件。绩效信息演示软件，如图表报告、工作表分析、演示与图形功能，可以达到演示目的。

（2）绩效信息收集和汇总。可通过手工档案系统、电子数据库、项目管理软件，以及可调用工程图纸、试验计划等技术文件的系统进行收集并汇总信息。

（3）状态审查会。为交流项目信息必须定期召开状态审查会，如项目管理团队可以每周召开审查会，与客户可以每月召开一次审查会。

（4）费用与工时汇报系统。费用与工时汇报系统将记录费用和工时信息并汇报到项目中去。

3. 绩效报告的输出：成果

（1）绩效报告。根据沟通管理计划所记载的利害关系者所需要的符合详细等级的信息，对收集的信息进行组织和总结并且进行分析的结果，得到包含状态和绩效信息的绩效报告。

绩效报告主要包括状态报告、进度报告、项目预测和变更请求。绩效报告的常用格式包括甘特图、直方图、表格、S 曲线等。绩效报告的具体内容包括预算、实现价值、实际费用、费用偏差、进度偏差、绩效指数（费用、进度）等。

（2）绩效预测。根据项目的绩效积累，对工作绩效预测进行更新并重新签发，如完工时估算的项目未来信息等。

（3）变更请求和纠正措施。对项目绩效进行分析后，对与预期未来绩效有偏差的某些方面进行变更，并采用相应的纠正措施。

（4）组织过程资产更新。组织过程资产更新包括偏差原因、采取的纠正措施及其理由，以及从项目进度控制中得到的其他经验教训。

四、项目利害关系者管理

在沟通管理中，为了满足项目相关利害关系者的需求并与相关利害关系者一起解决问题，对相关利害关系者进行积极管理。一般，由项目经理进行利害关系者管理。

项目利害关系者管理的主要工作如图 10-6 所示。

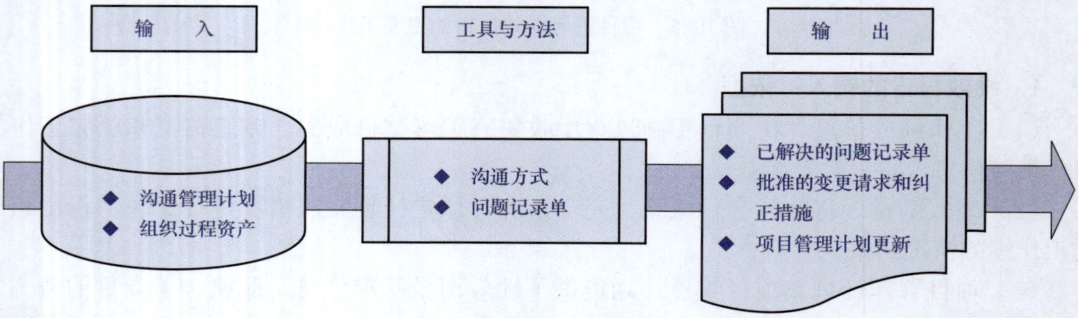

图 10-6　项目利害关系者管理的主要工作

1. 项目利害关系者管理的输入：依据

（1）沟通管理计划。沟通管理计划是项目沟通管理中的第一个过程，是确定项目利害关系者对信息和沟通的需求，是对项目整个生命周期中信息沟通的内容、方式和渠道等各个方面的计划与管理。其主要内容包括：利害关系者的需求和期望，如了解利害关系者的目标、目的与沟通层次，并对这些需求进行识别、分析和记录。

（2）组织过程资产。随着项目问题的出现，项目经理应与相关利害关系者共同解决问题。

2. 项目利害关系者管理的工具与方法

（1）沟通方式。如前文所述内容。

（2）问题记录单。为了保持各利害关系者之间（包括团队成员）的良好关系，可使用问题记录单或行动方案记录单在实施项目或采取单独行动时记录并监控问题的解决情况，这时应对每项问题分派负责人，并规定解决问题的目标日期。

3. 项目利害关系者管理的输出：成果

（1）已解决的问题记录单。通过对利害关系者的需求的识别和解决，将问题记录单中的问题提交，并对已解决的事项进行记录。例如，为了终结关于变更是在现行项目范围之内或之外的争论，客户已经同意签订后续合同。

（2）批准的变更请求和纠正措施。批准的变更请求和纠正措施是指为了达到项目的未来预期绩效与项目管理计划一致，对包括人员配备管理计划内利害关系者的问题状态的变化进行批准的变更请求，并采用必要的纠正措施。

（3）项目管理计划更新。随着沟通计划的修改，与之相应的项目管理计划也要进行更新。

第三节　项目管理中的冲突

一、项目冲突的含义及类型

1. 项目冲突的含义

项目冲突是项目中各因素在整合过程中出现了不协调的现象。冲突管理是项目管理者利用现有技术方法，对出现的不协调现象进行处置或对可能出现的不协调现象进行预测以防发生冲突。

在项目进行过程中，项目管理者必然会面对各种各样的冲突，冲突管理更能体现项目管理者的水平和技巧。美国管理协会进行的一项对中层和高层管理人员的调查表明，管理者平均花费 20% 的工作时间处理冲突。对于管理者认为在管理中什么方面的技能最重要的一项调查发现，冲突管理排在决策、领导或沟通技能之前，这证明了冲突管理的重要性。

2. 项目冲突的类型

一般情况下，人们看到的是冲突的两种极端情况：一种是微妙、间接、高度控制的抵触状况；另一种为明显、公开的活动，如罢工、骚扰和战争。从相互作用的观点来看，一些冲突支持组织的目标，它们属于建设性的，可将其称作功能正常的冲突，而一些冲突阻碍了组织实现目标，它们是功能失调的冲突，属于破坏性的。

项目管理者需要区别功能正常与功能失调的冲突，应激发功能正常的冲突以获得最大收获，但当其成为破坏力量时又要降低冲突水平。目前，尚无测量工具来评估某种冲突是功能正常的还是功能失调的，因此还需要项目管理者进行判断，以了解组织冲突的水平是否恰当。

二、冲突解决方式

1. 缓解冲突的方法

对于不希望出现的冲突，项目管理者应该如何处理？以下步骤和策略有助于提高管理者缓解冲突的技能。

（1）审慎地选择要处理的冲突问题。项目管理者不应该对所有的冲突同等看待。有些冲突任其存在，可能会对组织有益。有些冲突表现为问题，但可能并不值得日理万机的管理者花费时间和精力去解决。此时，管理者应该审慎地选择管理冲突的方法，回避琐碎的冲突，可以提高总体管理成效，以免得不偿失。

（2）评估冲突当事人。当项目管理者选择了处理某一冲突时，就要拿出时间仔细地了解和研究冲突的当事人各自的价值观、人格特点及情感、资源因素，站在冲突双方的角度看待冲突情境，采取适当的冲突处理方式，会使成功处理冲突的可能性大大提高。

（3）分析产生冲突的原因和根源。冲突的产生总是有理由的。解决冲突的策略的选择在很大程度上取决于对冲突产生原因的判断，因而管理者需要很好地了解产生冲突的根源。研究表明，虽然组织中产生冲突的原因可能多种多样，但是总体上可以分为两类。一类是沟通差异。沟通不良容易造成双方的误解，从而引发冲突。另一类是人格差异。人们在各自的背景、教育、经历及培训中会形成个性特点和价值观，其结果使有些人表现出尖刻、不可信任、不易合作等，这些人格上的差异也会导致冲突。

2. 有效解决冲突的策略

当冲突激烈时，管理者应该采取一定的策略来减缓和削弱冲突。具体来说，有五种策略可供选择。解决冲突的五种策略及其优势与劣势见表 10-5。

表 10-5　解决冲突的五种策略及其优势与劣势

解决冲突的策略	描　述	优　势	劣　势
合作、协同	冲突的双方面对面地沟通，尽力解决争端。冲突当事人积极地关注问题本身，通过开放、坦诚、友好而广泛的意见交换，力争使问题得到全面而妥善地解决，并实现双赢。当问题十分重要而双方不妥协、折中时，合作是最佳策略	从根本上解决	比较费时间
折中、妥协	为了寻求一种解决冲突的方案，要求双方都做出一定的让步，达到各方都有所赢、有所输的效果。为了保持与竞争对手的联系，或者当时间要求紧而需要一个权宜之计时，折中是合适的策略	使冲突当事人都得到某种程度的满意	问题可能依然解决不了
迁就、忍让	将他人的需要和利益放在高于自己的位置上。当争执的问题不很重要或者希望树立信誉时，这种策略十分有价值	可以一定程度上缓和矛盾	没有彻底解决问题
回避、冷处理	从冲突中退出，听任其发展变化。当冲突微不足道时，在冲突双方情绪过于激动而需要时间使他们恢复平静时，或者当采取行动后所带来的负面影响超过冲突解决后获得的利益时，回避就是一种理智的策略	表面可使冲突平息下来	会使冲突积聚因而升级
强制、支配	正处于一种生死存亡的局面，当利害关系明显的时候，当基本原则受到威胁的时候等，特别是当项目管理者需要对重大事件做出迅速的处理时，或者当需要采取不同寻常的行动而无须顾及其他人是否赞成这种处理方式时，强制会取得较好的效果	可以暂时平息冲突	导致当事人产生抵触心理，恶化工作关系

项目管理者可以用合作，协同，折中、妥协，迁就、忍让，回避、冷处理，强制、支配的方法使冲突得到有效的解决。其目的是要寻求恰当的解决方法，从而使双方都能接受。项目各阶段冲突的解决策略与建议见表 10-6。

表 10-6 项目各阶段冲突的解决策略与建议

阶段	解决策略或建议
项目启动	优先权冲突方面：清楚项目计划。项目投资者与建设者联合决策以及与有关部门协商 程序冲突方面：在项目执行中，应建立详细的作业说明，并要求成员都要遵守管理作业程序 进度冲突方面：在项目开始之前制订进度计划，预测其他部门优先权和对项目可能带来的影响
项目规划	人力资源冲突方面：努力营造和谐的工作环境，以缓解工作中的紧张氛围 个性冲突方面：在项目接近完成时做好人员重新分配计划 进度冲突方面：在项目整个生命周期中，时时刻刻监督进度，如出现进度差错时，应重新调配队员，及时解决影响项目进度的技术问题
项目实施	人力资源冲突方面：预测和协调人力资源需求，向职能和顾问部门提出人力资源需求的优先权 进度冲突方面：在项目进程中持续监督进度，根据预见的问题提出替代方案，与有关部门沟通并取得满意的结果 技术冲突方面：做好先期的技术测试，及时通报技术人员进度计划和预算的情况，及早解决项目的技术问题，以使项目成员对技术方案达成共识
项目结束	优先权冲突方面：通过碰头会提供对既定的项目计划和需要的有效反馈 进度冲突方面：与职能部门通力合作，按客户要求完成项目 程序冲突方面：制订关键管理问题的预备计划

经典案例分析与实践

A企业新工厂建设项目冲突的原因识别

一、A企业新工厂建设项目冲突的原因

1. 冲突的原因识别与问卷调查

为了准确地识别案例中冲突产生的原因，通过整理A企业新工厂建设项目相关资料，并邀请项目相关负责人进行解读，同时，走访与A企业新工厂建设项目有关各方，面对面地调研与沟通，获得第一手资料。此次共访谈高中级项目经理、公司主管领导、施工方代表15人，整个访谈累计耗时约20小时。从“项目环境、项目团队与人员、项目范围与计划、项目沟通”四个方面归纳访谈的内容，总结造成A企业新工厂建设项目冲突的原因，鱼骨图如图10-7所示。

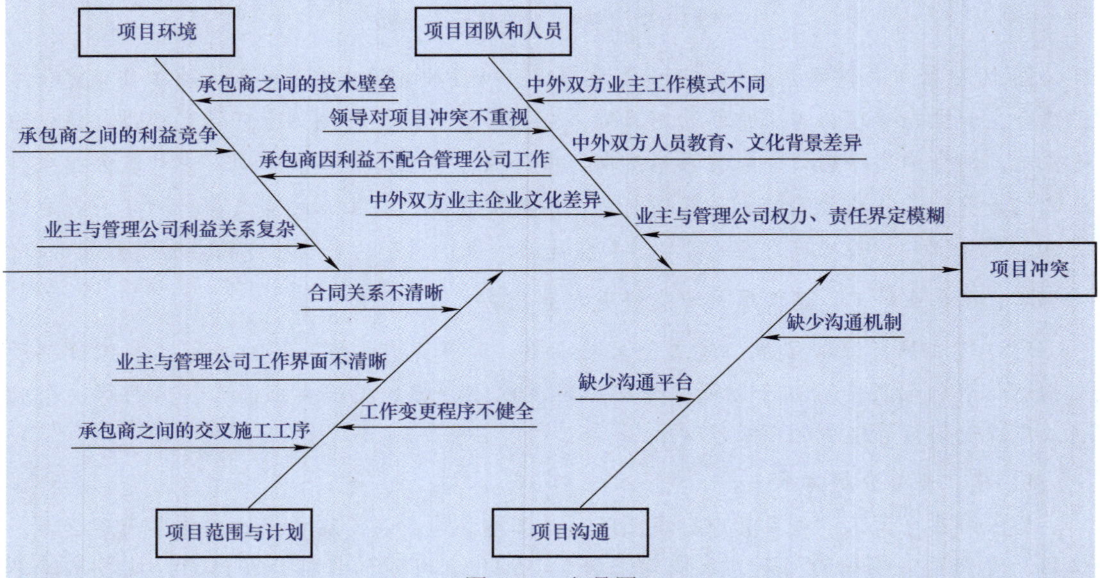

图10-7 鱼骨图

2．问卷分析与关键因素识别

以上这些因素种类、数量较多，其对A企业新工厂建设项目的影响程度也不得而知。为了分析出这些因素对整个项目影响的程度，本文采用问卷调查法对所有影响因素进行调查。通过深入A企业和项目管理公司进行发放和回收调查问卷，对业内其他公司人员进行电话访谈，被调查人员的选取覆盖了A企业新工厂建设项目相关的所有各方，并选择帕累托图作为进一步分析上述影响因素的工具，重新整理出影响因素，如图10-8所示。

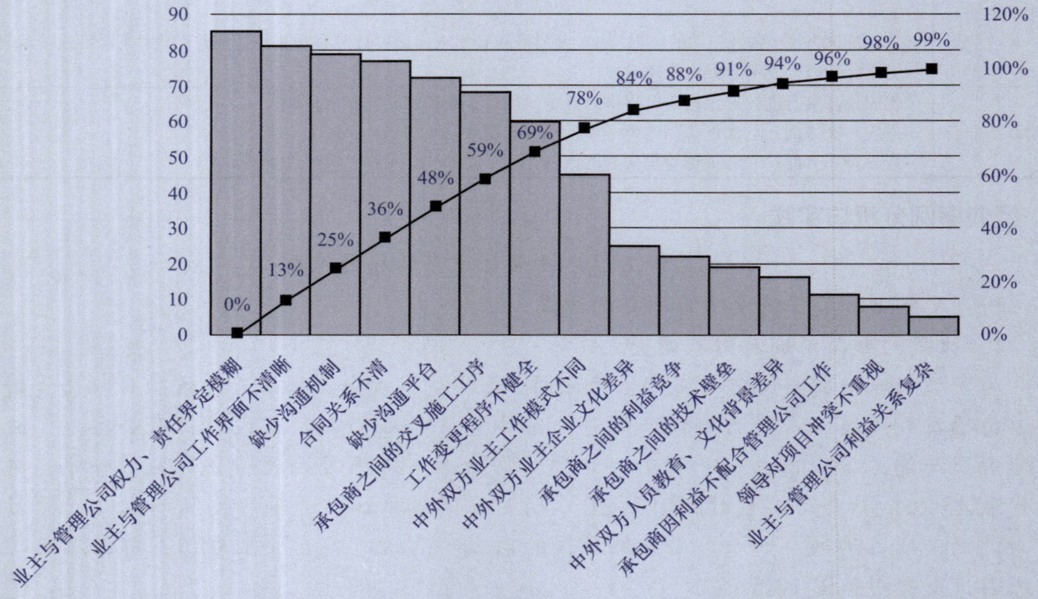

图10-8　影响因素帕累托图分析

图10-8经过关键因素分析，可以汇总得出，项目冲突的主要影响因素有工作变更程序不健全，业主与管理公司工作界面不清晰，业主与管理公司权利、责任界定模糊，缺少沟通机制，缺少沟通平台，合同关系不清晰，中外双方业主工作模式不同，中外双方业主企业文化差异，承包商之间的工作范围交叉，承包商之间的施工工序交叉等。为了有效地解决A企业新工厂建设项目存在的冲突，应首先解决上诉所列的影响冲突的主要因素。

二、A企业新工厂建设项目冲突解决方案

通过建立目标分解体系、建立合同网络图、加强变更管理、建立专家组与例会制度及构建信息化管理平台四个方面来系统地解决以上冲突的关键影响因素，从而解决企业新工厂建设项目管理中的项目冲突。

1．建立目标分解体系

为了解业主团队、项目管理公司团队、施工承包商、设计院之间的工作界面不清晰，权利、责任界定模糊的问题，采取建立科学、细化、可控的目标分解体系，使各参建单位的目标形成一个界面明确、相互衔接、原则统一的目标分解体系，使各参建组织能够目标明确、责任清晰、相互协作、相互制约，确保项目总体目标的实现。各参建组织以项目目标为基点，详细列出项目管理工作的内容，并找出其中的重点，制定相应的工作方法和措施，将实现目标管理融入每一项管理工作的方法和措施中。

2. 建立合同网络图

针对企业新工厂建设项目的特点及具体参与组织，绘制了合同网络图，如图 10-9 所示。合同网络图是业主与众多承包商之间复杂合同关系的图表体现。合同网络图中的每个独立合同有明确的工作范围、质量目标、费用目标、工期目标及相应的控制计划，有利于降低承包商的工作范围交叉和承包商之间的交叉施工工序等项目冲突影响因素对项目的影响。

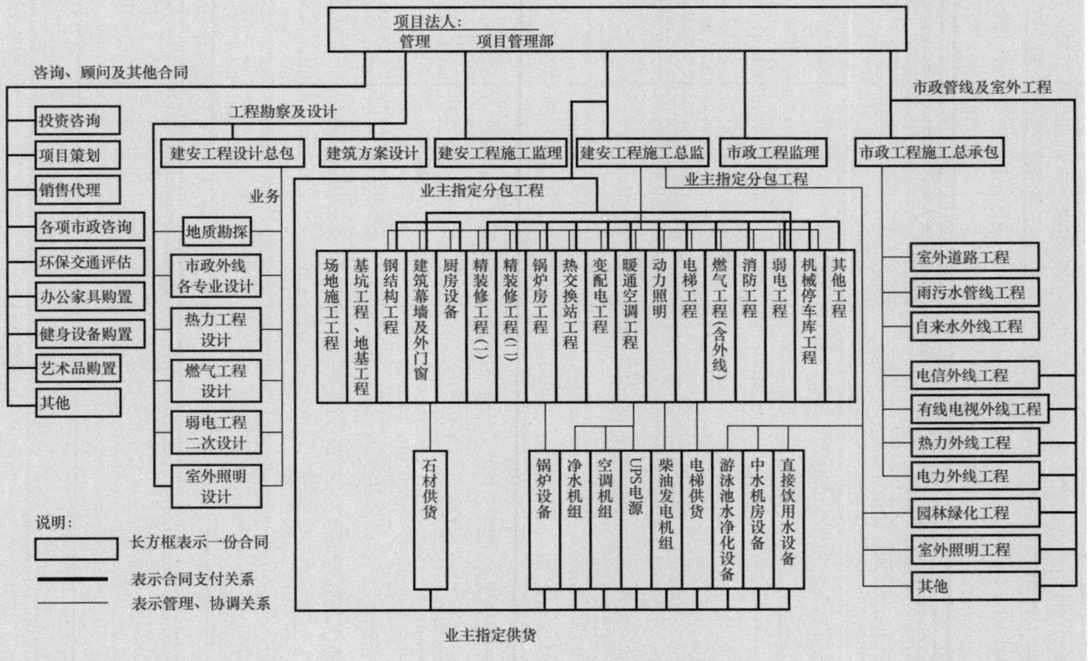

图 10-9　合同网络图

3. 加强变更管理

吸取该项目管理过程中出现因变更管理不够完善导致冲突的经验教训，加强变更管理。从完善设计图纸、明确管理的相关合同条款、规划严谨健全的变更程序、合理的结算审计等四个环节来形成一个完整的变更管理方案。完整的变更管理不仅限于发生变更时按流程办理变更，而且从预防开始，减少变更发生的概率，变更出现时有相应的合同依据，降低变更引起的冲突影响。提高变更中相关负责人的责任意识，减少不规范的变更单据，在项目完工结算审计时不因变更单据的签名、日期、工程量、涉及增减的费用不清晰导致不能结算。

4. 建立专家组与例会制度及构建信息化管理平台

根据对 A 企业新工厂建设项目存在的冲突描述和冲突关键影响因素的分析发现，缺乏沟通平台、缺乏沟通机制是引起业主与项目管理公司冲突的主要因素，也是引起中外双方业主冲突的关键因素。为此，可以通过建立专家组决策制度、建立有效的例会制度、构建信息沟通平台来解决缺乏沟通平台和沟通机制的问题，从而使项目参与各方有充分的空间表达各自的观点。项目建设管理过程中遇到的疑难问题也可通过这个沟通平台和机制得到解决，最终达到缓冲冲突的目的。

（资料来源：朝鲁孟，A企业新工厂建设项目冲突管理案例研究，2020年）

实用工具与模板

沟通管理计划

项目名称 ____________ 项目经理 ____________ 制定日期 ____________

项目编号 ____________ 编 写 者 ____________ 更新日期 ____________

客户名称 ____________

信息来源（内外部）	沟通（信息）内容	接收者	发布频率	发布方式与形式	发送者

1. 项目独特的术语或缩写（列出项目所具有的或被特别使用的独特的术语或缩写）

2. 项目沟通约束或假设（列出包括对受控的或保密的信息的描述）

3. 项目沟通图或流程图

自 测 题

一、单选题

1. 在（ ）情况下，沟通通常会得到改善。

A. 发送方与接收方交谈

B．发送方在交谈时，使用更多的体态动作
C．发送方放慢语速
D．发送方对接收方的观点和看法表示关注

2．（　　）可用于显示信息如何被发送和被接收。
A．沟通方法　B．沟通模型　C．沟通矩阵　D．沟通技术

3．沟通的基本要素包括（　　）。
A．清晰的语言和好的倾听习惯
B．沟通者、编码、信息、媒介、解码、接受者和反馈
C．阅读、写作和倾听
D．倾听、交谈和肢体语言

4．在（　　）情况下，项目小组需要与客户进行正式的书面沟通。
A．项目的产品出现问题　B．项目进度拖期
C．项目成本超支　D．客户提出了超出合同要求的工作

5．项目团队正在分析沟通需求，在确定项目沟通的过程中，最重要的是（　　）。
A．项目组织机构图　B．组织过程资产
C．沟通计划　D．项目范围说明书

6．项目沟通计划是（　　）的一项工作。
A．项目启动时　B．项目规划阶段
C．项目实施阶段　D．贯穿项目全过程

7．在项目管理过程中，项目经理要营造信息通畅的沟通环境，其工作内容应该包括（　　）。
A．要求所有人按照项目经理的要求去做
B．确保所有的沟通都很明确
C．让项目团队预先准备沟通管理计划
D．确保项目小组成员拥有他们工作所需的信息

8．项目经理可以通过（　　）来促进项目沟通。
A．运用多种沟通渠道　B．进行信息追踪与反馈
C．成为一个沟通联络者　D．主持有效的会议

9．沟通计划编制依据不包括（　　）。
A．沟通需求　B．沟通技术
C．沟通渠道　D．约束条件和假设

10．导致不同管理阶层之间冲突的最常见原因是（　　）。
A．缺乏适合的资源　B．资金不充足
C．时间浪费　D．项目目标不清楚

11．假定请你主持召开一个由公司有关的“智囊”参加的会议，讨论公司发展战略的制定问题。如果在会上听到了许多与你观点不同的意见，而且你也知道这些意见有失偏颇是因为发言者掌握的资料不全。对此你认为最好采取（　　）的做法。
A．视情况谈谈自己对一些重要问题的看法
B．既然是“智囊”会议，就应允许畅所欲言

C. 及时打断这些发言以发表自己的意见

D. 及时提供资料，证明这些意见的错误

二、多选题

1. 项目沟通管理过程主要包括（　　）。

A. 沟通规划　　B. 信息发布

C. 绩效报告　　D. 利害关系者管理

2. 上行沟通的形式包括（　　）。

A. 层层传递　　B. 越级反映

C. 下达计划方案　　D. 发布组织新闻消息

3. （　　）因素会妨碍沟通的效果。

A. 过滤　　B. 情绪　　C. 语言　　D. 忽视倾听

4. 口头沟通的主要优点包括（　　）。

A. 能够当面提出或回答问题　　B. 具有迅速并充分交换意见的潜力

C. 能够节省很多时间　　D. 能够得到非常完整的情报

5. 下列说法正确的有（　　）。

A. 双向沟通比单向沟通需要更多的时间

B. 在双向沟通中，接受者理解信息和发送者意图的准确程度大大提高

C. 在双向沟通中，接受者和发送者都比较满意自己对信息的理解

D. 接收者比较满意单向沟通，发送者比较满意双向沟通

6. 克服沟通中障碍的准则有（　　）。

A. 创造一个相互信任、有利于沟通的小环境

B. 加强平行沟通，促进横向交流

C. 明确沟通的重要性，正确对待沟通

D. 培养“听”的艺术

7. 项目冲突管理一般包括（　　）阶段。

A. 识别　　B. 诊断　　C. 处理　　D. 处理结果

8. 项目管理中可能用到的解决冲突的方式有（　　）。

A. 妥协　　B. 忍让　　C. 合作　　D. 回避

9. 关于冲突的理解，正确的有（　　）。

A. 冲突是双方感知到的矛盾与对立

B. 冲突可能导致糟糕的项目决策、挫伤项目团队成员的积极性

C. 冲突可能产生加强决策过程的新信息，从而制定更好的问题解决方案

D. 冲突总是给人带来麻烦

三、判断题

1. 沟通是项目经理激励成员，实现领导职能的基本途径。（　　）

2. 项目进展报告是项目沟通的重要形式。（　　）

3. 语言上的障碍是指信息发送者没有准确地表达清楚所要传递的信息，以至于接受者难以正确理解。（　　）

4. 上行沟通是信息从管理者流向下属人员的过程。（　　）
5. 口头沟通的首要优点在于即刻反馈。（　　）
6. 双向沟通是指信息发送者和信息接收者之间的地位不发生变化的沟通。（　　）
7. 有效的沟通就是达成一致意见。（　　）
8. 处理项目冲突的最佳办法就是回避。（　　）
9. 项目进度冲突往往是由于项目经理的权力受限而发生的。（　　）

四、简答题

1. 什么是项目沟通？项目沟通的主要渠道有哪些？它们之间有何联系？
2. 简述沟通的过程和沟通的重要性。
3. 沟通障碍有哪些？如果出现沟通障碍应如何克服？
4. 什么是项目冲突？项目冲突的表现形式是什么？
5. 简述项目冲突的类型及产生的原因。
6. 简述项目冲突管理的几种主要管理方法。

五、案例分析题

石化公司重点技改项目工作沟通

项目部需要与业主、团队成员、公司高层领导、供应商、监理公司进行沟通，并通过会议，来保证项目部的工作顺利进行。

（1）与业主的沟通。业主需要及时了解项目进度、质量控制、安全、文明施工、资金使用、有无困难等方面的进展情况。其中项目进度报表包括已完成情况、下月计划、资金需求，在每月规定的日期将软件编制的文档以电子邮件的方式报送业主，否则不予以拨付资金。其余项目进展情况通过每周会（项目进度协调会）进行沟通。

按照公司的战略目标，项目部把业主的要求放在第一位，对业主的需求和期望进行调查研究，然后把它转化为目标要求，采取有效的措施使其实现。

（2）与团队成员的沟通。团队内部沟通是获取信息，实现外部环境沟通的基础，多通过会议的形式进行沟通。施工协调会：每周日下午举行，会议成员包括部分项目团队成员、项目部管理人员，主题是总结上周的工程完成情况，明确已实现的关键项目“里程碑”，计划下周要完成的项目任务，对比成本和进度的实际进展和计划进展的差异，找出问题和潜在问题的纠正措施，确定行动方案。

（3）与公司高层领导的沟通。项目经理会在恰当的时候把工程的进展情况向公司高层领导汇报，并根据领导指示，制订计划，落实到位。在工程进展中遇到困难或出现问题时，请示公司经理帮助解决。

（4）与供应商的沟通。在设计、施工中，应加强与供应商的沟通。为保证设计质量、工程质量和进度，针对该项目周期短的特点，项目管理及专业管理把技术规格书发出的时间定为每个单元第一个重要控制点，把厂商资料的确认定为设计的一个主要内容。项目部投入了比较多的时间与供应商沟通。采取先技术交流和技术谈判、预订货和草签、最后敲定参数等方式，将项目部的工作和供应商的工作交叉进行，保证了质量、工期。

（5）与监理公司的沟通。项目工程实行“大监理，小业主”的管理模式，监理公司对项目实施全过程“四控、两管、一协调”，即做到安全控制、质量控制、进度控制、成本控制、合同管理、信息管理和组织协调，每月要出一份监理月报，抄送业主、施工单位。月报的内容包括近期工程的进展情况，工程质量、安全情况，成本控制情况，下月的计划安排，各施工现场存在的问题等，问题严重时，监理公司可以下停工令。监理月报的影响非常大，各施工单位都比较重视。

项目部以验收通知单的形式通知监理人员进行各项隐蔽工程的验收、材料的检验、阶段性工程的验收工作。在项目实施中，监理人员经常到施工现场询问施工人员技术问题，会出现施工人员不回答或敷衍现象。项目部针对这种情况要求所有团队成员和监理人员在工作中要加强交流，如遇到问题要尽量解释清楚，不要引起误解。

（6）会议沟通。调度例会，每周二下午召开。

质量例会、安全例会：每月两次，所有项目成员都要参加，由专人主持，主题是总结质量、安全工作的成绩，学习文件，进行质量、安全大检查，找出问题，落实解决方案。

请分析和总结以上石化公司重点技改项目是如何进行工作沟通的。

Chapter Eleven

第十一章

项目风险管理

知识学习目标：

- 掌握项目风险管理规划的过程和流程
- 理解项目风险管理规划、项目风险识别、项目风险评估、项目风险应对和项目风险监控的依据
- 掌握项目风险管理规划、项目风险识别、项目风险评估、项目风险应对和项目风险监控的工具和方法
- 理解项目风险管理规划、项目风险识别、项目风险评估、项目风险应对和项目风险监控的结果

技能训练目标：

- 掌握盈亏平衡分析
- 掌握决策树法
- 能够编制风险管理计划

第一节　项目风险管理概述

项目风险管理是以观察、实验和分析损失资料为手段，以概率论和数理统计为数学工具，以系统论为科研方法，对项目风险从识别到分析乃至采取应对措施等一系列过程，包括项目风险管理规划、项目风险识别、项目风险评估、项目风险应对和项目风险监控等过程。其主要目标是使潜在机会或回报最大化、使潜在风险最小化。

项目风险管理可应用于军事、工业、高新技术、建筑等各个不同领域。

根据 2018 年第六版《美国项目管理知识体系指南》，项目风险管理的五个过程如图 11-1 所示。

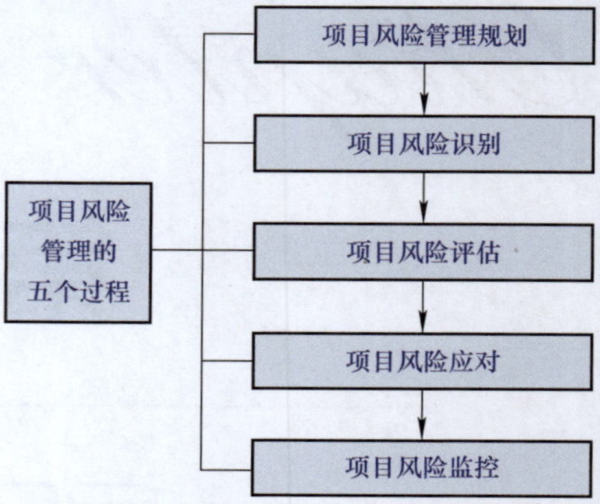

图 11-1　项目风险管理的五个过程

第二节　项目风险管理规划

一、项目风险管理规划概述

在项目风险管理规划的过程中，项目经理、发起人、团队、客户，以及其他相关方需要先参加项目风险管理规划会议，来确定如何对风险进行管理。风险管理规划是指决定如何着手和规划风险管理的过程，其包括描述风险识别、定性与定量分析、应对规划、监测及控制。

项目风险管理规划的主要工作如图 11-2 所示。

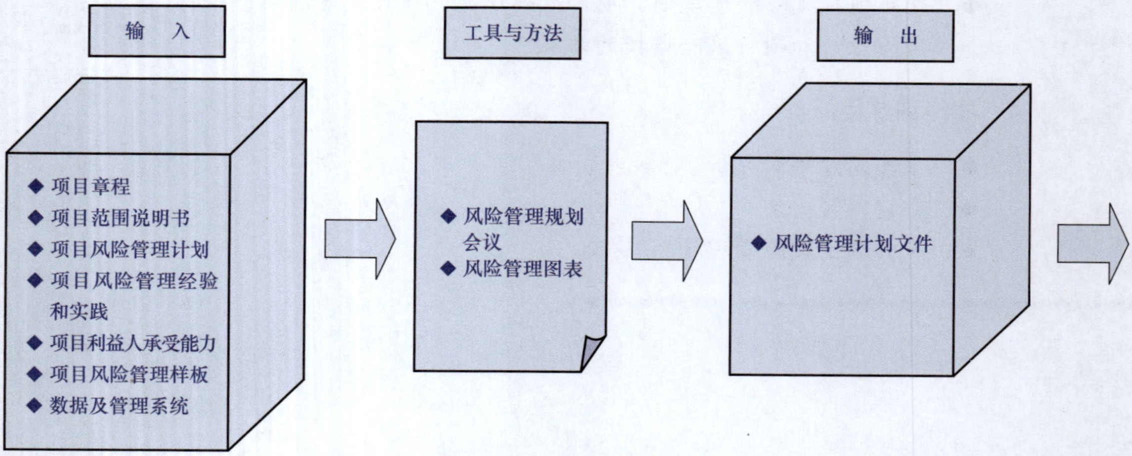

图 11-2　项目风险管理规划的主要工作

二、项目风险管理规划的流程

按照美国项目管理学会（PMI）的观点，对项目风险进行分析与控制，首先要对项目的风险管理活动做出全面的规划。项目风险管理规划是一个系统的活动过程，主要是将按优先级排列的风险列表转变为风险应对计划，并对项目风险管理的内容、组织、策略、方法、费用、要求等做出安排与说明。项目风险管理规划的流程如图 11-3 所示。

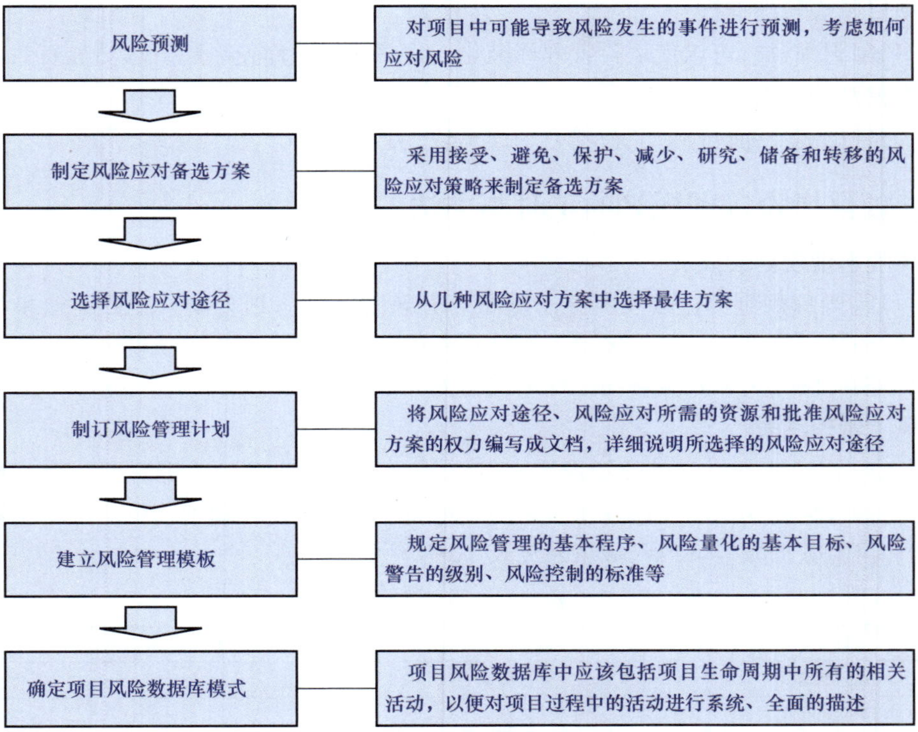

图 11-3　项目风险管理规划的流程

三、项目风险管理规划的输入：依据

1．项目章程

项目章程应由项目以外的项目发起人或委托人发布，是正式批准项目的存在并对项目提供简要概述的文件，也称为项目许可证。有时项目章程可以用其他文件代替，如项目商业需求说明书、产品说明书。

2．项目范围说明书

项目范围说明书详细说明了项目的可交付成果和为提交这些可交付成果必须开展的工作，是项目管理的一个重要文档，决定该项目的规模。它能够使项目团队实施更详细的计划和完成项目的主要目标，是进行项目风险管理规划时可以利用的有效信息。

3．项目风险管理计划

项目风险管理计划确定了执行、监视、控制和结束项目的方式与方法，决定着项目风险管理的方向。一般其应包含下列内容：批准授权、负责人、所需资源、开始日期、活动、预计结束日期、采取的行动、取得的结果。

4．项目风险管理经验和实践

项目风险管理经验和实践，即项目组织及成员所经历和积累的风险管理经验和实践。

5．项目利益人承受能力

项目利益人承受能力，即项目利益相关者对项目风险的敏感程度和承受能力。

6．项目风险管理样板

项目风险管理样板可以使风险管理标准化、程序化，从而使风险管理更加有效。

7．数据及管理系统

数据及管理系统即可获取的数据及管理系统。

四、项目风险管理规划的工具与方法

1．风险管理规划会议

项目风险管理规划的主要工具之一就是召开风险管理规划会议。项目经理和负责项目风险管理的团队成员都应该参加风险管理规划会议，并在会议上决定项目风险管理的工具、方法、具体的时间计划以及报告与跟踪形式等内容。

2．风险管理图表

项目风险管理计划包含风险管理图表，它是一种系统地记录风险信息并跟踪到底的方式，也是将输入转变为输出的过程中所用的技巧和工具。风险管理中使用的主要表格包括风险管理图和风险数据表等。风险数据表见表 11-1。

表 11-1　风险数据表

项目名称				准备日期		
风险描述						
风险起因						
	影响内容	非常高	高	中等	非常低	风险等级
修正前的影响	范围影响					
	质量影响					
	成本影响					
	进度影响					
	概率影响					
修正后的影响	范围影响					
	质量影响					
	成本影响					
	进度影响					
	概率影响					
修正后的责任方及其措施						
次风险						
应急计划						
应急资金与时间						
应变计划						
其他						

五、项目风险管理规划的输出：成果

项目风险管理规划的结果是形成一份风险管理计划文件，这个文件包括项目风险管理计划和项目风险规避计划。项目风险管理计划详细说明了项目风险识别、项目风险评估、项目风险应对和项目风险监控，以及项目整体风险评价的基准、使用的评价方法等。项目风险规避计划包括识别风险来源、识别和评估关键风险、评估风险规避策略、确定风险规避策略所需要的人员和资源、制订应急计划和对策、项目领导对项目风险规避计划认同并签字等。

第三节　项目风险识别

一、项目风险识别概述

1．项目风险识别的含义

项目风险识别是指充分利用项目风险规划阶段提供的资料、各种技术和方法，识别项目可能存在的潜在风险及引起风险事件的风险因素（风险源），描述这些风险的特征并进行风险分类，进而对风险事件和后果进行初步定性分析。风险识别包括确定风险来源、风险产生的条件、描述风险特征和确定哪些风险事件有可能影响项目。风险识别是风险分析和风险应对的基础和前提，也是项目成败的关键和风险管理的难点，因此所有风险管理都强调在一开始就必须系统地进行风险识别。

2．项目风险识别的特点与作用

项目风险无处不在、无时不在，而且随着项目内部条件、外部环境以及项目范围的变化发生变化，因此风险识别的范围具有系统性，并且项目风险识别必须贯穿于项目全过程，通过项目组全体成员参与，全面、及时、准确地搜集信息，综合应用各种风险识别技术和工具，共同完成项目风险识别任务。

项目风险识别是制订项目风险应对计划的依据，为风险分析提供了必要的信息，是制订项目计划与实施项目控制的重要基础性工作，能够鼓励项目组成员树立项目成功的信心。

3．项目风险识别的主要工作

项目风险风险识别的主要工作如图 11-4 所示。

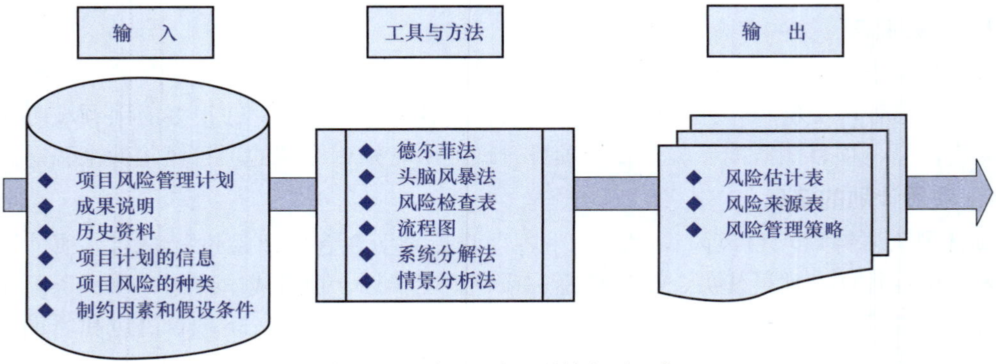

图 11-4　项目风险识别的主要工作

二、项目风险识别的流程

项目风险识别的流程，简言之就是将项目的不确定性转变为可以理解的风险描述，如图 11-5 所示。

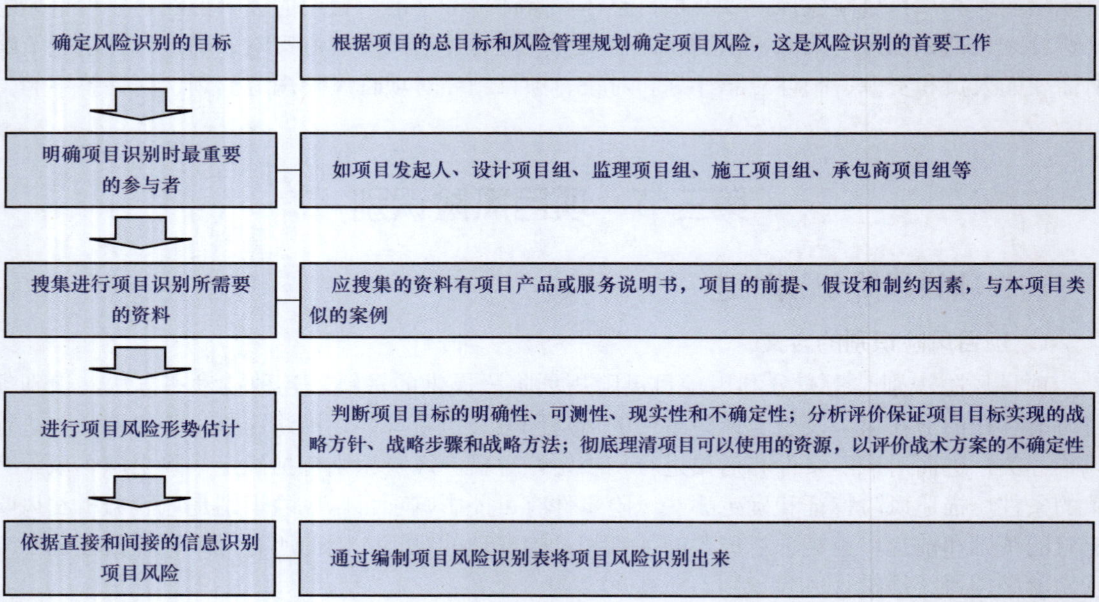

图 11-5　项目风险识别的流程

三、项目风险识别的输入：依据

1. 项目风险管理计划

项目风险管理计划包括风险识别的范围，获取信息的渠道和方式，成员的分工和责任分配，需要重点调查的项目利益关系人，项目组可以应用的识别方法及规范，应该何时、由何人进行何种风险识别，风险识别结果的形式、信息通报和处理程序等。

2. 成果说明

成果说明是进行项目风险识别的主要依据。它能够说明影响项目目标实现的各种风险，即确定项目是否能够在规定的时间、规定的预算内，按照要求的质量，最终产生项目的可交付成果。

3. 历史资料

有关以前若干个项目情况的历史资料对识别目前项目的潜在风险提供了非常重要的依据和参考。这种历史资料往往可以来自历史项目的各种原始记录、在很多应用领域所获得的商业历史信息、项目团队的经验，以及项目管理的所有知识领域的项目风险的来源等。

4. 项目计划的信息

项目团队要针对项目风险识别过程中各项目计划所包含的风险进行识别。项目计划的信息来自项目目标、项目任务、项目范围、项目进度计划、项目成本计划、项目资源计划、项目采购计划及项目承包商等信息。例如，项目进度计划信息是分析项目进度和质量，乃至识别项目风险的重要依据，如果项目进度过慢就可能保证不了项目的工期。

5. 项目风险的种类

各种各样的项目风险为风险识别提供了一个总括的框架。项目风险主要包括：项目技术风险、项目质量风险、项目组织风险、项目财务风险。如果能够掌握以上几种风险的特征和规律，那么就掌握了识别项目风险的窍门。

6. 制约因素和假设条件

由于项目的一些文件资料的估计和预测（如项目建议书、可行性研究报告、设计等项目计划和规划性文件）一般都是建立在若干假设、前提条件下的，一旦项目的制约因素发生变化或假设条件不成立时，就很可能成为项目新的风险源。

四、项目风险识别的工具与方法

项目风险识别的工具与方法，见表 11-2。

表 11-2 项目风险识别的工具与方法

风险识别方法	具体操作步骤	特 点
德尔菲法	①从企业内部、外部挑选相关专家组成专家小组，所有专家不见面，彼此互不了解 ②通常用调查表格或问卷收集专家的意见，所有专家匿名对所研讨的所有问题进行分析 ③对专家的意见加以综合、整理，再反馈给各位专家，再次征求意见。这样反复 4 ～ 5 轮，逐步使专家的意见趋于一致，最后经过评定（打分与统计）获得结论性的意见	可以通过信函或电子邮件完成，不可能被某个人主导；但耗时较长，主持者较费力
头脑风暴法	①引导、激发每个与会者的智慧和经验 ②明确会议的中心议题并标注醒目 ③与会专家轮流发言并记录发言内容 ④终止发言 ⑤评价与会人员的所有意见	可能被某个人主导，可能集中于某一特定领域，营造一个无批评的自由的会议环境，使与会者畅所欲言，产生出大量创造性意见的过程快速，成本低；但需要优秀的主持者，必须控制团队使其不做评价
风险检查表	①对要关注的问题有一个准确的表达，以确保达到意见统一 ②确定资料来源和资料搜集人。搜集人要有一定的耐心、时间和专业知识，以保证搜集的数据能够体现项目风险的规律 ③根据搜集整理的资料，为项目设计出一个方便实用的风险检查表	风险检查表是管理中记录和整理数据的常用工具。它是从以往类似项目和其他信息途径搜集到的风险经验的列表，通过查找此表可以简便快捷地识别风险。但是永远不可能编制一个详尽的风险检查表，而且管理者可能被检查表所局限，不能识别出该表未列出的风险，因此其应用范围有一定的局限性。这种方法一般在项目初期使用，以便提早减少风险因素
流程图	首先要建立项目总流程图与各分流程图，以此来分析项目实施的全部活动。流程图可以用网络图来表示，也可以用工作分解结构图来表示	提供了项目工作流程及各活动之间的相互关系。通过对项目流程进行分析，可以发现项目风险发生在哪项活动中，以及项目风险对各项活动可能造成哪些影响。但有时有误导作用，可能耗时较多
系统分解法	①将复杂的项目风险分解成比较容易识别的子系统风险 ②识别各个子系统风险	如在投资建造一个新厂的项目中，可以根据项目风险的特征，将项目风险分解为：市场风险、经营风险、环境污染风险、技术风险，以及资源供应风险等，然后将这些风险进一步分解，如市场风险可以分解为竞争风险、价格风险和替代风险等。该方法可以细分风险类型，使风险更易识别，但可能耗时较多
情景分析法	①描述项目的状态 ②确定项目某种因素的变动对项目的影响 ③预测哪些风险会发生 ④确定上述风险发生的后果	利用有关数字、图表和曲线等，对项目未来某种状况详细描述和分析，找出各种引发风险的关键因素及其影响程度。如哪些事件可能引起风险及其发生的条件，而且还要说明当其中某些因素发生变化时，会出现什么样的风险，出现的风险会产生什么样的后果等

五、项目风险识别的输出：成果

1. 风险估计表

风险估计表通过定性的项目风险清单对项目风险特征进行描述，说明风险原因和所产生的后果。风险估计表见表 11-3。

表 11-3　风险估计表

序　号	风 险 名 称	风险特征描述	风 险 原 因	风 险 后 果	备　注
1					
2					

请注意，风险估计表中风险后果一栏，按风险后果程度非常严重、严重、较严重、一般严重、不严重等五个等级中任选一个填写。

2. 风险来源表

潜在的项目风险可能会发展成为项目的真正风险，因此也要给予一定的重视。可以通过风险来源表将已经识别的项目风险罗列出来，进行适当的分类，对各种来源产生的风险事件可能发生的时间、次数和后果进行估计，编制出潜在风险一览表，为风险管理的后续工作打好基础。

3. 风险管理策略

对非常严重、严重或较严重的风险应列为重点并做出更详尽的分析和评价，制定附加分析计划表，其中应包括下一步的风险定量评价和风险应对计划。

第四节　项目风险评估

一、项目风险评估的含义

项目风险评估是指在风险识别的基础上，运用概率和数理统计的方法对项目风险发生的概率、项目风险的影响范围、项目风险后果的严重程度和项目风险的发生时间进行估计和评价。

项目风险评估包括风险估计和风险评价。风险估计又称风险测定、测试、衡量和估算等，它可以说明风险的实质，采用定性和定量分析方法测量出已识别的风险发生的可能性和破坏程度的大小，对风险按潜在程度进行排序和评价。风险评价是在项目风险管理规划、识别和估计的基础上，建立项目风险系统评价模型，对影响项目的风险因素进行综合分析，依据其对总目标的影响程度进行分级排序，做出预防、减少、转移或消除风险损失的预案，并最终确定出该项目的整体风险水平。

项目风险评估的主要工作如图 11-6 所示。

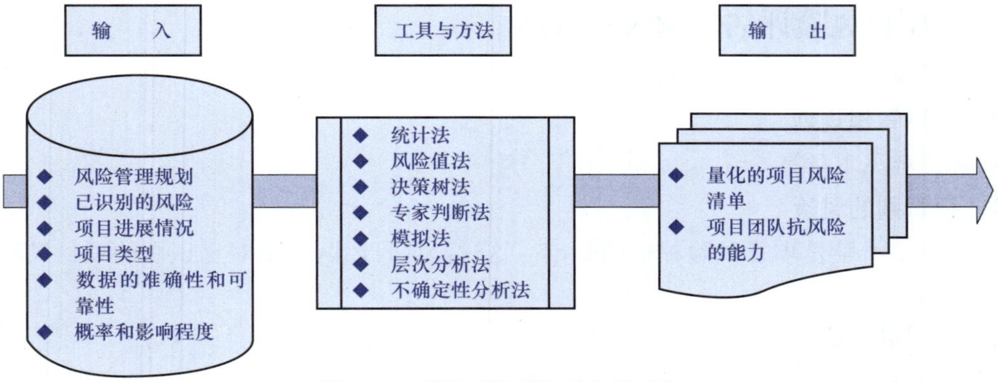

图 11-6　项目风险评估的主要工作

二、项目风险评估的流程

项目风险评估的流程是指将识别出来的项目风险转变成按一定顺序排列的风险列表，然后根据项目目标和评价标准，将识别和排列的结果进行系统分析，明确项目风险之间的因果关系，最后确定项目风险总体水平和风险等级的过程，如图 11-7 所示。

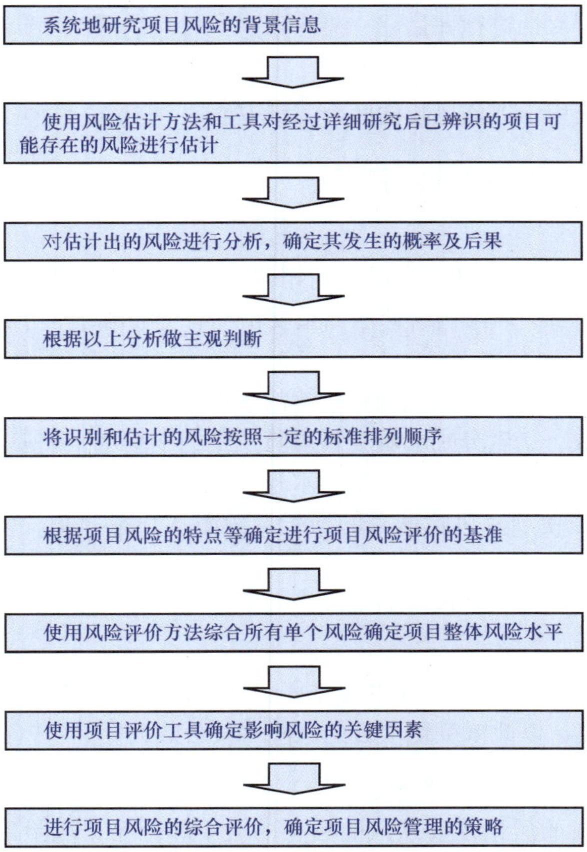

图 11-7　项目风险评估的流程

三、项目风险评估的输入：依据

项目风险评估的依据主要有：

1. 风险管理规划

具体内容见本章第二节。

2. 已识别的风险

已识别的风险是项目风险评估的基础。这时，项目团队需要对已识别的项目风险及风险对项目的潜在影响进行评估。

3. 项目进展状况

风险的不确定性常常与项目所处的阶段有关。在项目初期，项目风险往往表现得不明显，随着项目的实施，项目风险及发现风险的可能性会增加。

4. 项目类型

一般来说，普通项目或重复率较高的项目风险程度比较低；复杂的项目或者高新技术项目的风险程度比较高。

5. 数据的准确性和可靠性

数据的准备性和可靠性都会影响项目风险评估的结果，所以也要对用于风险识别的数据或信息的准确性和可靠性进行评估。

6. 概率和影响程度

概率和影响程度是用于评估风险的两个关键方面。

四、项目风险评估的工具与方法

1. 统计法

统计法就是根据类似的项目具有很大的相似风险性，对类似项目的历史资料进行统计分析，可以推算出该项目的风险。统计法的重要指标有分布频率、平均数和众数、方差、正态分布、概率等。

（1）分布频率。对收集到的类似项目风险的数据进行整理，从而得到风险分布频率。

（2）平均数和众数。二者分别表示项目风险发生的平均水平和最可能发生的水平。

（3）方差。方差是表示与项目风险平均水平的偏离程度的指标。

（4）正态分布。假使项目风险造成的损失金额服从正态分布，可以以此来推出风险未来的状况。

（5）概率。可以推测出项目风险的范围。

2. 风险值法

风险值法首先估算出项目风险发生的概率和项目风险可能造成的后果，然后将两者相乘，得出一个风险数值，以此来度量项目的风险。其公式为

$$\text{风险值} = \text{项目风险发生的概率} \times \text{项目风险可能造成的后果} \tag{11-1}$$

项目风险可能造成的后果主要从风险后果的大小和分布、风险后果的性质、项目风险的影响、风险后果的时效性四个方面来衡量。

3．决策树法

决策树法是一种有效进行风险评价的定量方法。决策树法先找出风险的状态、风险发生的概率、风险的后果等因素，然后根据这些因素绘制出一个从左至右展开的树状图。

4．不确定性分析法

不确定性分析法是指通过分析研究可能发生的不确定性因素对项目评价的影响，从而推测项目可能承担的风险的一种技术方法。

除上述方法以外，还有专家判断法、模拟法、层次分析法等方法，有些方法已经在其他章节详细说明，在此不再一一介绍。

五、项目风险评估的输出：成果

1．量化的项目风险清单

量化的项目风险清单是风险评估的重要结果，同时也是作为应对措施研究和风险应对的重要依据。项目风险清单包括项目风险发生的概率，项目风险可能影响的范围，对项目风险预期发生时间的估算，项目风险可能产生的后果，项目风险等级的确定。

2．项目团队抗风险的能力

项目团队可以根据自己的资金实力、承受风险的能力等实际情况，采取不同的风险应对措施。

第五节　项目风险应对

一、项目风险应对概述

项目风险应对是指在通过项目风险识别、估计和评价，得出项目风险发生的危害程度及确定项目风险等级之后，提出处置意见和办法以应对项目风险的过程。一般项目风险超过了项目利益关系人能够接受的水平，就应该停止甚至取消该项目。如果项目风险在可接受的水平内，应该采取积极措施加以应对，以便把项目风险造成的损失控制在最小范围内。

项目风险应对的主要工作如图 11-8 所示。

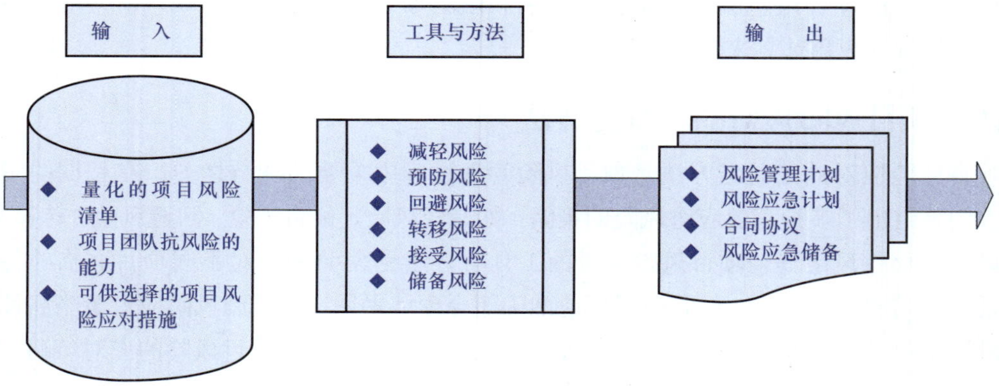

图 11-8　项目风险应对的主要工作

二、项目风险应对的流程

项目风险应对的流程是指通过执行风险行动计划，将项目风险降低到可以接受的水平，如图 11-9 所示。

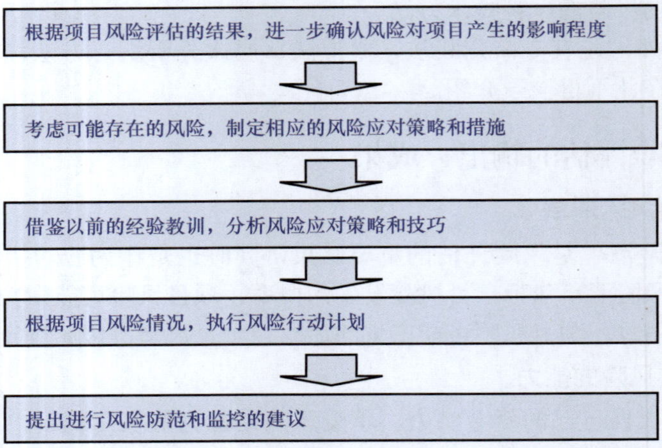

图 11-9　项目风险应对的流程

三、项目风险应对的输入：依据

1．量化的项目风险清单

量化的项目风险清单见本章第四节所述。

2．项目团队抗风险的能力

项目团队抗风险的能力决定了其面对风险可能采取的措施。项目团队可以根据自己的资金实力、承受风险的能力等实际情况，采取不同的风险应对措施。

3．可供选择的项目风险应对措施

可供选择的项目风险应对措施也会影响和限制项目团队针对项目风险所采取的措施。例如，通过制订应急计划来预防风险。

四、项目风险应对的工具与方法

项目风险应对的工具与方法是项目风险管理过程中重要的环节之一。在长期的实践过程中人们总结出了多种有效应对风险的策略，如减轻风险、预防风险、回避风险、转移风险、接受风险和储备风险等。项目风险应对的工具与方法见表 11-4。对不同项目面临的各种风险可采用不同的应对策略，而且应尽可能准确而合理地采用。在实施风险应对策略和计划时应随时将变化了的情况反馈给风险管理人员，以便能及时调整对项目风险的应对策略，从而尽量减少风险导致的损失。

表 11-4　项目风险应对的工具与方法

工具与方法	目　的	应对策略	注意事项
减轻风险	通过采取缓和、预防或预知等措施来降低风险发生的概率或影响，以减缓风险，或者减小风险造成的损失	对于已知风险，项目管理组可以动用项目现有资源降低风险的严重后果和风险发生的频率。例如，通过压缩关键工序时间、加班来减轻项目进度风险，尽早分派团队成员经常去供应商的生产场地了解其所交产品的问题，为经验有限的团队成员提供额外的培训。对于不可预测风险，要尽量使之转化为可预测的风险或已知风险，然后加以控制和处理	在实施风险减轻策略时，最好将项目每一个具体风险都减轻到可接受的水平
预防风险	通过主动控制风险发生的条件，使风险不发生	通常采取有形和无形的手段。工程法是一种有形的手段，采取这种方法需要很大的投入和专业的人参加。因此，决策时必须进行成本效益分析，同时要与其他措施结合起来使用。无形手段可采用教育法，必须对有关人员进行风险和风险管理教育，并以制度化的方式从事项目活动，减少不必要的损失	在项目的组织结构或组织中加入了多余的部分，同时也增加了项目或项目组织的复杂性，提高了项目成本，进而增加了风险
回避风险	在项目风险潜在威胁发生可能性太大，不利后果太严重，又无其他策略可用时，主动放弃项目或改变项目目标与行动方案，从而规避风险	回避风险包括主动预防风险和完全放弃两种。主动预防风险是指从风险源入手，将风险的来源彻底消除。例如，从项目中删除工作包或活动，去除有麻烦的资源。回避风险的另一种策略是完全放弃。例如，随着网络泡沫的破灭，许多母公司关闭了网站，这就是一种完全放弃风险的应对策略	采取回避策略，最好在项目活动尚未实施时，否则放弃或改变正在进行的项目，一般都要付出高昂的代价
转移风险	不是降低风险发生的概率和减轻不利后果，而是借用合同或协议，在风险事故一旦发生时将损失的一部分转移到有能力承受或控制项目风险的个人或组织	转移风险可以分为财务性风险转移和非财务性风险转移 ①财务性风险转移可以分为保险类风险转移和非保险类风险转移两种。财务性保险类风险转移是指项目组向保险公司交纳一定数额的保险费，通过签订保险合约来对冲风险，以投保的形式将风险转移到其他人身上。财务性非保险类风险转移是指通过不同中介，以不同的形式和方法，将风险转移至商业上的合作伙伴 ②非财务性风险转移是指通过保险以外的其他手段将风险转移出去，主要有分包、辩护协定、无责任约定、保证合资经营、实行股份制等。例如，把难以完成的工作外包给更有经验的公司、要求客户来处理部分工作	当项目的资源有限不能实行减轻和预防策略，或风险发生频率不高，但潜在的损失或损害很大时，可采用此策略。但必须让风险承受者得到一定的好处，并且对于准备转移出去的风险，尽量让最有能力的承受者分担。否则，也许会给项目管理者带来一些意外损失
接受风险	接受风险是指项目管理者有意识地选择承担风险所造成的后果。觉得自己可以承担损失时，就可用这种策略	接受风险可以是主动的，也可以是被动的。由于在风险规划阶段已对一些风险有了准备，所以当风险事件发生时马上执行应急计划，这是主动接受。被动接受风险是指在风险事件造成的损失数额不大，不影响项目大局时，项目管理组将损失列为项目的一种费用	接受风险是最省事的风险规避方法，在许多情况下也最省钱。当采取其他风险规避方法的费用超过风险事件造成的损失时，可采取接受风险的方法
储备风险	为了保证项目预定目标的实现，根据项目风险规律事先制定应急措施和制订一个科学高效的项目风险计划，动用应急费用和制订一个宽松的、有余地的进度计划	预算应急费：事先准备好的资金，用于补偿差错、疏漏及其他不确定性对项目费用估计精确性的影响。例如，估价质量应急费和调整应急费、价格保护应急费和涨价应急费等，应在项目预算中单独列出 进度后备措施：在关键路线上设置一段时差或浮动时间，这都要增加资源的投入，甚至带来新的风险 技术后备措施：包括技术应急费和技术后备时间	公司高层领导要全面了解全公司各项目班子总共承担了多大风险；一旦真的出现了风险，公司高层领导容易批准动用这笔从各项目集中上来的资金

五、项目风险应对的输出：成果

1. 风险管理计划

风险管理计划应该记录整个项目风险管理的过程和程序。风险管理计划包括：记录风险识别、风险量化过程的结果，不同的风险管理责任人，项目风险应对措施的实施，对最初的风险量化结果如何维护以及准备如何分配和安排等。

2. 风险应急计划

风险应急计划是指当一个风险事件发生时，项目团队将要采取的预先制定好的措施。风险应急计划包括风险的描述、完成计划的假设、风险出现的可能性、风险的影响及适当的反应等，应详细到可操作的层次。

3. 合同协议

为避免或减轻威胁可以针对具体风险或项目准备相关的合同协议，如保险协议、服务协议或其他项目协议，以规定各方在特定风险发生时承担的责任。

4. 风险应急储备

风险应急储备是指在项目计划中为了应对项目进度风险、项目成本风险和项目质量风险，把超越项目目标的风险降到组织单位能够接受的水平下，需要多少缓冲和应急储备。它可以用来转移项目的风险。

第六节　项目风险监控

一、项目风险监控概述

项目风险监控是指根据项目的风险管理计划，对整个项目进程中的风险事件实施的项目风险控制活动，从而及时发现新出现的风险和预先制定的策略或措施不见效或性质随着事件的推延而发生变化的风险，并反馈给项目管理组的领导，实施整个项目管理过程中的风险监控和高效应对。

由于项目风险具有复杂性、变动性、突发性、超前性等特点，风险监控应该围绕项目风险的基本问题，制定科学的风险监控标准，建立有效的风险预警系统，识别、分析和规划新生风险、追踪已识别风险，将风险管理策略和措施的实际效果与事先的预想效果进行比对，以评价风险管理策略和措施的有效性；寻找改善和细化风险规避计划的机会，并获取反馈信息，重新分析现有风险，监测应急计划的触发条件，监测残余风险，审查风险应对策略的实施并评估其效力，保证项目可靠、项目团队高效地完成项目任务。

项目风险监控的主要工作如图 11-10 所示。

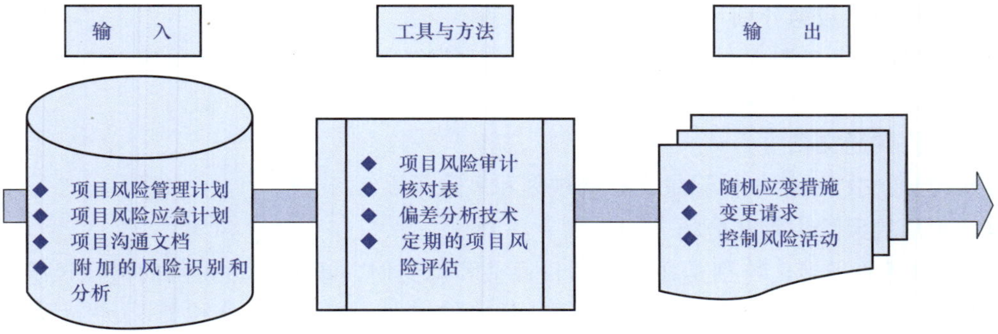

图 11-10　项目风险监控的主要工作

二、项目风险监控的流程

项目风险监控是项目实施过程中不可缺少的活动。为了改变项目管理组织所承受的风险程度，需要采取风险控制技术以降低风险事件发生的概率和减少损失。项目风险监控的流程如图 11-11 所示。

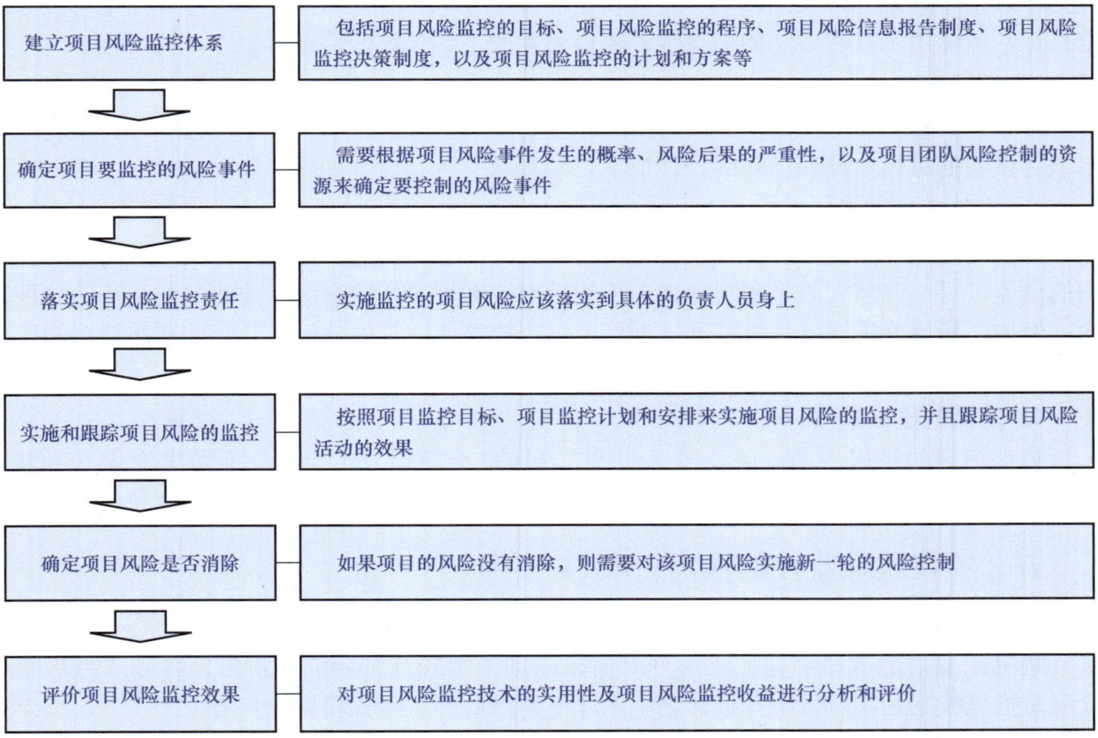

图 11-11　项目风险监控的流程

三、风险监控的输入：依据

1. 项目风险管理计划

风险管理计划的具体内容见本章第二节。

2. 项目风险应急计划

项目风险应急计划是针对项目分析确定的风险因素制定的一个风险应对方案，目的是提高实现项目目标的机会。

3. 项目沟通文档

项目沟通文档包括事件记录、行动规划和风险预报等。

4. 附加的风险识别和分析

随着项目的进展，特别是在进行项目评估和总结时，事先未被识别的潜在风险事件或风险的起源将会浮出水面，这就需要继续执行风险识别、估计、量化和制订应对计划。

四、项目风险监控的工具与方法

1. 项目风险审计

项目风险审计是指检查并记录风险应对策略，处理已识别风险及其根源的效力，以及风险管理过程的效力，如在规避、转移风险的时候，风险审计员检查和记录风险应对措施的有效性。风险审计主要内容：①风险事件审计，应审计事件原因及其响应情况，并辅以说明；②风险响应审计，是否立即响应，并提出改进措施，最后取得成功；③风险管理过程审计，包括在风险管理规划、识别风险、定量和定性风险分析、监督和控制风险等方面是否按照规定执行，所使用工具和方法的情况等；④以后需改进的领域的情况等。

2. 核对表

在项目风险控制过程中，为了更有效地进行项目风险控制，可以运用核对表明确地显示项目风险的进展情况和项目的预计情况。

3. 偏差分析技术

偏差分析技术是指将项目计划工作和实际已经完成的工作进行比较，从而找出两者之间的偏差，对于偏差大的需要制定进一步的风险控制程序并预测这种偏差发展趋势的一种技术。例如，挣值分析法就是按基准计划费用来监控整体项目的分析工具。此法将计划的工作与实际已完成的工作进行比较，确定是否符合计划的费用、进度要求。

4. 定期的项目风险评估

随着项目的进展，项目风险等级和优先级可能会随项目生命周期而发生变化，所以需要对项目风险进行定期的评估或量化，这样有利于对项目风险实行及时、准确地控制。

五、项目风险监控的输出：成果

1. 随机应变措施

随机应变措施就是消除风险事件时所采取的未事先计划到的应对措施。应该将这些风险应对措施编制到项目风险管理计划中，以便为以后的风险管理提供参考。

2. 变更请求

实施应急计划经常导致对风险做出反应的项目风险管理计划进行变更。

3. 控制风险活动

控制风险活动是指按照预定的风险管理计划、风险应对计划等对项目的风险活动进行控制管理。

第七节　风险监控的工具与方法

一、盈亏平衡分析法

在只存在一个确定的自然状态情况下，决策者可依科学的方法做出决策，这里所说的科学的方法是指定量决策法，即运用数学模型及计算机手段，在对决策问题进行定量分析的基础上进行决策的方法。例如，盈亏平衡分析法，即借助盈亏平衡点进行分析的方法。

盈亏平衡分析法又称保本点分析法或本量利分析法，是根据产品的业务量（产量或销量）、成本、利润之间的相互制约关系的综合分析，用来预测利润，控制成本，判断经营状况的一种数学分析方法。盈亏平衡分析法主要寻找制约企业生产成本、销售利润和产品数量之间关系的平衡点，通过对盈亏平衡点的分析来判断产量或销售量达到什么水平才能保证企业不亏损，以此掌握盈亏变化的规律，为企业提供以最小的成本产生最大利润的经营方案。同时，盈亏平衡分析法对项目的风险情况及项目对各个因素不确定性的承受能力进行科学的判断，为投资决策提供依据。该方法在企业经营决策、经济预测、经济效益评价中得到了广泛运用。如图 11-12 所示，随着产量增加，总成本与销售额随之增加，当到达平衡点时，不盈利也不亏损。

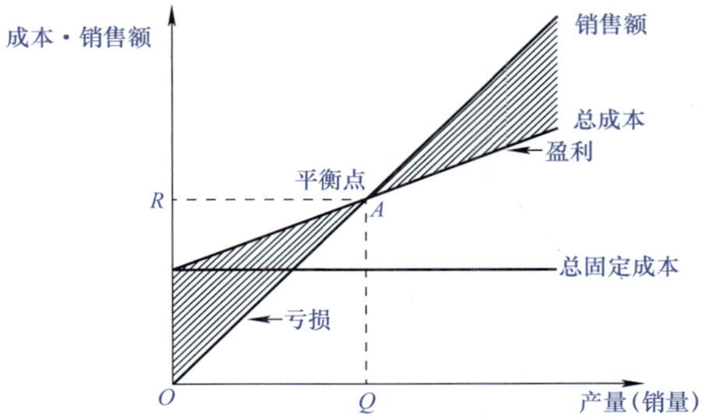

图 11-12　盈亏平衡分析图

假设 P 表示产品单价，Q 代表产量或销售量，F 为总固定成本，V 为单位产品变动成本，X 为总利润，c 为单位产品贡献（多生产一个单位产品给企业带来的利润增量，$c=P-V$）。

（1）求保本产量：

$$\text{盈亏平衡时，}PQ=F+VQ \rightarrow Q=\frac{F}{P-V}=\frac{F}{c}$$

$$\text{设目标利润为}X\text{，则}PQ=F+VQ+X \rightarrow Q=\frac{F+X}{P-V}=\frac{F+X}{c}$$

（2）求利润：　$X=PQ-F-VQ$

例 11-1　某企业要生产一种玩具，单位变动费用 125 元，固定费用 25 万元，销售单价 175 元。根据市场考察，每年可销售 11000 个。求该企业生产多少个玩具才能不亏损？生产多少个玩具可以获利 7 万元？

解：设平衡点产量为 Q_1，可获得一定利润的产量为 Q_2。

（1）根据盈亏平衡原理，列出平衡方程式，求解平衡点。

根据盈亏平衡点计算公式可得

$$Q_1=\frac{F}{P-V}=\frac{250000}{175-125}=5000\text{（个）}$$

（2）求解一定利润的产量。

根据可获得一定利润的产量公式可得

$$Q_2=\frac{F+X}{P-V}=\frac{250000+70000}{175-125}=6400\text{（个）}$$

即当生产 5000 个玩具时，企业不亏损，当生产 6400 个玩具时企业获利 7 万元。

二、风险型决策方法——决策树法

决策树法是将构成决策问题的有关因素，用树状图来进行分析和选择决策方案的一种分析方法，也是风险型决策最常用的方法之一。它根据项目风险的基本特点，在反映风险背景环境的同时，描述项目风险发生的概率、后果以及项目风险的发展动态。决策树法先找出风险的状态、风险发生的概率、风险的后果等因素，再把有关决策的相关因素分解开来，并将这些因素绘制出一个从左至右展开的树状图，后逐项计算其概率和期望值，进行方案的比较和选择。

决策树法具有层次分明、逻辑清晰、不遗漏、不易错的特点，能够使决策者有步骤、有层次地进行决策，在复杂问题的决策上能让决策者进行周密的思考，形成科学的决策，避免单纯凭经验、凭想象而导致决策上的失误，提高决策的有效性。但是决策树法不能把所有的因素全部考虑进去，如果分级太多，决策树图就会很复杂。

1. 决策树法的符号

（1）方块节点：□。它是决策节点，从这里引出的分枝为方案分枝。从决策节点引出的方案需要进行决策和分析，而且要在分枝上标明方案的名称。

（2）圆形节点：○。它是状态节点，又称机会节点。从这里引出的分枝为状态分枝或概率分枝，在每一个分枝上应标明自然状态的名称及其出现的主观概率。在这个过程中需要注意，状态数量与自然状态数量应该是一致的。

（3）三角形节点：△。它是结果节点，表明不同方案在各种自然状态下所取得的结果。

2. 绘制决策树

绘制决策树的步骤如图 11-13 所示。

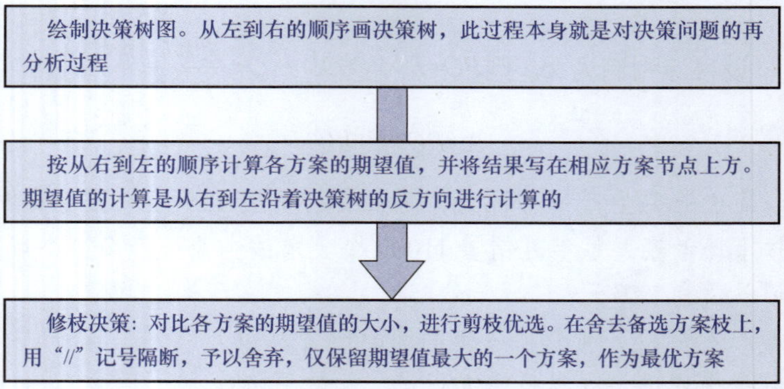

图 11-13　绘制决策树的步骤

例 11-2　某公司为扩大产品的销售量，拟建设新厂并服务 10 年，但面临 3 种可供选择的方案：A 建一座大厂。如果销路好，则可以完全占领市场，并获得很大的收益；但若销路差，则会亏损；B 建一座小厂。即使销路差，仍可以收回投资，并获得一定的收益；但若销路好，则会被竞争对手占领市场，不仅失去机会，还可能因竞争使原有效益降低；C 先建一座小厂，若销路好，三年后再加以扩建。这看上去似乎稳妥，但同样的生产能力，两次投资的总和要大于一次投资，又可能由于没能及时占领市场，给对手以可乘之机，最终影响收益。

供决策的预测资料见表 11-5，请给予决策。

表 11-5　供决策的预测资料

销路状况	概率	方案及收益（万元/年）				投资（万元）		
		A	B	C		A	B	C
				前三年	后七年			
销路好	0.7	100	40	40	95	300	140	200（追加）
销路差	0.3	−20	30	30	30			

解：根据以上条件绘制决策树，如图 11-14 所示。

各结点的期望值如下：

②点：（100×0.7−20×0.3）×10−300=340（万元）

③点：（40×0.7+30×0.3）×10−140=230（万元）

⑥点：95×1.0×7−200=465（万元）

⑦点：40×1.0×7=280（万元）

比较⑥点、⑦点，显然⑥点期望值高，取扩建方案，剪枝舍去不扩建的方案。

④点：[（465×0.7+40×0.7×3）+30×0.3×10]−140=359.5（万元）

比较②点、③点、④点，显然④点期望值高，取 C 方案，舍去 A、B 两方案。

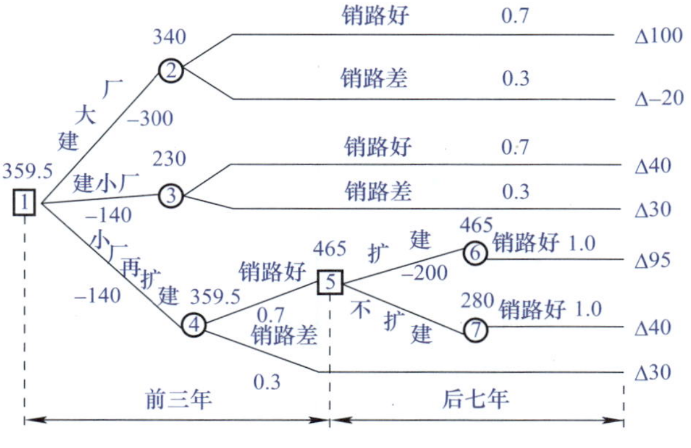

图 11-14　决策树

三、不确定型风险估计和决策方法

在风险估计和决策中，期望值标准是进行方案选择的必要条件。但在实际项目管理活动中，经常很难知道某种状态发生的概率，也无法根据期望值标准进行方案选择。这时就要对那些不仅出现的各种状态发生的概率未知，而且会出现哪些状态也不能完全确定的风险，即不确定型风险，进行估计，从而通过信息的获取把不确定型决策转化为风险型决策。

（1）乐观准则。乐观准则即大中取大法、乐观决策法，是指在最好的自然状态下比较各方案的损益值，选择收益值最大或者损失值最小的方案为最优方案。

例如，某企业拟开发新产品，有3种设计方案可供选择。有关资料见表11-6。

表11-6 某企业产品开发的设计方案

损益值状态方案	销路好	销路一般	销路差
A	150	56	–20
B	95	75	15
C	50	36	25

在不知道各种状态的概率时，用乐观决策法选择方案如下：

第一，在各方案的损益值中找出各自的最大值。

第二，在所有方案的各自最大损益值中找到最大值，即max（150，95，50）=150。

这是一种乐观而积极的决策方法，常被一些敢冒风险、勇于进取的决策者和有实力的企业组织采用。它的优点是有可能取得最好成果；缺点是承担的风险较大，要慎重使用。

（2）悲观准则。悲观准则即小中取大法、悲观决策法。与乐观决策法相反，悲观决策法在最差自然状态下比较各方案的损益值，选择收益值最大或者损失值最小的方案为最优方案。仍以表11-6为例。

用悲观决策法先找出各方案在各种状态下的最小损益值，即（–20，15，25），然后再从中选取最大值，max（–20，15，25）=25，对应的方案C即为用该方法选取的决策方案。C方案可以保证在最坏的情况下获得不低于25单位的收益，而其他方案则无此保证。该方法是在收益最少、最不利的自然状态下进行选择，最后选定的方案是最坏结果中的最佳方案，是一种保守的决策方法。这种方法的优点是风险较小；其缺点是有可能失去获得高额利润的机会，而使组织缺乏勇于进取的精神。

（3）折中准则。折中准则即折中法。折中法考虑最好和最差两个自然状态，选择折中损益值最大的方案，即在两个极端的某一位置找决策方案。

折中法的决策步骤如下：

第一，找出各方案在所有状态中的最小损益值和最大损益值。

第二，要求决策者根据实际情况和自己的实践经验确定一个乐观系数α（0≤α≤1）。如果α的数值接近1，则说明比较乐观；如果α的数值接近0，则说明比较悲观。

第三，决策者对未来情况采取一种现实主义的折中标准，即用给定的乐观系数α和对应的各方案最大损益值、最小损益值计算出各方案的折中收益值。

取折中收益最大的损益值对应的方案为所选方案，仍以表11-6为例，各方案的最大损益值、最小损益值见表11-7。

表11-7 以折中法为例选择方案

方案	max	min	折中收益值（α=0.4）
A	150	–20	48
B	95	15	47
C	50	25	35

取折中收益最大值，max（48，47，35）=48 对应的方案 A 即为最大值系数 α=0.4 时的折中法最佳方案。

用折中法选择方案的结果取决于决策者风险偏好程度乐观系数的确定：当 α=0 时，结果与悲观决策法相同：当 α=1 时，结果与乐观决策法相同。这样悲观决策法与乐观决策法便成为折中法的两个案例。

（4）最小后悔值决策法。最小后悔值决策法是指在某种状态下应选择某方案而没有选择该方案下的最佳方案，从而少得利益。例如，在某种状态下某方案的损益值为 120，而该状态下诸方案的收益要比最佳方案少收益 60，即后悔值为 60。用最小后悔值决策法进行方案选择的步骤如下：

第一，列出投资者在各种状态下的购买方案，并在每一购买方案中选出各自然状态下的最大收益值。

第二，利用后悔值的公式：某方案的后悔值 = 某自然状态下的最大收益值 – 该方案的收益值，计算出各种自然状态下各种方案的后悔值。

第三，由此找出各方案在不同自然状态下的最大后悔值。

第四，在各方案的最大后悔值中找出最小的后悔值，最小后悔值所对应的方案即为最优方案。

经典案例分析与实践

项目风险管理与控制

某电子有限公司从日本引进数控机床技术，准备通过消化吸收进行国产化工作，在保证机床质量的前提下，降低机床成本以满足国内客户的需要，为此成立公司项目领导小组和国产化项目部。

为了尽可能降低风险对项目的影响，项目领导小组和项目部经理经过调查研究需要做好风险识别、风险评估、风险应对和风险监控等各项工作；在整个项目过程中不断地识别来自各方面的风险，并对风险产生的原因、概率及影响进行分析；制订风险缓解应对计划，规定风险监控程序并按照计划跟踪和控制已识别的风险，确保风险减缓措施的正确执行。

（1）风险识别。项目部首先进行资料信息的收集。其主要工作：研发国产化的设计图纸等全部文件；审查本项目实施总成本目标和机床国产化成本目标、研发与制造进度目标、工作分解结构，以及项目的人力资源安排计划；审查本项目采购与合同管理计划、收集与本项目相似国产化项目的总结资料；通过各种途径尽可能收集有关的一切资料。在此基础上，项目领导小组召开由各子项目的主管经理参加的风险识别专题会议，大家根据各自多年积累的研发与制造经验，对收集的资料成果进行归纳总结，对本项目的风险采用头脑风暴法进行识别，从而确定了本项目存在的风险主要有需求风险、研发风险、制造质量风险、进度风险、人力与组织风险、费用风险和安全与不可预见风险等。

（2）风险评估。在风险识别的基础上，项目部在项目经理的主持下，采用系统分析法、头脑风暴法对项目的风险危害大小，进行分级排序，依次为：研发风险、费用风险、安全与不可预见风险、需求风险、技术风险、制造质量风险、进度风险和人力与组织风险等。

（3）风险应对计划。根据以上结果，各项目部对本项目的风险情况有了比较清晰的认识，结合本项目的具体实施情况，项目部集思广益制订了本项目的风险应对计划。

（4）风险监控。项目部进行了分工，各子项目组负责监控自身的风险，并实行子项目经理对风险的负责制，采用的方法有核对表法、风险值分析法。为此，各子项目组高度重视，在风险管理流程基础上，对风险识别、规避、转化、监控等方面采取一定的措施，在项目全过程进行有效、适时的控制和调整，具体见表 11-8。

表 11-8　项目风险管理表

风险识别					风险分析		风险降低活动计划		风险跟踪	
风险种类	风险名称	风险描述	风险原因	风险后果	发生概率	影响程度	降低措施	责任人	风险降低活动记录	风险当前状态
需求风险	需求确认	客户不认可国产化机床	对国产化机床认识接收不清楚	预定项目及其设备被取消，所投资源全部作废	50%	中	与客户协调沟通，项目进一步论证，建立通报制度	项目负责人	已建立	缓解
研发风险	硬件国产化	技术人员对需求理解错误、开发中遇到技术难题等	对项目理解不够，没有采用先进研发方法	不能按项目进度要求完成国产化产品按期调试、验收并试制成功	20%	高	加强需求评审和设计，用户测试制度、第三方认证	技术子项目经理、测试经理	已建立	缓解
	软件国产化	开发中遇到技术难题等	对项目理解不够、没有采用先进研发方法	不能按项目进度要求完成国产化产品按期调试、验收并试制成功	30%	高	用户测试制度、第三方认证	技术子项目经理、测试经理	已建立	缓解
制造质量风险	制造装配产品	材料质量、制造装配中遇到技术难题等	对项目理解不够、没有采用先进制造技术	不能按项目进度要求完成国产化产品按期调试、验收并试制成功，不能满足供货合同	20%	中	加强现场技术、供应支持和聘请专家技术能手	生产子项目经理	已建立	缓解
进度风险	进度延后	因各种原因引起的项目整体进度不能按时完成	进度计划不合理，设计变更，资源调度不合理，资金不到位，人力资源投入不够	项目进度不能按时完成，造成间接费用增加。如果时间拖延过长，会造成项目取消等重大后果	20%	中	按照进度计划执行与检查，加强人力、资源有效供给，做好各项目协调	项目负责人、各子项目经理	已建立	缓解
费用风险	总体费用超支	因各种原因引起的项目总费用增加，超过总体预算	市场价格上涨，人员工资上涨，材料费用超支	项目费用超标，利润低	10%	高	控制项目总费用，按各子项目计划控制	项目负责人、各子项目经理	已建立	缓解
人力与组织风险	人力不足的风险	因人力资源不足而造成的项目问题	公司项目过多造成人力资源分配不足	项目不能按时完成或出现质量隐患	10%	低	加大人力资源分配，实行项目责任和奖励制度	项目负责人、人力资源经理	已建立	缓解
	组织结构风险	因组织结构造成的项目实施问题	公司上层架构发生变动，造成项目的组织结构发生问题	项目无法顺利进行，在费用、时间以及质量方面出现严重问题，严重时会造成项目取消	1%	低	启动应急系统、建立项目系统紧急预案	项目领导小组	已建立	缓解

（续）

风险识别					风险分析		风险降低活动计划		风险跟踪	
风险种类	风险名称	风险描述	风险原因	风险后果	发生概率	影响程度	降低措施	责任人	风险降低活动记录	风险当前状态
安全与不可预见风险	安全风险	人身和机械设备安全	对安全重视不够，教育不到位	费用增加，造成项目延期的不良影响	20%	中	投保，转移风险，建立项目系统紧急预案	项目领导小组、生产子项目经理	已建立	缓解
	不可预见风险	突发性灾难	天灾人祸	项目无法顺利进行	1%	高	启动容灾系统、建立项目系统紧急预案	项目领导小组	已建立	避免

实用工具与模板

风险管理计划

项目名称____________　项目经理____________　制定日期____________

项目编号____________　编 写 者____________　更新日期____________

客户名称____________

1．项目角色和职责（描述不同风险管理活动的角色和职责）

2．项目风险的分类（识别用于归类和组织风险的分类方法，用于风险登记册或风险分解结构）

3．项目风险的识别（描述风险事件、来源等）

4．项目风险的评估（描述风险的可能性、严重性、可控性，并确定风险级别等）

5．项目风险应对措施（描述应急、预防措施及其责任人等）

6．项目风险承受力（描述项目组织或相关责任人对风险的承受水平）

7．项目风险管理资金（描述各种风险管理活动所需的资金，以及应急储备金情况等）

8．项目风险频度和时间（描述实施常规风险管理活动和其他特别活动的频度和时间）

9．项目风险审计方法（描述审计风险管理活动周期、审计内容，以及如何表述偏差等）

自 测 题

一、单选题

1．在项目管理过程中，最严重的风险通常出现在项目生命期的（　　）。

A．启动和计划阶段　　B．计划和实施阶段

C．实施和收尾阶段　　D．启动和收尾阶段

2．下列属于预防措施的是（　　）。

A．交叉培训，减少因团队成员缺席造成的影响

B．解决在产品上识别的一个缺陷

C．实施改进的变更请求

D．在风险监控过程执行风险应对措施

3．风险识别应最先解决的是（　　）。

A．影响程度高，发生概率较小的风险　　B．影响程度低，发生概率较小的风险

C．影响程度高，发生概率较大的风险　　D．影响程度低，发生概率较大的风险

4．下面四个选项中（　　）与风险影响分析有关。

A．风险管理　　B．风险识别　　C．风险评估　　D．风险减轻

5．项目阶段风险最大的阶段是（　　）。

A．启动阶段　　B．计划阶段　　C．执行阶段　　D．收尾阶段

6．风险事件发生的可能性是很高的，而且一旦发生，其结果常常会是灾难性的。如果其他方法都可用，大多数项目经理一般不会采取（　　）的方法。

A．转移　　B．规避　　C．降低　　D．自担

7．项目风险应对的办法包括（　　）。

A．风险识别、风险评估、风险应对、风险监控

B．风险事件、风险征兆

C．头脑风暴法、专家判断法、系统模拟法

D．风险转移、风险回避免、风险缓解、风险接受

8．风险评估的首要工作是（　　）。

A．风险发生时间的评估　　B．确定风险事件的概率分布

C．风险影响范围大小的评估　　D．风险后果严重程度的评估

二、多选题

1．项目风险管理的目的有（　　）。

A．识别出在项目执行过程中可能影响项目的范围、进度、成本和质量的因素

B．评价风险对项目的影响程度，并制订出相应对计划

C．为不能控制的因素制定目标

D．通过影响能够被控制的事件来减轻风险的影响

2．风险的正确说法有（　　）。

A．风险是损失或收益发生的不确定性

B．风险与损害及其发生的频率有关

C．风险就是损害

D．风险是在一定条件下、一定时期内，某一事件的预期结果与实际结果间的变动概率

3．以下属于风险定性分析的方法有（　　）。

A．风险概率与影响评估法　　B．概率和影响矩阵

C．风险紧迫性评估　　D．敏感性分析

4．为了降低项目的风险而改变项目的范围时，项目团队应该考虑对（　　）的影响。

A．进度　　B．成本　　C．质量　　D．以上皆不是

5．不确定性风险的定量分析方法有（　　）。

A．盈亏平衡分析　　B．敏感性分析　　C．概率分析法　　D．期望值法

6．有关项目决策树的说法正确的有（　　）。

A．决策树是一个从左至右展开的树状图

B．决策树只能进行单级决策

C．决策树分级越多，决策树图就会越复杂

D．决策树能够使项目管理者有步骤地进行决策

7．导致项目风险造成的后果从（　　）方面来衡量。

A．风险后果的大小　　B．风险后果的性质

C．项目风险的影响　　D．风险后果的时间性

8．不属于风险监控的技术方法有（　　）。

A．核对表法　　B．挣值分析法

C．风险预警系统　　D．系统的项目监控方法

9．在风险应对规划策略中，属于消极风险或威胁的应对策略的有（　　）。

A．回避　　B．转嫁　　C．减轻　　D．接受

三、判断题

1．风险管理规划是指在项目生命周期内安排与实施风险识别、定性与定量分析、应对规划、监测及控制。（　　）

2．项目风险管理是对项目的风险进行识别和分析并对项目风险进行控制的系统过程。（　　）

3．决策树法是一种有效进行风险量化和风险评价的方法。（　　）

4．风险评估主要是定性或定量评价风险对项目影响的大小。（　　）

5．风险应急计划是指当一个风险事件发生时，项目团队将要采取的预先制定好的措施。（　　）

6．项目实施的任何阶段都可能存在着风险，一般来说各阶段对风险关心的侧重点会有所不同。（　　）

7．项目风险评估是用概率和数理统计的方法对项目风险发生的概率进行估计和评价。（　　）

8．规避、转移风险的时候，风险审计员检查和记录风险应对措施的有效性。（　　）

四、简答题

1．项目风险具有哪些特点？为什么要实施项目风险管理？
2．简述项目风险管理的过程。
3．如何定量评估项目风险？每一种方法是如何进行评估的？
4．如何科学地认识项目风险管理过程？阐述项目风险管理的基本过程。
5．试述项目风险应对的主要方法。请给每一种方法举例说明。
6．项目风险管理计划包括哪些方面？
7．项目风险控制的主要流程是怎样的？
8．如何对项目风险进行监控？
9．假设现有一个新服装开发项目，试说明该项目可能存在的风险。

五、案例分析题

某公司准备投产A和B两种产品，分别需要投资80万元和95万元，两种产品的生产年限是一样的。经过市场调研后，预测新产品上市后，畅销的概率为70%，滞销的概率为30%。A、B两种产品在不同情况下的收益见表11-9。试用决策树法进行分析并决策。

表11-9　A、B两种产品的收益情况

产　品	畅销（70%）	滞销（30%）
A产品	180万元	–65万元
B产品	210万元	–90万元

项目管理师模拟考试试卷一

一、单项选择题（每小题只有一个最恰当的答案，请在答题卡上将所选答案的相应字母涂黑。）

1．确定项目是否可行是在（　　）工作过程完成的。

A．项目启动　　B．项目计划

C．项目执行　　D．项目收尾

2．需求识别始于（　　）。

A．期望、需求、要求　　B．需求、问题、机会的产生

C．公共需求与私人需求　　D．经济与科技的进步与发展

3．矩阵式组织结构的最大优点是（　　）。

A．改进了项目经理对资源的控制　　B．团队成员有一个以上的领导

C．沟通更加容易　　D．报告更加简单

4．项目整体计划是由（　　）来制订的。

A．高级管理者　　B．职能经理

C．项目经理　　D．项目团队

5．范围说明书的依据是（　　）。

A．项目章程　　B．WBS

C．项目构思　　D．需求说明书

6．（　　）是用来唯一确定项目工作分解结构的每一个单元的。

A．编码　　B．工作包

C．分解　　D．结构设计

7．如果项目因某些活动时间限制而无法如期完工，则对这些活动可推测出（　　）。

A．开始时间不切实际　　B．资源不足

C．最晚的开始时间晚于最早的结束时间　　D．它们存在负浮动时间

8．D 工作有 A、B、C 三项紧前工作，A 工作最早开始于 4 日，持续时间 4 天；B 工作最早开始于 8 日，持续时间 2 天；C 工作最早开始于 6 日，持续时间 5 天。A 工作的自由时差是（　　）。

A．0 天　　B．1 天　　C．2 天　　D．3 天

9．某项任务工期的最乐观时间为 3 天，正常时间为 6 天，最悲观时间为 9 天，此任务的预期工期为（　　）。

A．6 天　　B．9 天　　C．3 天　　D．8.5 天

10．在任务赶工时，应该集中于（　　）。

A．非关键路径的关键任务　　B．耗费资源多的任务

C．关键路径的任务　　D．降低成本加速执行

11．德尔菲法是一种非常有效的风险定量分析技术，它用来（　　）。
A．为决策者准备一套选择图表　　B．确定特殊变量的发生概率
C．明确与将来事件相关的概率估计　　D．帮助决策者决定应对风险的态度

12．项目质量审计发生在项目质量管理的（　　）阶段。
A．质量计划　　B．质量保证
C．质量控制　　D．质量改进

13．关于成本控制描述不正确的是（　　）。
A．监控成本预算执行情况
B．确认是否所有发生的变化都被准确地记录在费用线上
C．避免不正确的、不合适的或者无效的变更反映在费用线上
D．不必考虑与其他控制过程（如范围、进度和质量等）相协调

14．大多数项目成本在（　　）阶段超支。
A．启动　　B．实施　　C．收尾　　D．规划

15．团队建设是基于（　　）。
A．项目的组织结构　　B．项目团队提供的培训
C．团队成员的发展　　D．项目团队精神

16．所谓“弦外之音”，或用非语言的某些重要方法来沟通是（　　）沟通形式。
A．非正式沟通　　B．上行沟通
C．下行沟通　　D．用含蓄的形式进行沟通

17．为了确认团队成员是否已经正确理解信息，项目经理应该（　　）。
A．减少信息过滤　　B．获得反馈
C．消除障碍　　D．使用一个以上的沟通媒体

18．来自技术方面的冲突主要出现在项目生命周期的（　　）。
A．概念阶段　　B．规划阶段
C．实施阶段　　D．收尾阶段

19．（　　）不是项目风险评估的影响因素。
A．风险事件　　B．保险费
C．得失量　　D．风险概率

20．减少项目风险的最佳方法是（　　）。
A．实施较好的计划　　B．选择高学历的项目经理
C．引进项目管理成本控制系统　　D．请技术专家担任项目经理

21．按采购的方式，采购分为（　　）。
A．无形采购　　B．招标采购
C．非招标采购　　D．服务采购

22．合同收尾就是按合同要求对项目进行（　　）。
A．验收、付款、移交　　B．收集合同资料、整理合同资料
C．合同遗留问题处理　　D．合同结算

23．在（　　）项目上需要书面的变更通知单。
A．大项目　　B．小项目
C．进度不可以调整的项目　　D．无论大小的所有项目

二、多项选择题（每题有多个答案正确，请在答题卡上将所选答案的相应字母涂黑。错选、少选、多选，均不得分。）

1．项目可行性分析的内容包括（　　）。

A．技术可行性　　B．财务可行性

C．政治和经济环境　　D．文化和意识环境

2．项目经理具有的权力包括（　　）。

A．挑选项目团队成员　　B．制定项目有关的决策

C．对项目团队的资源进行分配　　D．决定项目的预算

3．项目范围定义对于（　　）的活动是有效的。

A．项目完工时的评价

B．改善成本、时间及资源估计的准确性

C．确定项目计量及控制的基准

D．明确责任分派

4．项目范围说明书包括（　　）内容。

A．项目目标的描述　　B．项目的设计说明书

C．项目可交付成果清单　　D．项目的成本 / 效益分析

5．进度控制应考虑的因素，不包括（　　）。

A．引起变更的影响因素，以确保变更是有利的

B．确定进度已经变更

C．当实际变更发生时对其进行管理

D．根据客户要求变更进度

6．下列说法正确的是（　　）。

A．转移风险也称为分担风险

B．项目的风险对不同的组织来说大小是相同的

C．项目总存在风险

D．相同的风险在项目的不同阶段是不同的

7．（　　）是识别风险的方法。

A．系统工程文件　　B．挣值分析法

C．计划 /WBS 结构　　D．成本分析

8．项目是一个特殊的将被完成的有限任务，它是在一定的时间内，满足一系列特定目标的多项相关工作的总称。此定义实际的含义有（　　）。

A．项目是一项有待完成的任务，且有特定的环境与要求

B．在一定的组织机构内，利用有限资源（人力、物力、财力等）在规定的时间内完成任务

C．任务要满足一定性能、质量、数量、技术指标等要求

D．项目的实施具有一定的风险

9．执行风险转移的形式有（　　）。

A．开脱责任合同　　B．出售

C．免责约定　　D．分包

10．项目工作中的冲突是不可避免的，冲突的发生有利于制定更好的（　　）。
A．问题解决方案　　B．项目计划
C．绩效评价与考核制度　　D．人员分配方案
11．基于项目历史信息的经验教训可用于（　　）。
A．不能明确问题　　B．看到其他人如何解决问题
C．确定替代方案　　D．看到其他人犯的错误
12．项目管理的执行阶段包括（　　）。
A．生产要素管理　　B．质量保证
C．采购规划　　D．费用控制

三、判断题（对于下面的叙述，你认为正确的，请在答题卡上画“√”，你认为错误的，画“×”。）

1．项目管理是指一种管理活动，也是指一种探求项目活动科学组织管理的理论与方法。（　　）
2．选择项目经理的时候，必须考虑候选人的素质和能力。（　　）
3．项目如何结束应该在执行阶段接近尾声时再规划。（　　）
4．项目开始的正式文件应由执行组织的高层经理发布。（　　）
5．项目范围管理的主要过程包括项目范围规划、项目范围控制、项目范围核实、项目范围变更。（　　）
6．项目范围说明书是项目范围变更控制的工作结果。（　　）
7．使用网络图方法计算项目进度时，常需要用虚活动来表示逻辑关系。（　　）
8．CPM 和 PERT 在时间的估计和分析上是不相同的。（　　）
9．挣值分析法是项目的现金流量。（　　）
10．项目质量验收发生在项目完成以后。（　　）
11．转移风险可以降低风险的发生概率。（　　）
12．项目需求是由项目经理制定的。（　　）
13．选择项目经理的时候，必须考虑候选人的素质和能力。（　　）
14．项目成本文件中标明了潜在的意外开支准备金。（　　）
15．在任何情况下，能否保证项目的质量是项目成功的关键因素。（　　）

四、案例分析题

1．某电子有限公司需购 35000 元的专用设备；若外购，购买量大于等于 1100 件时，90 元 / 件；购买量小于 1300 件时，110 元 / 件。
（1）列出算式求解。
（2）画出盈亏平衡图。
（3）做出决策。

2．下表给出了一个项目各项工作之间的关系、工作持续时间。

工　作	持续时间	紧后工作
A	3	B、C、D
B	2	E
C	7	E、F
D	3	F
E	8	G
F	7	G
G	6	—

（1）绘制网络计划图。

（2）计算时间参数（ES、EF、LS、LF、TF、FF）。

（3）用双线表示关键线路，在终点节点旁的方框内填写计算工期。

3．下表是对产品质量检查的结果，用排列图进行分析。

序　号	工作名称	不合格点数	频率（%）	累计频率（%）
1	A	35		
2	B	28		
3	C	25		
4	D	9		
5	E	6		
6	F	3		
7	G	2		
8	合计			

（1）计算频率和累计频率并填入表内。

（2）绘制排列图。

（3）判断哪几项工作是主要因素、次要因素和一般因素。

项目管理师模拟考试试卷二

一、单项选择题（每小题只有一个最恰当的答案，请在答题卡上将所选答案的相应字母涂黑。）

1．下列描述不是项目特点的是（　　）。

A．项目具有生命周期，它经历项目的开始阶段、项目的实施阶段和项目的结束阶段

B．项目具有特定的目标，项目实施的目的是达到项目的目标

C．项目组的成员面临着比企业中其他成员更多的冲突

D．项目的实施具有周而复始的循环性，类似于企业的运作

2．可行性研究通常发生在项目生命周期的（　　）阶段。

A．启动　　B．开发

C．实施　　D．任何一个生命周期

3．某项目经理所在的公司经营高科技产品，要求使用并集成一些不同规格的产品。该项目经理为一个新项目确定合适的组织结构，他最可能选择的类型是（　　）。

A．矩阵型　　B．事业部型　　C．职能型　　D．项目型

4．对于跨专业的风险较大、技术较为复杂的大型项目，应采用（　　）组织结构来管理。

A．矩阵型　　B．职能型　　C．项目型　　D．直线型

5．描述项目目标、工作内容、可交付物及最终产品的文件是（　　）。

A．项目章程　　B．产品说明　　C．范围说明　　D．WBS

6．项目范围定义的主要工具与方法是（　　）。

A．工作分解结构技术　　B．范围变更控制系统

C．项目成果分析法　　D．检查表

7．C 工作有 A、B 两项紧前工作，A 工作最早开始于 4 日，持续时间 4 天：B 工作最早开始于 8 日，持续时间 2 天。问 A 工作的自由时差是（　　）。

A．1 天　　B．2 天　　C．3 天　　D．4 天

8．BCWS=2200 万元，BCWP=2000 万元，ACWP=2300 万元，SV 和项目状态为（　　）。

A．–300 万元，项目超前　　B．–100 万元，项目超前

C．–200 万元，工期拖后　　D．200 万元，工期提前

9．某项活动的工期为 5 天，其前置活动有 A、B、C 三个活动。如果活动 A、B、C 的最早完成时间分别为第 4、6、5 天，则下面正确的描述是（　　）。

A．活动的最早完成时间是第 6 天　　B．活动的最早完成时间是第 11 天

C．活动的最迟开始时间是第 4 天　　D．活动的最迟完成时间是第 11 天

10. 网络计划工期优化，主要通过（　　）来实现。

A. 利用总时差　　B. 利用自由时差

C. 压缩关键工作持续时间　　D. 压缩非关键工作持续时间

11. 质量控制过程是（　　）。

A. 计划、实施、控制　　B. 实施、检查、纠偏

C. 计划、实施、检查　　D. 确立标准、衡量成效、纠偏

12. 决定项目成本的最精确或最准确的估计是（　　）估计。

A. 类比　　B. 确定性

C. 修正标准　　D. 单凭经验的

13. 项目经理观察到一名团队成员在办公室中的行为表现不当。这种行为影响到其他团队成员的沟通和生产率。造成这种情况的原因是（　　）。

A. 缺乏沟通管理计划　　B. 人员配备管理计划不明确

C. 未定义规矩　　D. 未定义项目组织

14. 沟通效果好，比较严肃，约束力强，易于保密的沟通方式是（　　）。

A. 上行沟通　　B. 平行交叉沟通

C. 双向沟通　　D. 正式沟通

15. 有效的风险管理首先要求（　　）。

A. 为决策提供明确的信息

B. 所有风险已被确认

C. 指派项目经理对确认的风险过程进行管理

D. 建立和贯彻风险管理方针

16. 在项目风险管理过程中使用决策树分析的根本好处在于（　　）。

A. 考虑决策者对风险的态度　　B. 帮助识别并假定项目的态度

C. 迫使人们考虑各项结果的概率　　D. 反映了风险是如何连带发生的

17. 在项目沟通中起主要作用的角色是（　　）。

A. 职能经理　　B. 项目经理

C. 职能团队　　D. 以上都不是

18. 从潜在的冲突中解脱出来的冲突解决方式是（　　）。

A. 妥协　　B. 缓和　　C. 竞争　　D. 回避

19. 范围核实和质量控制在项目执行过程中一般需要（　　）。

A. 先进行范围核实　　B. 先进行质量控制

C. 平行进行　　D. 以范围核实为主

20. 在项目执行中，项目经理发现在项目的关键路径上少了一个必须执行的活动，为了确保进度不变，需要使用的方法是（　　）。

A. 资源平衡　　B. 关键链法

C. 赶工　　D. 快速跟进

21. 某公司生产产品每年需要甲零件 300 件，如果自制，该零件增加公司的固定成本 300 元，该零件自制的单位变动成本为 7 元，如果外购，零件的单价为 8 元，则

该公司应该（　　）。

A．自制　　B．外购

C．两者效果一样　　D．不能确定

22．（　　）情况可导致合同提前终止。

A．无法交付产品、预算超支或减少所需资源

B．项目经理不想继续项目工作时

C．客户提出新的变更

D．项目范围与需求不明确时

23．所有被批准的变更应在（　　）中体现。

A．项目建议书　　B．变更管理计划

C．质量保证计划　　D．项目计划

24．对项目进展状态进行观测跟踪的结果是（　　）。

A．记录　　B．表格　　C．进度报告　　D．图形

25．除了（　　），以下各项都是项目经理的职责。

A．公司的战略决策　　B．计划

C．控制　　D．指导项目的实施

二、多项选择题（每题有多个答案正确，请在答题卡上将所选答案的相应字母涂黑。错选、少选、多选，均不得分。）

1．项目管理的特点包括（　　）。

A．复杂性　　B．创造性　　C．自发性　　D．一次性

2．影响对项目组织形式选择的基本因素包括（　　）。

A．项目的规模与性质　　B．项目的时间长度

C．项目经理的才干　　D．项目的技术复杂度和综合要求

3．项目整体计划制订输入的项目初步范围说明书中确定了（　　）。

A．项目的范围　　B．项目的记载的事项

C．项目过程的对象　　D．项目的风险

4．项目开始会议的目的是（　　）。

A．建立个人的和小组的责任和义务　　B．检查项目计划

C．制订项目计划　　D．建立工作关系和沟通渠道

5．（　　）属于工作包。

A．编码　　B．系统分析

C．需求调研　　D．软件升级和维护

6．成本预算的依据是（　　）。

A．成本估算　　B．工作分解结构

C．工期进度计划　　D．项目范围说明书

7．项目风险管理通常被定义为一项减少（　　）的功能。

A．成本　　B．不确定性　　C．破坏　　D．时间

8．需求分析的基本原则有（　　）。

A．阐明需求　　B．了解需求变化

C．使用分析工具　　D．编好需求建议书

9．（　　）属于质量管理工具。

A．检查表法　　B．流程图　　C．因果图　　D．排列图

10．项目管理就是（　　）。

A．以项目为对象的系统管理方法

B．通过一个临时性的专门的柔性组织，对项目进行高效率的计划、组织、指导和控制

C．动态地管理项目全过程

D．实现项目目标的综合协调和优化

11．项目管理收尾的主要内容包括（　　）。

A．核实合同条款　　B．项目移交评审

C．项目验收　　D．项目总结

12．项目管理的规划阶段包括（　　）。

A．实施计划　　B．工作分解

C．费用预算　　D．进度安排

三、判断题（对于下面的叙述，你认为正确的，请在答题卡上画“√”，你认为错误的，画“×”。）

1．项目的生命周期可归纳为四个阶段，这种划分通常是固定不变的。（　　）

2．项目的组织结构对于项目的管理实施具有一定的影响，然而任何一种组织形式都有其优点和缺点，没有一种形式是能适用于一切场合的，甚至是在同一个项目的寿命周期内。（　　）

3．项目整体管理是在项目整个生命周期内整合所有项目管理过程和要素，以引导项目走向成功。（　　）

4．项目范围规划的工具与方法是工作分解结构（WBS）。（　　）

5．范围变更控制系统与任何综合项目管理信息系统结合成整体，就能控制项目范围。（　　）

6．关键路径就是完成项目时间最短的路径。（　　）

7．一般情况下，成本估算和成本预算可以采用同样的方法。（　　）

8．项目管理的质量主要是靠项目经理来控制的。（　　）

9．在预测项目成本时，应尽可能依靠历史数据。（　　）

10．检查表难以表明项目的工作流程，以及各活动之间的相互关系。（　　）

11．团队建设是一个持续的过程。（　　）

12．项目是为完成某一独特的产品、服务或任务所做的一次性努力。（　　）

13．项目控制就是不能改变项目计划。（　　）

14．系统分解法可用来预测项目风险。（　　）

15．责任分配矩阵是用图表的形式描述工作所涉及的人员、部门及所应该负的责任。
（   ）

四、案例分析题

1．某项目设计生产能力 220 万件，每件销售价 720 元，可变单位成本 355 元，年固定费用 317 万元。

（1）盈亏平衡点的产量是多少件？

（2）盈亏平衡点的销售额是多少？

（3）请分析以上计算结果。

2．为满足某种产品扩大市场需求，拟提出新建、扩建和改建厂房的三个项目方案。方案中销路好的概率为 0.3，销路一般的概率为 0.4，销路差的概率为 0.3，不同销路的损益值见下表。项目经营期 10 年，用决策树法做出决策。

方　案	好 P1=0.3	一般 P2=0.4	差 P3=0.3	需要投资（万元）
新建	90	70	60	280
扩建	40	50	20	150
改建	25	20	18	90

（1）通过计算求出三个方案的损益期望值。

（2）画出决策树。

（3）对三个方案做出决策。

3．某项目进展到第 12 周时，对前 11 周的工作进行了统计，有关情况见下表。

工　作	计划完成工作预算费用（万元）	已完工作量（%）	实际发生费用（万元）	挣得值（万元）
A	300	110		
B	1200	80		
C	900	60		
D	700	50		
E	1100	90		
F	800	120		
G	600	70		
合计				

（1）求出前 11 周每项工作的 BCWP 及 11 周周末的 BCWP。

（2）计算 11 周周末的合计 ACWP、BCWS。

（3）计算 11 周周末的 CV、SV 并进行分析。

（4）计算 11 周周末的 CPI、SPI 并进行分析。

（5）对 11 周周末的情况进行综合分析。

参 考 文 献

[1] 希格尼．项目管理基础：非项目经理人如何提升项目成功率 [M]．北京：九州出版社，2022.

[2] Wagner, PMP, Barkley．Global Program Management. [M]．New York: McGraw-Hill Professional．2009.

[3] 王凡林，石贵泉，关红军．现代项目管理精要 [M]．济南：山东人民出版社，2006.

[4] 宾图．项目管理：第 2 版 [M]．鲁耀武，董圆圆，译．北京：机械工业出版社，2012.

[5] 骆珣．项目管理 [M]．北京：北京理工大学出版社，2006.

[6] 白思俊．现代项目管理：中册 [M]．北京：机械工业出版社，2002.

[7] 戚安邦．现代项目管理 [M]．北京：对外经济贸易大学出版社，2001.

[8] 程铁信，付聪．项目管理 [M]．北京：中国铁道出版社，2011.

[9] 许成绩．现代项目管理教程 [M]．北京：中国宇航出版社，2003.

[10] 戚安邦．现代项目管理 [M]．北京：对外经济贸易大学出版社，2001.

[11] 丁荣贵，杨乃定．项目组织与团队 [M]．北京：机械工业出版社，2005.

[12] 杨坤．项目时间管理 [M]．天津：南开大学出版社，2006.

[13] 科兹纳．项目管理：计划、进度和控制的系统方法：第 12 版 [M]．杨爱华，王丽珍，杨昌雯，等译．北京：电子工业出版社，2018.

[14] 陈远，寇继虹，代君．项目管理 [M]．武汉：武汉大学出版社，2002.

[15] 朱宏亮．项目进度管理 [M]．北京：清华大学出版社，2002.

[16] 卢向南．项目计划与控制 [M]．北京：机械工业出版社，2005.

[17] 刘北林，马常红．项目采购管理 [M]．北京：中国财贸出版社，2005.

[18] 沈建明．项目风险管理 [M]．北京：机械工业出版社，2004.

[19] 汪小金．项目管理方法论 [M]．2 版．北京：中国电力出版社，2015.

[20] 斯塔克波尔．项目管理实用表格与应用 [M]．刘露明，译．北京：电子工业出版社，2010.

[21] 周小桥．项目管理工具与模板 [M]．北京：清华大学出版社，2005.

[22] 马旭晨．项目管理成功案例精选 [M]．北京：机械工业出版社，2010.

[23] 白思俊．项目管理案例教程 [M]．北京：机械工业出版社，2004.

[24] 郭致星，陈利海，鲁束．顺利通过 PMP 考试全程指导 [M]．北京：机械工业出版社，2013.

[25] 郭致星．极简项目管理：让目标落地、把事办成并使成功可复制的方法论 [M]．北京：机械工业出版社，2020.

[26] 美项目管理协会．项目管理知识体系指南：PMBOK 指南：第 6 版：英文 [M]．北京：电子工业出版社，2018.